本书获 "江苏现代金融研究基地" 资助

光明社科文库
GUANGMING DAILY PRESS:
A SOCIAL SCIENCE SERIES

·经济与管理书系·

人民币有效汇率指数优化与
均衡汇率研究

屠立峰 ｜ 著

光明日报出版社

图书在版编目（CIP）数据

人民币有效汇率指数优化与均衡汇率研究 / 屠立峰
著 . --北京：光明日报出版社，2021.7
ISBN 978 - 7 - 5194 - 6194 - 2

Ⅰ.①人… Ⅱ.①屠… Ⅲ.①人民币汇率—研究
Ⅳ.①F832.63

中国版本图书馆 CIP 数据核字（2021）第 137712 号

人民币有效汇率指数优化与均衡汇率研究
RENMINBI YOUXIAO HUILÜ ZHISHU YOUHUA YU JUNHENG HUILÜ YANJIU

著　　者：屠立峰

责任编辑：朱　宁　　　　　　　　责任校对：刘文文
封面设计：中联华文　　　　　　　责任印制：曹　净

出版发行：光明日报出版社

地　　址：北京市西城区永安路 106 号，100050

电　　话：010 - 63169890（咨询），010 - 63131930（邮购）

传　　真：010 - 63131930

网　　址：http：// book. gmw. cn

E - mail：zhuning@ gmw. cn

法律顾问：北京德恒律师事务所龚柳方律师

印　　刷：三河市华东印刷有限公司

装　　订：三河市华东印刷有限公司

本书如有破损、缺页、装订错误，请与本社联系调换，电话：010-63131930

开　　本：170mm×240mm

字　　数：215 千字　　　　　　　印　　张：14.5

版　　次：2021 年 7 月第 1 版　　　印　　次：2021 年 7 月第 1 次印刷

书　　号：ISBN 978 - 7 - 5194 - 6194 - 2

定　　价：95.00 元

序一

在汇率市场化改革进程中，深入探讨人民币汇率预测具有十分重要的现实意义。十九届四中全会着重研究了推进国家治理体系和治理能力现代化等重大问题，强调要"充分发挥市场在资源配置中的决定性作用，更好发挥政府作用，全面贯彻新发展理念，坚持以供给侧结构性改革为主线，加快建设现代化经济体系"。发展社会主义市场经济，就必须尊重和遵循市场经济的一般规律，而价值规律就是市场经济主要的基本规律之一。1994年的外汇体制改革，使人民币官方汇率与外汇调剂市场汇率并轨，使我国确立了以市场供求为基础、有管理的浮动汇率安排。过去二十多年来，按照主动、渐进、可控的原则推进改革，让市场供求在汇率形成中发挥越来越大的作用，人民币挂牌汇率的浮动区间限制已经取消，银行间市场人民币兑美元交易价的日浮动区间也逐渐扩大，人民币汇率双向浮动的弹性不断增强并逐渐趋向均衡合理水平。2015年"811"汇改后，人民币兑美元汇率中间价报价机制回到了以上日收盘价作为主要定价基础的做法。以中间价形成的市场化作为突破口，触及了汇率改革的核心内容，走出了长期以来人民币汇率"管得多、动得少"的怪圈，为完善人民币汇率市场化形成机制打开了新局面。2015年12月11日，中国人民银行官网转发了中国外汇交易中心（CFETS）编制的三种口径的人民币汇率指数。相比于双边汇率指标，用多边汇率评估一种货币的对外币值变化可能更为科学。以不同方式构建的篮子货币，可以满足不同的评价目标：如果采用贸易加权的方式，就可以较好评估出口竞争力或者进口成本的变化；如果采用币种加权的方式，就可以较好评估实际购买力或者对外债务负担的变化。价值规律是市场经济的基本规律，凡是有生产和交换的地方，就必然会有价值规律。

本书利用中国国际收支平衡表的信息将双边贸易与双边投资相结合，并根据贴近实际逐年变更权重的思路，构造了双边贸易与投资权重人民币有效汇率指数。研究表明，本书新设计的指数符合经典出口方程的理论预期，并且比国际清算银行和国际货币基金组织公布的人民币有效汇率指数波动更加稳定。同样，本书所设计的新人民币有效汇率指数也适用于行为均衡汇率模型，对汇率失调做出的理论预测与实际情况吻合。本书进一步利用新人民币有效汇率指数对不同规则下货币政策应对国内外各种冲击所引起主要经济变量的反应进行研究，为货币政策调控提供了极具价值的启示。

屠立峰博士的这本著作，将为人民币有效汇率指数研究带来新的启示。包括金融行业监管人员和外汇市场交易人员在内的专业人士，都能从本书中找到新思路、新工具和新方法。

苏州大学东吴商学院教授　博士生导师

序二

　　随着我国金融改革开放政策的推进，短期资本流动、汇率预期等扰动因素层出不穷。人民币汇率相比 2015 年汇改以前更容易出现汇率超调或异常波动。银行资产以本币计价，而负债以外币计价，汇率波动对银行资产负债表的两端将会产生非对称影响，从而可能诱发资产风险。银行等金融机构在对外投资过程中，涉及外币的数目和种类逐步丰富，时常面临货币错配风险。

　　协调推进利率、汇率市场化改革和资本账户开放是我国金融改革的重要内容。利率市场化和汇率市场化改革给银行经营转型和风险管理体系构建带来了新的挑战。在国家对外开放和金融市场双向开放新格局下，为了更好地保障银行的健康稳定发展，切实履行好金融服务实体经济发展任务，对金融风险尤其是银行系统性风险的管控就显得非常必要。在汇率市场化改革和资本账户开放的进程中，汇率双向波动对银行系统性风险会产生怎样的冲击等问题是管理者必须慎重思考的课题，其中，获取有效的汇率指标尤为根本和重要。

　　本书设计了一种同时考虑贸易与投资因素的人民币有效汇率指数，通过一系列的实证研究，揭示双边贸易与投资权重人民币有效汇率指数同主要经济变量间存在长期协整关系，为分析人民币汇率与主要宏观经济变量间关系创造了新的工具。本书研究的人民币有效汇率指数能为政府主管部门、金融机构和金融市场参与者提供参考，用以分析人民币汇率的价值、趋势与波动。特别是对于银行，获得一种新颖而又科学的人民币有效汇率指数，对其开展外汇业务能提供十分有效的帮助。

对于从事外汇实务的金融机构从业者而言，本书将会提供非常有益的启示。

苏州银行副行长、董事会秘书

前　言

　　伴随中国金融领域对外开放程度越来越高，外国投资者对人民币资产的配置需求和中国投资者对外币资产的需求都将在更大程度上得到满足。汇率并非单纯由市场供求决定，还与市场预期等非交易因素有很大关系。2005年，中国人民银行宣布实行以市场供求为基础、参考一篮子货币调节、有管理的浮动汇率制度。2015年，中国外汇交易中心正式发布人民币指数CFETS，旨在逐步引导市场主体改变以往盯住美元的做法，参照一篮子货币对人民币汇率做出理性预期。实体企业、金融机构、金融市场参与者在开放环境中逐渐成长，在体会国际竞争和经历国际金融变化中逐渐认识到自己的角色和作用，参与国际金融应该遵守的规则和需要掌握的技术也正在形成和完备。尽管中国外汇市场正不断发展和成熟，市场主体的预期和行为更加理性，但随着资本项目开放的深入，跨境资本流动很可能带动外部风险传染。加强金融监管，完善配套监管机制，成为防范和化解金融风险，维护金融稳定的主要工作。

　　人民币国际化、资本项目稳步开放以及金融业扩大开放，都依赖于人民币汇率形成机制改革成果。科学合理的人民币汇率形成机制，有助于推动人民币外汇市场的成熟发展，不仅能进一步促进中国金融开放，还能有效捕捉金融开放带来的风险，提升政府部门防范与监管国际金融风险的能力。合理的人民币指数能准确反映出人民币对外价值，能为人民币汇率形成机制改革提供有用的操作工具。

有效汇率是本国与一组其他国家（或地区）货币双边汇率的加权平均。本书试图在 CFETS 货币篮子构成基础上，进一步优化权重设计，构建新的人民币有效汇率指数，为丰富人民币汇率指数产品提供边际贡献，也为优化人民币汇率政策和人民币汇率形成机制改革提供参考。

本书首先回顾了经典均衡汇率模型和常用的均衡汇率实证研究方法，为人民币均衡汇率及影响因素分析提供理论基础和机理描述。通过比较有效汇率指数编制方法，特别是权重设计方法，为本书编制新的人民币有效汇率指数提供依据。为让大家对人民币汇率制度变革有历史性认识，本书简要回顾人民币汇率形成机制的改革历程，重点分析 2015 年"811"汇改后人民币汇率形成机制的运行特征，分析中国人民银行公布的 CFETS 的背景和意义。利用 GARCH-DCC 模型，就扩容前和扩容后的 CFETS 人民币汇率指数波动率与篮子货币波动率间的动态相依性和时变相关性做检验，发现扩容后的 CFETS 指数波动率与人民币兑美元双边汇率波动率的时变相关性有所提升。

本书尝试利用中国国际收支平衡表的信息将双边贸易与双边投资相结合，并根据贴近实际逐年变更权重的思路，构造了双边贸易与投资权重人民币有效汇率指数（$NEER^{TRI}$）。同时，为了与现有的 CFETS 做对照，也通过变权重方法优化设计了双边贸易权重人民币有效汇率指数（$NEER^{TR}$）。通过与国际清算银行（BIS）和国际货币基金组织（IMF）公布的人民币有效汇率指数比对，本书新设计的指数波动幅度更小，更加稳定。为检验 $NEER^{TRI}$（$NEER^{TR}$）的适用性，本书将新指数应用于经典的出口方程。研究发现，$NEER^{TRI}$（$NEER^{TR}$）对中国出口的影响系数以及进口伙伴国整体的 GDP 水平对中国出口的影响系数都十分显著，且与出口方程理论预期一致。由此认为，本书设计的新人民币有效汇率指数具有良好适用性。

本书将 $NEER^{TRI}$（$NEER^{TR}$）作为汇率的代理变量，应用行为均衡汇率

（BEER）模型，估计新人民币有效汇率与反映部门间的生产率差异的 Balassa-Samuelson 效应、相对贸易条件、对外净资产占 GDP 比重、对外贸易政策、财政政策变量和广义货币供应量这 6 个变量的协整关系，研究发现，$NEER^{TRI}$ 与 6 个宏观变量有显著的长期关系（也发现 $NEER^{TR}$ 与 5 个宏观变量有显著的长期关系）。利用 HP 方法获取各宏观经济变量的趋势值后，代入协整方程计算均衡汇率，通过比较现实汇率与均衡汇率的差，判断人民币失调（低估或高估）情况。在测算出人民币失调程度后，利用 ARCH 方法计算人民币有效汇率的条件波动率，并根据"移动平均比率法"计算 GDP 季度增长率，进一步利用门限回归模型，以 $NEER^{TRI}$（$NEER^{TR}$）作为门限变量，实证研究在 $NEER^{TRI}$（$NEER^{TR}$）高于门限值和低于门限值两个区间人民币汇率失调程度和波动程度对中国经济增长率的影响，发现汇率失调对经济增长有显著负面效应。

本书利用开放经济 DSGE 模型对不同规则下货币政策应对国内外各种冲击所引起主要经济变量的反应进行研究，对 Gali（2010）模型做了边际改进，将汇率加入灵活的国内通胀目标制、灵活的消费价格通胀目标制和参照一篮子货币目标制三种政策规则，并将汇率稳定作为福利损失函数的变量，利用 $NEER^{TRI}$ 进行参数校准。通过模拟实证研究，发现没有哪种货币规则在应对国内外各种冲击时表现出占优性。由此得到的启示是，政府在应用货币政策开展宏观管理时，必须事先结合具体目标和国内外特定经济形势，开展实证研究，选取合适的规则。研究结论也证实了中国货币政策实施存在着相机抉择的合理性。

最后，本书从国际政策协调视角，提出促进人民币汇率稳定和人民币国际化的政策建议。

本书学术思想新意体现在设计人民币指数权重时，同时考虑了双边贸易和双边投资规模，更能反映不同经贸伙伴货币对人民币汇率的影响。学术观点新意反映在两方面，一是尝试利用国际收支平衡表信息构造双边贸易与资本权重,二是构建开放经济 DSGE 模型时,将汇率纳入政策规则和福利损失函数。本书综合采用了经济学、金融学、统计学等学科理论和多种实证分析方法,对新设计的人民币有效汇率指数做一系列实证研究,检验其应用性和可靠性。

目　录
CONTENTS

第一章

绪　论

近几年，中国金融领域对外开放程度越来越高。中国政府不仅欢迎外资机构在中国办金融业务，还鼓励中国金融机构走向全球。在中国金融对外开放进程中，人民币国际化发挥了重要的促进作用。除了人民币"走出去"之外，政府推出了"沪港通""深港通""债券通"，在货币可兑换方面取得了实质性改革成果。除了外商直接投资和对外直接投资外，政府还鼓励外资进入股市及债市等金融市场，促成中国股指纳入全世界主要指数。从外国投资者角度看，随着中国股票和债券纳入 MSCI（Morgan Stanley Capital International）和彭博指数，外国机构投资者对此类资产会形成配置需求，逐步扩大对中国股市和债市投资。中国家庭和机构也可以更大程度地在全球配置资产。实体企业、金融机构、金融市场参与者在开放环境中逐渐成长，在体会国际竞争和经历国际金融变化中逐渐认识到自己的角色和作用，参与国际金融应该遵守的规则和需要掌握的技术也正在形成和完备。

第一节　研究背景和意义

一、研究背景

2005 年 7 月 21 日，中国人民银行宣布开始实行以市场供求为基础、参考一篮子货币调节、有管理的浮动汇率制度。2014 年后，在经常账户趋向平衡情况下，跨境资本流动和人民币汇率波动性明显增强，跨境资本流动顺周期特征显现，人民币汇率的资产价格属性日趋明显（管涛，2016）。2015年8月11日，中国人民银行公告，提出优化人民币兑美元中间价机制。此后，人民币兑美元汇率双向波动明显，对调节国际收支起到积极作用。

汇率并非单纯由市场供求决定，还与非交易因素（如市场预期）有很大关系。长期以来，人民币汇率中间价在引导市场预期和稳定汇率方面发挥重要作用。特别是在零售市场人民币汇率实现自由浮动后，中间价对挂牌汇率和交易价格有更重要的引导作用。中间价成为中国人民银行汇率政策操作的重要中介目标，也是市场解读人民币汇率政策的重要窗口。但人民币汇率中间价也存在一些不足，包括形成机制透明度不高、供求信息不全面以及波动率较低等，极易导致银行间市场交易价与中间价偏离。

当前，主要国际货币多为浮动汇率安排。根据国际货币基金组织披露的外汇储备币种构成，美元、英镑、日元、澳元和加元都为自由浮动。人民币作为迅速崛起的国际货币，正被越来越多国家使用，人民币扩大浮动范围是必然趋势。近年来，境外人民币支付业务迅速发展，遍及亚欧美非的20多个人民币中心业务发展势头良好（张光平，2017）。国际货币基金组织已经明确人民币不再低估，为推进人民币汇率改革创造了有利的国际条件。加快人民币汇率形成机制改革，不仅能够积极融入加快构建开放型经济新体制和整体战略部署，还能增强宏观调控的独立自主性，更好应对内外部不确定性挑战，保持金融稳定。

人民币国际化为汇率形成机制改革提供了制度背景。党的十八届三中全会提出要加快实现人民币资本项目可兑换。2015年6月，中国人民银行首次发布《人民币国际化报告（2015）》，正式对外宣告人民币国际化纳入国家战略。从法律制度看，在国际货币基金组织划分的七大类四十个子项的资本项目中，有85%的项目实现不同程度可兑换。从操作角度看，受海内外企业联系广泛、跨境人员往来频繁以及香港作为国际金融中心等因素影响，人民币资本项目可兑换性比法定的更高。在贸易顺差加大、本外币正利差情形下，人民币汇率双向波动对套利具有良好的抑制效果。

主要发达经济体货币政策调整等外部环境发生较大变化，对中国外汇市场运行提出了考验。自 2014 年下半年美联储退出量化宽松货币政策以及 2015 年年底首次加息以来，美联储货币政策调整产生了较强的外溢效应，新兴经济体普遍受到冲击，尤其是基本面较为脆弱的经济体货币贬值幅度较大、资本外流加剧。在部分时期，中国外汇市场和跨境资金流动也出现较大波动。得益于中国经济保持较高增速、市场潜力巨大和改革开放持续推进，通过宏观审慎和微观监管等管理措施，较好地应对了外部冲击带来的挑战。2015 年，中国外汇交易中心正式发布人民币指数 CFETS，旨在逐步引导市场主体改变以往盯住美元的做法，参照一篮子货币对人民币汇率做出理性预期。

尽管中国外汇市场正不断发展和成熟，市场主体的预期和行为更加理性，但随着资本项目开放的深入，跨境资本流动很可能带动外部风险的传染。国际金融市场的波动，包括一些主要国家货币政策的调整、利率的变化，都会影响到金融资本的流动和汇率的波动，进而影响到金融市场的稳定。加强金融监管，完善配套监管机制，成为有效防范和化解金融风险、维护金融稳定主要组成部分。2019 年 2 月 22 日，中共中央政治局就完善金融服务、防范金融风险举行第十三次集体学习。习近平总书记在主持学习时发表了重要讲话，强调要把金融改革开放任务落实到位，同时根据国际经济金融发展形势变化和我国发展战略需要，研究推进新的改革开放举措。习近平总书记提出要提高金融业全球竞争能力，扩大金融高水平双向开放，提高开放条件下经济金融管理能力和防控风险能力，提高参与国际金融治理能力。

根据对外价值的参照系，可以将汇率分为双边汇率和有效汇率。经典的利率平价条件适用于双边汇率。有效汇率是本国与一组其他国家（或地区）货币双边汇率的加权平均。通常以本国与主要国际经贸伙伴的贸易和投资往来为权重构建有效汇率。比起双边汇率，有效汇率更能全面反映本国在国际经济体系中的竞争力和地位。根据市场经济价值规律，市场汇率会围绕均衡汇率上下波动，但不会偏离均衡汇率太远。但均衡汇率只是合理汇率水平的理论价值，只能通过事后评估获得。市场对均衡汇率有不同的建模与预测，有长期和短期、实体经济和金融因素、经济视角和非经济视角等不同预测范式。基于市场预期的分化，有涨有跌的双向波动将是常态。但缺乏科学合理的参照，波动会加剧。市场预期极易出现"羊群效应"，并且投资者总是倾向于自己偏好的信息，选择性忽视不愿看到的信息，由此引发"选择性偏差"，会进一步导致汇率波动加剧。从国际经验看，随着汇率弹性的增加，波动率增大是正常现象，市场主体也需要学会承受汇率波动带来的阵痛，政府需要保持中立，减少对汇率的干预。但政府要有能力与市场进行有效沟通，发挥好对市场的引导作用。在金融市场化改革过程中，既要发挥市场作用，也要发挥政府调控功能。作为调控的手段之一，有效沟通通常能取得事半功倍的效果。做好市场沟通，诚意至关重要。在2005年提出参照一篮子货币时，官方并没有对篮子做出具体说明，国内外学者对篮子货币开始学术性探究。2015年，中国外汇交易中心公布人民币指数时，同时公开了货币种类、权重和计算方法，每周更新一次人民币汇率指数。人民币CFETS指数的公布，不仅是配合人民币国际化的管理改革，更体现出中国政府沟通的诚意和专业度。中国外汇交易中心同时还公布了参照BIS货币篮子和SDR货币篮子的人民币指数，为市场理性预测人民币提供了多元化工具。至此，无论是实务界还是学术界，在研究人民币有效汇率、判断人民币均衡汇率和预测人民币汇率走势时，有了新的权威工具。然而，CFETS采用了双边贸易权重，并没有考虑中国与主要伙伴双边资本流动的影响，新的结合跨境资本流动的人民币有效汇率指数亟待构建，需要全面考虑"经常账户"和"资本与金融账户"的结构和体量，使篮子货币的权重更能反映国际经贸伙伴的重要性。

上述背景表明，人民币国际化、资本项目稳步开放以及金融业扩大开放，都依赖于人民币汇率形成机制改革成果。科学合理的人民币汇率形成机制，有助于推动人民币外汇市场的成熟发展，不仅能进一步促进中国金融开放，还能有效捕捉金融开放带来的风险，提升政府部门防范与监管国际金融风险的能力。合理的人民币指数能准确反映出人民币对外价值。因此，本书以人民币有效汇率指数为研究对象，尝试在CFETS

基础上优化人民币指数设计，并根据相关汇率理论开展实证研究，检验所设计指数的应用性，为人民币汇率管理和汇率形成机制改革提供经验参考，具有十分重要的现实意义。

二、研究意义

本书写作灵感起源于对文献的阅读和对中国资本项目开放背景下跨境资本流动活跃的系统思考。在要素跨国流动便利度不断提高的当今世界，国际贸易不再是国际经济往来的主要形式，国际投资和跨境资本流动的重要性已经不容忽视。对一国货币的需求，不仅源自贸易，还受国际投资甚至国际投机行为的影响，这意味着使用贸易权重有效汇率不能准确捕捉中国对外经贸往来的竞争力，对相关实证研究结果也会造成较大偏差，不能如实揭示汇率与其他宏观经济变量的关系，对市场预期和政府决策都会带来负面影响。

在中国资本项目稳步开放的背景下，研究人民币汇率，不仅要从基于贸易权重的有效汇率指数入手，更需要将权重因素从贸易拓展到投资。本书尝试设计出同时考虑贸易与投资因素的人民币有效汇率，并将其应用于相关经典均衡汇率理论模型，捕捉汇率与相关宏观经济变量的长期关系，为人民币均衡汇率实证研究、汇率失调测算提供新的经验成果。具体而言，本书的应用性体现在三个方面：一是通过研究人民币有效汇率指数优化，为政府主管部门、金融机构和金融市场参与者提供新的可选择工具，用以分析人民币汇率的价值、趋势与波动。二是通过本书的实证研究，揭示双边贸易与投资权重人民币有效汇率同主要经济变量间存在长期协整关系，且各变量系数统计显著，表明本书设计的双边贸易与投资权重人民币有效汇率指数能成为分析人民币汇率与主要宏观经济变量间关系的良好工具。三是利用双边贸易与投资权重人民币有效汇率做了参数校准，构建了分析不同规则下货币政策应对国内外各种冲击对相关经济变量产生的影响及福利损失，进一步丰富有关汇率形成机制改革与货币政策规则设计的实证研究成果。

第二节　研究目的、思路与内容

一、研究目的

本书试图在 CFETS 货币篮子构成基础上，进一步优化权重设计，构建人民币有效汇率指数，以此作为判断人民币均衡汇率和汇率失调的工具。通过本书研究，旨在为丰富人民币汇率指数产品提供边际贡献。通过构造双边贸易与资本权重人民币有效汇率指数，为权重设计探索新框架。丰富人民币均衡汇率的研究成果，为人民币汇率形成机制改革的推进提供实证结果参考。构建开放经济下货币政策规则评估机制，为金融开放背景下防范国内外各种冲击带来的风险提供实证研究成果。

二、研究思路与框架

本书通过回顾经典的均衡汇率决定理论和均衡汇率实证研究模型，为开展人民币均衡汇率研究选择合适的理论模型。通过总结现有有效汇率指数的编制方法，比较分析各种方法的优势和不足，为优化人民币有效汇率指数设计提供方法依据和具体思路。借助 CFETS 的样本货币，分别编制双边贸易权重和双边贸易与投资权重人民币指数，对新人民币有效汇率指数的波动性以及在出口方程中的适用性做了实证研究。基于 BEER 模型，对新设计的人民币指数与 Balassa-Samuelson 效应、相对贸易条件等 6 个变量开展协整研究，利用 HP 滤波法获取主要变量长期趋势值后，代入协整方程计算出均衡汇率，由此测算出不同时期人民币现实汇率与长期均衡汇率之间的差异，即汇率失调程度。对汇率失调、汇率波动与中国经济增长率之间开展门限回归分析，在人民币有效汇率水平不同区间内，捕捉汇率失调与汇率波动对中国经济增长可能的影响。最后，利用新设计指数对 DSGE 模型相关参数做校准，分析不同规则下货币政策在应对国内外冲击后对宏观变量产生的影响以及相关规则下的福利损失，为完善中国汇率管理政策和货币政策提供建议。本书研究框架体现为以下路线图：

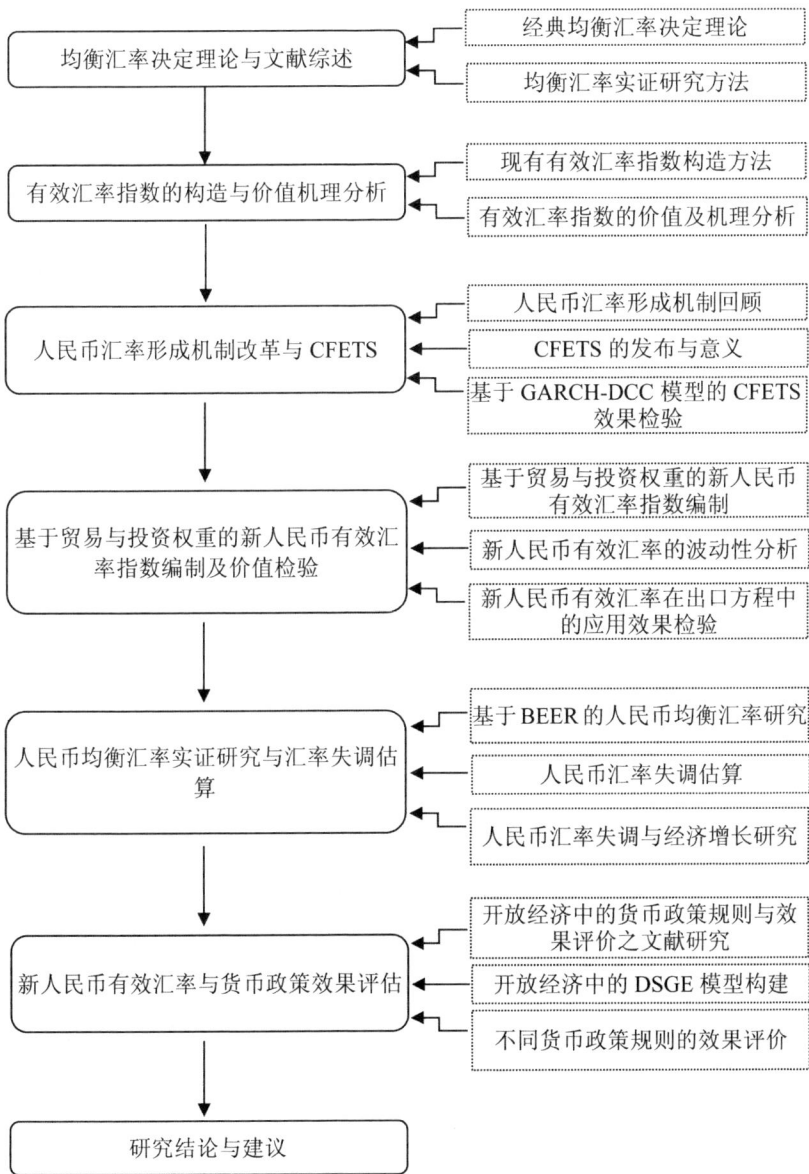

均衡汇率决定理论与文献综述	经典均衡汇率决定理论
	均衡汇率实证研究方法
有效汇率指数的构造与价值机理分析	现有有效汇率指数构造方法
	有效汇率指数的价值及机理分析
人民币汇率形成机制改革与CFETS	人民币汇率形成机制回顾
	CFETS 的发布与意义
	基于GARCH-DCC 模型的CFETS 效果检验
基于贸易与投资权重的新人民币有效汇率指数编制及价值检验	基于贸易与投资权重的新人民币有效汇率指数编制
	新人民币有效汇率的波动性分析
	新人民币有效汇率在出口方程中的应用效果检验
人民币均衡汇率实证研究与汇率失调估算	基于BEER 的人民币均衡汇率研究
	人民币汇率失调估算
	人民币汇率失调与经济增长研究
新人民币有效汇率与货币政策效果评估	开放经济中的货币政策规则与效果评价之文献研究
	开放经济中的DSGE 模型构建
	不同货币政策规则的效果评价
研究结论与建议	

图 1.1　全文研究框架

第三节　研究方法和创新

一、研究方法

本书采用文献分析与实证分析相结合的方法研究新人民币有效汇率指数设计与应用问题。采用几何平均法和时变权重（每年更新一次）构建双边贸易加权人民币有效汇率和双边贸易与投资加权人民币有效汇率。运用GARCH、协整、门限回归等方法，研究 CFETS 的效果、新设计人民币有效汇率指数的波动性与在出口方程中的有效性、新设计人民币有效汇率在BEER 模型中与其他宏观经济变量的协整性以及汇率失调对经济增长的影响。本书将质性、定量分析相结合，质性分析注重理论，定量分析强调数据可靠。时间序列数据分析以单位根、协整、相关、回归等为主，采用 R 语言、Stata、Matlab 与 Dynare 等软件。

二、创新点

本书在充分借鉴现有人民币有效汇率指数编制及应用的研究成果基础上，通过修正指数设计方案和扩展 DSGE 模型设计，尝试形成新的人民币有效汇率指数，并试图将其应用于均衡汇率实证研究与不同货币政策规则的效果评估。本书的边际贡献及可能创新体现在以下三点：

一是学术思想的创新。本书认为，在测算人民币有效汇率指数权重时，同时考虑双边贸易和双边直接投资规模，更能反映不同经贸伙伴货币对人民币汇率的影响。通过优化设计新的人民币有效汇率，开展均衡汇率实证研究和货币政策规则的效果评估，提出可行的对策措施，在学术思想上具有一定的创新。

二是学术观点的创新。（1）现有文献探讨了基于资本的有效汇率指数设计，但鲜有将贸易与资本同时纳入指数设计的观点。本书认为，国际收支平衡表反映了经常账户和资本与金融账户的规模，可以为构造双边贸易与资本权重提供理论依据和数据基础。（2）现有文献在借助 DSGE 模型分析不同规则下货币政策应对国内外冲击所引起的对宏观经济变量影响及货币政策福利损失时，主要考虑通货膨胀目标制、泰勒规则和盯住汇率制等规则。本书认为，中国自 2005 年起实施参照一篮子货币的汇率形成机制，因此，可以尝试将盯住汇率制调整为参照一篮子货币的汇率形成机制，具体方法是根据新人民币有效汇率指数的 ARCH 模型，提取相关系数做参数校准。

三是研究方法的创新。本书利用经济学、金融学、统计学等学科知识，对人民币有效汇率优化设计及应用问题进行跨学科研究；同时采用多种实证分析方法，对新人民币有效汇率指数的应用效果进行论证，以提高研究结果的有效性。

第二章

均衡汇率决定理论与实证方法综述

均衡汇率是指实现内外部均衡的汇率。内部均衡是以保持物价稳定和充分就业为目标，外部均衡以国际收支平衡作为目标。本章将回顾五种名义汇率的决定模型，再简要介绍六种常用的均衡汇率实证研究方法，并对人民币均衡汇率的实证文献进行综述。

第一节　经典的均衡汇率决定理论

汇率调整与国际竞争力密切相关。固定汇率体系中，调整两国货币比价是为了重新恢复竞争力。浮动汇率下，调整汇率是为自动维持经济体的竞争力。名义汇率由一国当期和未来利率差决定，利差既可能通过货币政策操作产生，也能够通过货币目标间接达成。通过回顾经典的汇率决定模型，包括凯恩斯汇率决定理论、Mundell-Fleming 模型、货币模型、Dornbusch 模型以及 Redux 的具有微观基础的 DSGE 模型，为后文开展均衡汇率实证研究提供理论依据，并为优化设计开放经济 DSGE 模型提供理论基础。

一、凯恩斯主义 IS-LM-BP 模型的均衡汇率决定理论

布雷顿森林体系时期流行的宏观经济模型是 IS-LM 模型。该模型是希克斯在简述凯恩斯《通论》的时候提出的，关键假设是价格和工资具有刚性，随后引入菲利普斯曲线，使得价格和工资具有一定灵活性，并且增加了供给

变量。开放经济凯恩斯主义模型包括三个方程：（1）代表产品市场流量均衡的 IS 方程；（2）代表货币市场存量均衡的 LM 方程；（3）代表国际收支平衡的 BP 方程。IS-LM-BP 模型适用于固定汇率制和浮动汇率制（迈克尔·威肯斯，2016）。标准的固定汇率模型假定存在资本管制，国际收支平衡由经常账户决定，国际收支盈余以官方储备增加形式存在，未被冲销状态下会表现为货币供给的增加。浮动汇率模型假定本国资产与外国资产完全替代，国际收支平衡方程被未抵补套利平价（UIP）替代。

IS 方程从国民收入恒等式中得到：

$$y = c(y, \ r) + i(y, \ r) + g \qquad (2.1)$$

其中，y 为产出，消费、投资与产出正相关，与实际利率 r 负相关，g 是政府支出。假设通货膨胀为零，则有 $r = R$，R 为名义利率。等式右边表示产品和服务需求（流量），等式左边表示产出供给（流量）。

LM 方程描述了货币市场的均衡条件：

$$M = P \times L(y, \ R) \qquad (2.2)$$

引入菲利普斯曲线后，通货膨胀和产出缺口（潜在产出与实际产出的差）负相关，π 表示通货膨胀率，$y^{\#} - y$ 代表产出缺口，$y^{\#}$ 为潜在产出水平。简单的对数线性 IS-LM 模型为：

$$\begin{cases} y = -\beta(R - \pi) + \gamma g \\ m = p + y - \lambda R \\ \pi = \mu - \psi(y^{\#} - y) \end{cases} \qquad (2.3)$$

其中，产出、货币以及价格水平都采用对数形式，$\pi = \Delta p$，总需求方程为：

$$y = \frac{\gamma\lambda}{\beta + \lambda}g + \frac{\beta}{\beta + \lambda}m - \frac{\beta}{\beta + \lambda}p + \frac{\beta\lambda}{\beta + \lambda}\pi \qquad (2.4)$$

长期潜在产出均衡通货膨胀为 μ。

以实际变量的形式表达国际收支平衡方程：

$$x_t - Q_t x_t^m + r_t^* f_t = \Delta f_{t+1}$$

其中，x_t 表示出口，x_t^m 表示进口，Q_t 表示贸易条件。假设所有产品都是可贸易的，实际汇率为 $(S_t P_t^*)/P_t$，S_t 为名义汇率（间接标价法），P_t 和 P_t^* 分别为本国价格和外国价格，f_t 为净国外资产存量，r_t^* 为外生的国外实际利率，$r_t^* f_t$ 表示持有国外资产获得的净收入。假设通货膨胀为零。对数线性模型近似表示国际收支平衡方程：

$$\theta(s + p^* - p) - \varphi y + \eta\, y^* + \mu(R^* + \dot{s} - R) = \Delta f$$

其中，p 和 p^* 分别为本国价格和外国价格的对数，y 和 y^* 分别为本国产出和世界产出的对数，R 和 R^* 分别为本国名义利率和世界名义利率，s 为名义汇率的对数，$\dot{s}$ 为名义汇率的预期变化率，假定 $\theta > 0$。$R^* + \dot{s} - R$ 表示相对收益率大小对外国净资产的影响，$\mu > 0$。国际收支平衡意味着 $\Delta f = 0$，资本不完全替代要求 $0 < \mu < \infty$，如果本国资产和外国资产完全可替代，有 $\mu \to \infty$。国际收支平衡方程简化为 UIP 条件：

$$\lim_{\mu\to\infty}(R - R^* - \dot{s}) = \lim_{\mu\to\infty}\frac{1}{\mu}\big[\theta(s + p^* - p) - \varphi y + \eta\, y^* - \Delta f\big] = 0$$

因此，$R = R^* + \dot{s}$。

将实际汇率对数、本国产出对数以及外国产出对数引入 IS 方程，将 IS–LM–BP 模型表述如下：

$$
\begin{cases}
y = \alpha(s + p^* - p) - \beta R + \gamma g + \delta\, y^* \\
m = p + y - \lambda R \\
\Delta f = \theta(s + p^* - p) - \varphi y + \eta\, y^* + \mu(R^* + \dot{s} - R)
\end{cases}
\tag{2.5}
$$

其中，$\alpha = \sigma\theta$，$\delta = \sigma\eta$，$0 < \sigma < 1$ 为贸易占 GDP 比重。将公式（2.5）第一个和第二个方程联合，消去 R 得到总需求方程：

$$y = \frac{\gamma\lambda}{\beta + \lambda}g + \frac{\beta}{\beta + \lambda}(m - p) - \frac{\alpha\lambda}{\beta + \lambda}(s + p^* - p) + \frac{\delta\lambda}{\beta + \lambda}y^* \tag{2.6}$$

根据方程（2.6），在开放经济中，实际汇率升值（s 数值变小）、世界产出增加都会导致总需求增加。当本国产品和外国产品完全可替代，有 $\theta \to \infty$，从而 $\alpha \to \infty$。可得到简化的 PPP：$p = s + p^*$。

假定不存在资本管制，并且国际收支平衡决定了外国资产的净存量。汇率比产出和价格的调整速度要快很多，假定 y 和 p 是外生的。s、f 和 R 由模型内生决定，而 m、y、p 和 R^* 为外生。假定汇率预期变化率 s 为零。通过递归求解模型解。首先从 LM 方程中解出 R，然后从 IS 和 LM 方程中求出 s，从国际收支平衡方程中解出 f。模型的解为：

$$\begin{cases} s = \dfrac{\beta + \lambda}{\alpha\lambda}y + \dfrac{\beta + \alpha\lambda}{\alpha\lambda}p - \dfrac{\beta}{\alpha\lambda}m - \dfrac{\gamma}{\alpha}g - \dfrac{\delta}{\alpha}y^* - p^* \\[2mm] f = -\dfrac{\alpha(\mu + \lambda\varphi) - \theta(\beta + \lambda)}{\alpha\lambda}y - \dfrac{\alpha\mu - \beta\theta}{\alpha\lambda}(p + m) - \\[2mm] \qquad \dfrac{\theta\gamma}{\alpha}g - \dfrac{\theta\delta - \alpha\eta}{\alpha}y^* - \mu R^* + f_0 \\[2mm] R = \dfrac{y + p - m}{\lambda} \end{cases} \quad (2.7)$$

（2.7）适用于短期情形，无论财政扩张还是货币扩张，都会引起汇率升值（s 变小）。长期情形下，产出和价格水平都可以调整，对于小型开放经济体，必须接受国际利率，再假定存量均衡，即 $\Delta f = 0$。将（2.5）修改为如下形式：

$$\begin{cases} y = \alpha(s + p^* - p) - \beta R^* + \gamma g + \delta y^* \\[2mm] m = p + y - \lambda R^* \\[2mm] 0 = \theta(s + p^* - p) - \varphi y + \eta y^* \end{cases} \quad (2.5')$$

该模型可以确定 s、y 和 p。

$$\begin{cases} s = m - \dfrac{\gamma(\theta - \varphi)}{\theta - \alpha\varphi}g + \left[\lambda + \dfrac{\beta(\theta - \varphi)}{\theta - \alpha\varphi}\right]R^* + \dfrac{\delta(\theta - \varphi) - \eta(1 + \alpha)}{\theta - \alpha\varphi}y^* \\[2mm] y = \dfrac{\theta\gamma}{\theta - \alpha\varphi}g - \dfrac{\theta\beta}{\theta - \alpha\varphi}R^* + \dfrac{\theta\delta - \alpha\eta}{\theta - \alpha\varphi}y^* \\[2mm] p = m - \dfrac{\theta\gamma}{\theta - \alpha\varphi}g + \left[\lambda + \dfrac{\beta\theta}{\theta - \alpha\varphi}\right]R^* - \dfrac{\theta\delta - \alpha\eta}{\theta - \alpha\varphi}y^* \end{cases}$$

$$(2.8)$$

其中，$\theta > \alpha\varphi$。

根据上面资本不完全替代下汇率决定模型，财政扩张会引起汇率升值（s 下降）。货币政策虽然影响汇率，但只有名义效应，由于价格和汇率上升幅度一样，实际汇率未受影响。

二、Mundell-Fleming 模型的汇率决定理论

Mundell-Fleming 模型假设资本完全流动、价格刚性和名义汇率灵活。由三个方程组成：

$$\begin{cases} y_t = \alpha(s_t + p_t^* - p_t) - \beta R_t + \gamma g_t + \delta y_t^* \\ m_t = p_t + y_t - \lambda R_t^* \\ R_t = R_t^* + E_t(s_{t+1} - s_t) \end{cases} \quad (2.9)$$

其中，价格水平是固定的，内生变量包括名义汇率、产出和国内利率。求解方程组，得到：

$$\begin{cases} s_t = \dfrac{\beta + \lambda}{\alpha + \beta + \lambda} E_t s_{t+1} + x_t \\ x_t = \dfrac{1}{\alpha + \beta + \lambda} [(\alpha - 1) p_t + m_t - \gamma g_t - \delta y_t^* - \alpha p_t^* + (\beta + \lambda) R_t^*] \end{cases}$$

$$(2.10)$$

前向求解方程（2.10）得到：

$$s_t = \sum_{i=0}^{\infty} \left(\frac{\beta + \lambda}{\alpha + \beta + \lambda} \right)^i E_t x_{t+i} \quad (2.11)$$

构成 x_t 的变量中任何一个变动，汇率都在瞬间跳跃至新均衡位置。产出由 LM 方程决定，汇率由 IS 方程决定，利率由 UIP 条件决定，长期解为：

$$\begin{cases} y = m - p + \lambda R^* \\ s = -\dfrac{1-\alpha}{\alpha} p + \dfrac{1}{\alpha} m - \dfrac{\gamma}{\alpha} g + \dfrac{\beta + \lambda}{\alpha} y^* + p^* \\ R = R^* \end{cases} \quad (2.12)$$

从上式看出，长期内，货币供给永久性增加和政府支出永久性减少会引起名义汇率贬值（s 上升）。

三、货币模型的汇率决定理论

货币模型假设包括汇率在内的所有价格都完全灵活可变，货币供给和产

出是外生的。由于本国利率和外国利率都是外生变量，不但适用于小型经济，也适用于大型经济。对于大型经济包括 UIP、PPP、本国货币需求和外国货币需求四个方程：

$$
\begin{cases}
R_t = R_t^* + E_t \Delta s_{t+1} \\
\quad p_t = p_t^* + s_t \\
\quad m_t = p_t + y_t - \lambda R_t \\
m_t^* = p_t^* + y_t^* - \lambda R_t^*
\end{cases}
\tag{2.13}
$$

除了利率 R_t 和 R_t^* 外，所有变量为对数形式，对于小型开放经济体，假定 R_t^* 是外生的。UIP 要求不存在资本管制和浮动汇率两个假设，PPP 要求实际汇率不随时间变化的假设，因为产品价格灵活可变，存在产品套利活动。由于实际汇率不可能是不变的，PPP 在短期是不成立的。PPP 可以被相对购买力平价（RPPP）这个较弱的假设所替代，其一阶差分成立：$\Delta p_t = \Delta p_t^* + \Delta s_t$，从而使得 $E_t \Delta p_{t+1} = E_t \Delta p_{t+1}^* + E_t \Delta s_{t+1}$。在短期中，$E_t \Delta s_{t+1} \approx 0$，有 $E_t \Delta p_{t+1} \approx E_t \Delta p_{t+1}^*$，表明本国和外国通货膨胀率相近似。假设本国和外国货币需求函数具有相同形式，将模型表示成本国和外国货币需求函数差形式，两个货币需求函数之差为：

$$
m_t - m_t^* = (p_t - p_t^*) + (y_t - y_t^*) - \lambda(R_t - R_t^*)
\tag{2.14}
$$

运用 PPP 和 UIP 消除价格和利率差异，用波浪号表示这种本国和外国之间的差异，得到名义汇率对数形式的差分方程，即 $\widetilde{m}_t = s_t + \widetilde{y}_t - \lambda E_t \Delta s_{t+1}$，

得到 $s_t = \dfrac{\lambda}{1+\lambda}[\widetilde{m}_t - \widetilde{y}_t] + \dfrac{\lambda}{1+\lambda} E_t s_{t+1}$，其前向解为：

$$
s_t = \left(\frac{\lambda}{1+\lambda}\right)^n E_t s_{t+n} + \frac{\lambda}{1+\lambda} \sum_{i=0}^{n-1} \left(\frac{\lambda}{1+\lambda}\right)^i E_t [\widetilde{m}_{t+i} - \widetilde{y}_{t+i}]
\tag{2.15}
$$

给定横截条件，$\lim\limits_{n \to \infty} (\lambda/(1+\lambda))^n E_t s_{t+n} = 0$，该解为：

$$
s_t = \frac{\lambda}{1+\lambda} \sum_{i=0}^{\infty} \left(\frac{\lambda}{1+\lambda}\right)^i E_t [\widetilde{m}_{t+i} - \widetilde{y}_{t+i}]
\tag{2.16}
$$

上述方程含有货币超额持有量，这种超额持有是对交易余额的需求，汇

率前瞻性体现在，它会随着所得到的 $m_{t+i} - m_{t+i}^*$ 和 $y_{t+i} - y_{t+i}^*$，$i \geq 0$ 的新信息而发生跳跃，当期汇率对 $\widetilde{m}_{t+i}$ 和 $\widetilde{y}_{t+i}$ 的预期值做出反应。受贴现因子 $\lambda/(1 + \lambda)$ 影响，那么离未来差异变化越远，对 s_t 的当期效应就越小；当预期变化在第 $t+i$ 期发生时，对 s_t 所产生的效应为 $(\lambda/(1 + \lambda))^i$。

考虑货币政策对汇率变化的影响。假定政府通过货币供给目标实施货币政策，目标是货币供给以恒定的速率增长，暂时性货币冲击是指影响货币存量的因素，而永久性货币冲击为影响货币供给增长率的因素。假定本国和外国货币供给服从带漂移的随机游走过程，如果货币供给增长率的变化为永久性冲击，则用漂移项的变化表示；如果是暂时性冲击，则用随机扰动项变化表示。

$$\begin{cases} \Delta m_t = \mu + \varepsilon_t, \quad E_t \varepsilon_{t+1} = 0 \\ \Delta m_t^* = \mu^* + \varepsilon_t^*, \quad E_t \varepsilon_{t+1}^* = 0 \end{cases} \tag{2.17}$$

假定两国的产出水平服从随机游走过程，长期中经济以恒定的速率增长，有：

$$\begin{cases} \Delta y_t = \gamma + \xi_t, \quad E_t \xi_{t+1} = 0 \\ \Delta y_t^* = \gamma^* + \xi_t^*, \quad E_t \xi_{t+1}^* = 0 \end{cases} \tag{2.18}$$

在长期中，本国和外国通货膨胀率分别为 μ 和 μ^*，产出增长率分别为 γ 和 γ^*。

如果 $\Delta x_t = \alpha + \varepsilon_t$ 且 $E_t \varepsilon_{t+1} = 0$，那么有 $x_{t+i} = i\alpha + x_t + \sum_{j=1}^{i} \varepsilon_{t+j}$ 以及 $E_t \varepsilon_{t+i} = i\alpha + x_t$。对 $|\theta| < 1$，有 $\sum_{i=0}^{\infty} \theta^i = 1/(1 - \theta)$ 和 $\sum_{i=0}^{\infty} i\theta^i = \theta/(1 - \theta)^2$。意味着 $E_t \widetilde{m}_{t+i} = i\widetilde{\mu} + \widetilde{m}_t$，$E_t \widetilde{y}_{t+i} = i\widetilde{\gamma} + \widetilde{y}_t$。汇率为：

$$s_t = \frac{\lambda}{1 + \lambda} \sum_{i=0}^{\infty} \left(\frac{\lambda}{1 + \lambda}\right)^i E_t [i(\widetilde{\mu} - \widetilde{\gamma}) + \widetilde{m}_t - \widetilde{y}_t] = \lambda(\widetilde{\mu} - \widetilde{\gamma}) + \widetilde{m}_t - \widetilde{y}_t$$

$$\tag{2.20}$$

名义汇率不变，两国货币差异和产出差异保持不变。当通货膨胀率相对较高，或者产出增长率相对较低时，汇率贬值（s 上升）。当本国货币供给增长率相对外国提高，意味着 $\Delta\tilde{\mu} > 0$ 和 $\Delta s_t > 0$，在第 t 期汇率会立即产生永久性贬值，在 $\lambda > 1$，汇率反应强度超过冲击。相对货币量或产出水平的暂时提高不会影响货币和产出相对增长率，会导致 $\tilde{m}_t$ 和 $\tilde{y}_t$ 发生变化，在第 t 期，汇率发生暂时性等量变化。假定对于所有的 i，$m_{t+i}^* = y_{t+i} = y_{t+i}^* = 0$，汇率决定方程为：

$$s_t = \frac{1}{1+\lambda} m_t + \frac{\lambda}{(1+\lambda)^2} E_t m_{t+1} + \cdots \tag{2.21}$$

对所有 i，有 $m_{t+i} = 0$，那么 $s_t = 0$。考虑未预期到的持续一期的暂时性增加，从零到 $m>0$，意味着 $s_t = \frac{1}{1+\lambda} m > 0$，表明期汇率贬值。由于汇率在下一期会回到初始水平 $s_{t+i} = 0$，有：$E_t s_{t+1} - s_t = -\frac{1}{1+\lambda} m < 0$，表明从第 t 期到第 $t+1$ 期汇率按照预期发生贬值，维持 UIP 条件。

考虑货币供给临时性增加。除了 $m_{t+1} = m > 0$，对于所有的 i，$m_{t+i} = 0$，汇率决定为：

$$s_t = \frac{\lambda}{(1+\lambda)^2} E_t m_{t+1} = \frac{\lambda}{(1+\lambda)^2} m > 0,$$

$$E_t s_{t+1} = \frac{1}{1+\lambda} E_t m_{t+1} = \frac{\lambda}{(1+\lambda)^2} m < s_t,$$

$$E_t s_{t+i} = 0, \ i \geqslant 2$$

综合上面三个方程得到：

$$E_t [s_{t+1} - s_t] = \frac{1}{(1+\lambda)^2} E_t m_{t+1} > 0$$

第 $t+1$ 期临时性货币供给增加的信息会导致第 t 期的汇率贬值，且发生在货币供给真正变化之前。第 $t+1$ 期，货币供给实际增加时，汇率升值。在随后各期中，汇率回到初始值，长期均衡水平不受货币供给变化的影响。

如果是货币供给持续性增加，则有，$m_t = 0$，$m_{t+i} = m > 0$，$i > 0$。意

味着：

$$s_t = \frac{\lambda}{(1+\lambda)^2} E_t m_{t+1} + \frac{\lambda^2}{(1+\lambda)^3} E_t m_{t+2} + \cdots = \frac{\lambda}{1+\lambda} m$$

$$E_t s_{t+1} = \frac{1}{1+\lambda} E_t m_{t+1} + \frac{\lambda}{(1+\lambda)^2} E_t m_{t+2} + \cdots = m > s_t$$

从而有，$E_t s_{t+i} = m$，$i \geq 2$，可以得到：

$$E_t [s_{t+1} - s_t] = \frac{1}{1+\lambda} m > 0 \qquad (2.22)$$

表明随着第 t 期的信息，货币供给从第 $t+1$ 期起发生永久性变化，即期汇率立即发生贬值；随后在第 $t+1$ 期货币供给的变化产生影响，汇率再次贬值，此后，汇率处于新均衡水平。财政政策通过对产出影响汇率，财政扩张引起当期或预期未来产出提高，根据汇率解（2.20）可以看出，会引起即期汇率升值（s 下降）。

卜永祥（2008）采用外汇市场压力的货币模型，设计出人民币外汇市场升值压力指数，发现国内信贷与人民币升值压力呈现负向关系，而经济增长、国内利率水平与人民币升值压力呈正向关系。陈平和李凯（2010）引入"适应性学习"考察汇改后人民币汇率的货币模型。发现引入之前的货币模型之预测能力比不上简单的随机游走模型，引入之后模型预测能力大幅改善。王倩（2011）基于新外部货币模型估计东亚经济体汇率制度中隐含锚货币的权重，同时测度汇率制度弹性指数。张建英（2013）对弹性价格货币模型进行实证检验，发现剔除物价因素后，中美两国相对货币供给量、相对国民收入和相对利率三个相对变量不能很好地拟合人民币兑美元双边汇率的变动；而利用人民币名义汇率数据后发现，两国相对货币供给量和相对利率的变化对人民币汇率的影响是负的，相对国民收入对人民币汇率的影响是正的，结论与弹性价格货币模型的理论不完全一致。厉君雄（2017）在广义货币模型的基础上引入了可贸易商品与不可贸易商品占比来构建汇率决定模型，发现长期内中美两国相对收入水平的上升是人民币升值主因，相对货币供给、相对利率水平以及相对可贸易商品与不可贸易商品占比的增加会导致人民币贬值；短期内，当汇率偏离均衡点时向量误差修正模型会促使其向均衡汇率移动。

四、Dornbusch 模型汇率决定理论

Dornbusch 模型本质上是在 IS-LM-BP 模型中以总需求函数替代 IS 函数，用 UIP 替代国际收支平衡条件，并且增加了一个价格方程，用下面模型表示：

$$\begin{cases} d_t = \alpha(s_t + p_t^* - p_t) - \beta R_t + \gamma g_t + g \\ \quad p_t = \theta(d_t - y_t) + v_t \\ \quad m_t = p_t + y_t - \lambda R_t + u_t \\ \quad R_t = R_t^* + E_t \Delta s_{t+1} \end{cases} \tag{2.23}$$

其中，d 为总需求，y 是外生的国内产出，s 是名义汇率，p 是价格水平，R 是国内名义利率，g 是财政支出，m 是货币供给，u 和 v 是均值为 0 的连续独立冲击。外国变量用 * 表示。除了利率，所有变量都是对数。第一个方程为总需求方程，第二个方程为通货膨胀和超额总需求函数。Dornbusch 模型适用于小国模型，可以假定 R_t^* 为外生。

假设 s_t 是迅速可变的，对新信息瞬间做出反应。p_t 的反应是相对滞后的。将（2.23）简化为 s_t 和 p_t 的方程，随后求解：

$$\begin{cases} \quad\quad p_t = \mu p_{t-1} + \varphi s_t + a_t \\ a_t = \mu\theta\left(\gamma - 1 - \dfrac{\beta}{\lambda}\right) y_t + \dfrac{\mu\beta\theta}{\lambda} m_t + \mu\theta g + \mu\alpha\theta p_t^* - \dfrac{\mu\beta\theta}{\lambda} u_t + \mu v_t \end{cases}$$
$$\tag{2.24}$$

其中 $\mu = [1 + \theta(\alpha + (\beta/\lambda))]^{-1}$，$\varphi = \mu\alpha\theta$。汇率方程是：

$$\begin{cases} \quad s_t = E_t s_{t+1} - \dfrac{1}{\lambda} p_t + b_t \\ b_t = -\dfrac{1}{\lambda} y_t + \dfrac{1}{\lambda} m_t + R_t^* - \dfrac{1}{\lambda} u_t \end{cases} \tag{2.25}$$

利用滞后算子的性质，s_t 的简化式可以写为：

$$[\lambda - (\mu\lambda + \lambda + \varphi) L + \mu\lambda L^2] L^{-1} s_t = x_t \tag{2.26}$$

或者有：$\mu\lambda f(L) L^{-1} s_t = x_t$

其中：$x_t = a_t - \lambda (1 - \mu L) b_t$

特征方程为：$f(L) = \dfrac{1}{\mu} - \left(1 + \dfrac{1}{\mu} + \dfrac{\varphi}{\mu\lambda}\right) L + L^2 = 0$

由于 $f(1) = -(\varphi/\mu\lambda) < 0$，特征方程根为：$L = \eta_1 \geq 1$，$L = \eta_2 < 1$

因此，$f(L) = (L - \eta_1)(L - \eta_2) = -\eta_1 \left(1 - \dfrac{1}{\eta_1} L\right)(1 - \eta_2 L^{-1})$，$s_t$ 的解为：

$$s_t = \eta_1^{-1} s_{t-1} - \frac{1}{\mu\lambda \, \eta_1} \sum_{i=0}^{\infty} \eta_2^i E_t \, x_{t+i} \tag{2.27}$$

写为前向局部调整模型：

$$\begin{cases} \Delta s_t = \left(1 - \dfrac{1}{\eta_1}\right)(\bar{s}_t - s_{t-1}) \\ \bar{s}_t = -\dfrac{1}{\mu\lambda(\eta_1 - 1)} \displaystyle\sum_{i=0}^{\infty} \eta_2^i E_t \, x_{t+i} \end{cases}$$

其中 $\bar{s}_t$ 是 s_t 的"目标"或稳态值。在永久性冲击 x_t，s_t 跳到鞍点路径上，经过几何式下降后达到新均衡 $\bar{s}_t$。当外生变量为常数时，汇率的稳态解为：

$$\bar{s}_t = m_t - \frac{1}{\alpha} g + \frac{1 - \alpha - \gamma}{\alpha} y_t - p_t^* + \left(\lambda + \frac{\beta}{\alpha}\right) R_t^* \tag{2.28}$$

这意味着货币供给的永久性增加会引起汇率等量的贬值，财政扩张会使汇率升值。R_t^* 的增加和 p_t^* 的下降都会引起汇率贬值。

如果货币供给是未预期到的暂时性增加，则在第 t 期 m_t 从 m_0 增加到 m_1，并在第 $t+1$ 期预期货币供给会永久性回到 m_0。a_t 和 b_t 中都包含货币供给，x_t 中也包含。令 x_t 中的其他变量为 0，得到：

$$x_t = \left(\frac{\mu\beta\theta}{\lambda} - 1\right) m_t + \mu \, m_{t-1}$$

$$= \left(\frac{\mu\beta\theta}{\lambda} - 1\right) m_1 + \mu \, m_0$$

$$E_t x_{t+1} = \left(\frac{\mu\beta\theta}{\lambda} - 1\right) m_0 + \mu\, m_1$$

$$E_t x_{t+i} = \left(\frac{\mu\beta\theta}{\lambda} - 1\right) m_0 + \mu\, m_0$$

在第 t 期之前，令 $s_{t+i} = m_0(i > 0)$，替换上式的 x_t 和 $E_t x_{t+i}$，第 t 期的汇率是：

$$s_t = m_0 + \delta\, m_1$$

由于 $\eta_2 < 1$，有 $\delta = [(1 + \alpha\theta - \eta_2) / \lambda\, \eta_1] > 0$，因此第 t 期货币供给水平暂时性增加会引起汇率贬值。

货币供给未预期到的永久性增加对汇率的影响。在货币供给增加后，汇率新的长期值为 $s = m_1$。第 t 期汇率变化为：

$$x_t = \left(\frac{\mu\beta\theta}{\lambda} - 1\right) m_1 + \mu\, m_0$$

$$E_t x_{t+i} = \left(\frac{\mu\beta\theta}{\lambda} - 1\right) m_1 + \mu\, m_1 i > 0$$

$$s_t = \frac{1}{\eta_1} m_0 - \frac{1}{\mu\lambda\,\eta_1}\left\{\left(\frac{\mu\beta\theta}{\lambda} - 1\right) m_1 + \mu\, m_0 + \sum_{i=1}^{\infty} \eta_2^i\left[\left(\frac{\mu\beta\theta}{\lambda} - 1\right) m_1 + \mu\, m_1\right]\right\}$$

从而得到：

$$s_t = m_1 + \varphi(m_1 - m_0) \tag{2.29}$$

如果 $\lambda > 1$，有 $\varphi = \left(\frac{\lambda - 1}{\lambda\,\eta_1}\right) > 0$，汇率在第 t 期会超调过其长期值 m_1，第 t 期后，以几何下降形式平滑到新长期值 m_1。

财政政策引起总需求函数变化并体现在 g 的变化中，世界总需求增加体现在 p_t^* 的变化中，由于所有变量都通过 a_t 引入，当其他变量保持不变，考虑在 $x_t = a_t$ 时 a_t 变化所产生的影响。如果在 t 期 a_t 暂时性地由 a_0 增加到 a_1，在第 t 期的汇率为：

$$s_t = a_0 - \frac{1}{\mu\lambda\,\eta_1}(a_1 - a_0) \tag{2.30}$$

汇率暂时性的升值，在第 t 期之后，逐渐回到 a_0。如果 a_t 的变化是永久性的，那么 $s_t = a_1$ ，即汇率在第 t 期调到新的长期值。

五、黏性价格小型经济 Redux 模型的汇率决定理论

Obstfeld 和 Rogoff（1995）开发了一个两国模型，将全球宏观经济动态与基于垄断竞争和名义价格黏性的供应框架相结合。该模型对汇率和经常账户提供了简单直观的预测，为货币和财政政策导致的国家福利溢出提供了一个新的视角。Obstfeld-Rogoff Redux 模型也是首次尝试为汇率模型提供微观基础。假定非贸易品的价格是黏性的，贸易品的价格是灵活可变的。经济体存在一个生产非贸易消费品部门，该部门是垄断竞争并且预先设定了名义价格。存在同质的单一贸易品，该贸易品是完全竞争的并在所有国家均以相同可变价格销售。每一期，本国代表性居民具有单位贸易品的禀赋，对某一个非贸易品的生产拥有垄断势力。

代表性生产者效用函数为：

$$L = \sum_{j=0}^{\infty} \beta^j \left[\rho \ln c_{t+j}^T + (1-\rho) \ln c_{t+j}^N + \frac{\varphi}{1-\varepsilon} \left(\frac{M_{t+j}}{P_{t+j}} \right)^{1-\varepsilon} - \frac{\gamma}{2} y_{t+j}^N(z)^2 \right]$$

（2.31）

此处 $\beta = 1/(1+r)$ ，c_t^T 是贸易品消费指数，c_t^N 是非贸易品消费指数，有：

$$c_t^N = \left[\int_0^1 c_t^N(z)^{(\sigma-1)/\sigma} d(z) \right]^{\sigma/(\sigma-1)}, \ \sigma > 1$$

一般价格水平指数 P_t 为：

$$P_t = \frac{(P_t^T)^\rho P_t^{N(1-\rho)}}{\rho^\rho (1-\rho)^{(1-\rho)}}$$

（2.32）

$P_t^T = S_t P_t^{T*}$ ，并且有 $P_t^N = \left[\int_0^1 p_t^N(z)^{1-\sigma} d(z) \right]^{1/(1-\sigma)}$ 。P_t^N 是非贸易品价格，非贸易品需求为：

$$y_t^N(z) = \left[\frac{P_t^N(z)}{P_t^N} \right]^{-\sigma} c_t^{NA}$$

（2.33）

这里 c_t^{NA} 是贸易品的国内总消费量，视为假定的，且假设不存在政府支出。预算约束写为：

$$P_t^T b_{t+1} + M_{t+1} + P_t^T c_t^T + P_t^N c_t^N + P_t^T T_t = P_t^T y_t + P_t^N(z) y_t^N(z) + (1+r) P_t^T b_t + M_t$$

并且包括实际利率 r 在内的所有实际变量都由贸易品的价格决定，b_t 表示私人发行债券的实际存量。由于不存在政府支出，政府预算约束为：

$$0 = P_t^T T_t + M_{t+1}$$

拉格朗日函数为：

$$L = \sum_{j=0}^{\infty} \beta^j \left[\rho ln\, c_{t+j}^T + (1-\rho) ln\, c_{t+j}^N + \frac{\varphi}{1-\varphi} \left(\frac{M_{t+j}}{P_{t+j}} \right)^{1-\varepsilon} - \frac{\gamma}{2} y_{t+j}^N(z)^2 \right] +$$

$$\lambda_{t+j} \left[\begin{array}{l} P_{t+j}^T y^T + P_{t+j}^N y_{t+j}^N(z)^{(\sigma-1)/\sigma} c_{t+j}^{NA\,1/\sigma} + \\ (1+r) P_{t+j}^T b_{t+j} + M_{t+j} - P_{t+j+1}^T b_{t+j+1} - M_{t+j+1} - P_{t+j}^T c_{t+j}^T - P_{t+j}^N c_{t+j}^N - P_{t+j}^T T_{t+j} \end{array} \right]$$

$$(2.34)$$

一阶条件为

$$\frac{\partial L}{\partial c_{t+j}^T} = \beta^j \frac{\rho}{c_{t+j}^T} - \lambda_{t+j} P_{t+j}^T = 0, \ j \geq 0$$

$$\frac{\partial L}{\partial c_{t+j}^N} = \beta^j \frac{1-\rho}{c_{t+j}^N} - \lambda_{t+j} P_{t+j}^N = 0, \ j \geq 0$$

$$\frac{\partial L}{\partial y_{t+j}^N(z)} = -\beta^j \gamma y_{t+j}^N(z) - \lambda_{t+j} \frac{\sigma-1}{\sigma} P_{t+j}^N y_{t+j}^N(z)^{-1/\sigma} c_{t+j}^{NA\,1/\sigma} = 0, \ j \geq 0$$

$$\frac{\partial L}{\partial M_{t+j}} = \beta^j \varphi \frac{M_{t+j}^{-\varepsilon}}{P_{t+j}^{1-\varepsilon}} - \lambda_{t+j} - \lambda_{t+j-1} = 0, \ j > 0$$

$$\frac{\partial L}{\partial b_{t+j}} = \lambda_{t+j}(1+r) P_{t+j}^T - \lambda_{t+j-1} P_{t+j-1}^T = 0, \ j > 0$$

得到：

$$c_{t+1}^T = c_t^T$$

$$c_t^N = \frac{\rho}{1-\rho} \frac{P_t^T}{P_t^N} c_t^T$$

$$\frac{M_{t+1}}{P_{t+1}} = \left[\varphi \frac{P_{t+1}^T c_{t+1}^T}{\rho P_{t+1}} \right]^{1/\varepsilon} \left[(1+r) \frac{P_{t+1}^T}{P_t^T} - 1 \right]^{-1/\varepsilon}$$

$$y_t^N(z)^{(\sigma-1)/\sigma} = \frac{\sigma-1}{\sigma\gamma}(c_t^N)^{-1}(c_t^{NA})^{1/\sigma}$$

由于贸易品产出是固定的，无论是存在货币冲击还是非贸易品生产冲击，$c^T = y^T$ 都成立，因而经常账户永远处于平衡状态。

对所有 z 都有 $c_t^N = y_t^N(z) = c_t^{NA}$，那么得到稳态消费和产出：

$$c^N = y^N(z) = \left[\frac{(\sigma-1)(1-\rho)}{\sigma\gamma}\right]^{1/2} = \frac{1-\rho}{\rho}\frac{P^T}{P^N}y^T \qquad (2.35)$$

稳态消费和产出都不受货币影响，稳态时价格水平 p 与 m 成比例，并且 $P^T = \nu M(y^T)^{-(1-\rho)}$ 其中，$\nu > 0$，因此，在稳态时，汇率为：

$$S = \nu \frac{M}{(y^T)^{(1-\rho)}P^{T*}} \qquad (2.36)$$

可见，货币存量的提高会导致汇率等比例贬值，贸易品产出和外国贸易品价格上升会导致汇率升值。

综上所述，五个模型都是以产出固定为假设，汇率调整比产出和价格调整快很多。Redux 模型说明了资本积累会影响到消费和产出行为，但缺点在于假设货币供给外生。事实上，盯住通货膨胀目标的货币政策中，货币供给是内生的。因此，Gali（2010）提供了开放经济下 DSGE 模型，用以分析不同货币政策规则下，货币政策应对国内外冲击的表现，是对 Redux 模型的改进。曾志斌和何诗萌（2015）根据 DSGE 和价格黏性理论，模拟了在技术冲击和利率冲击下人民币均衡汇率的变动趋势，发现人民币均衡汇率受中国技术冲击的影响非常显著，受美国技术冲击的影响不持久，受中国和美国利率冲击的影响极其微弱。孙国峰和孙碧波（2013）在新开放宏观经济学的 DSGE 框架下，实证测算了人民币的均衡汇率水平，发现人民币均衡汇率主要受中外劳动生产率增速差异、货币供应增速差异以及世界其他地区消费情况等诸多动态因素的影响。

第二节 均衡汇率的实证研究方法综述

对于上文介绍的 Mundell-Fleming 模型、Dornbusch 模型等，更适用于分析短期汇率表现。因此，有关均衡汇率的分析需要有清晰的时间范围。通常，可以将均衡汇率决定时期分为短期均衡、中期均衡和长期均衡三种。

短期均衡是指当消除随机因素影响（例如，从资产市场泡沫的影响）后，由基本经济因素的当前状态所决定的汇率水平，即当市场主体拥有充分信息并做出理性反应后所维持的当前均衡汇率水平（Current Equilibrium Exchange Rate）（Williamson，1983）。短期均衡很难用精确的经济学术语定义，只能通过经验估计方法得到。刘洋（2018）给出短期均衡汇率的理论概念和定义，提出短期均衡汇率模型的设计思想，并构建起包括一套计量模型和一套优化模型在内的多目标条件下分层嵌套短期均衡汇率最优化模型（MORE）。

中期均衡指经济处于内部和外部平衡的稳态汇率水平。内部平衡发生在潜在生产能力正好满足有效需求，经济以充分就业状态下的潜在产出运行，产出缺口为零，失业率处于自然失业率水平。如果本国处于内部均衡的同时，世界其他地区也都处于内部均衡，就意味着本国同时实现了内部和外部的均衡。汇率处于中期稳定状态时，周期性影响被消除。中期均衡不要求经常账户为零，只要国际收支中经常账户处于"可持续"水平（通常也叫"外部均衡"）。中期均衡对于实际刚性模型非常重要，因为稳态资产存量的调整需要一段时间才能实现。中期这一时间范畴有个重要假设，即经济系统不存在名义黏性，这意味着中期均衡是弹性价格均衡。中期均衡下的实际汇率将独立于货币政策。

长期均衡是指经济体中所有主体都实现了"存量—流量均衡"。这可能需要若干年或十几年才能达到。中期均衡是以国家财富的最优水平为条件的（一旦消除了周期效应和泡沫效应），而长期均衡下净财富处于完全的"存量—流量均衡"状态，资产存量（占 GDP 的百分比）的变化为零。中期均衡和长期均衡的区别在于，何时能够消除全部实际惯性（Real Inertia）的影响。

从均衡汇率的实证研究文献看，不同的均衡汇率概念是由主观定义的。对于政策制定者来说，首先要了解均衡汇率的定义，随后了解该定义下均衡汇率是如何计算的，因为每种均衡汇率计算方法都有不同的政策含义，针对不同的问题。有两种主要的套利条件主导着汇率的讨论（特别是当以双边汇率为研究对象）：未抵补利率平价（Uncovered Interest Rate Parity，简称 UIP）和购买力平价（Purchasing Power Parity，简称 PPP）。

一、未抵补利率平价与远期汇率实证方法

在考虑汇率变动时，一个常见的出发点是 UIP 条件。该条件等于经风险调整后的本国和外国货币资产的名义回报率。因此，名义汇率的预期变化由利差和风险溢价决定，有：

$$s_t = E_t s_{t+1} + i_t - i_t^* + \sigma_t \qquad (2.37)$$

公式（2.37）中，s_t 是在时期 t 的对数名义汇率，i 和 $i*$ 是国内和国外一期债券的名义利率，σ 是外国货币的风险溢价（可能是时变的），E_t 表示时期 t 所预测变量的期望算子。由于通常对实际汇率更感兴趣，可以直接用实际变量（通过从等式两边减去预期的通货膨胀差异）表示 UIP 条件，有：

$$e_t = E_t e_{t+1} + r_t - r_t^* + \sigma_t \qquad (2.38)$$

公式（2.38）中，e_t 是实际汇率，r 和 r^* 是国内和国外税前实际利率。该表达式等于经事前风险调整的本国和外国货币资产的实际回报率。也可使用向前迭代法替代预期汇率的连续值，有：

$$e_t = \sum_{j=0}^{n-1} E_t \delta_{t+j} + \sum_{j=0}^{n-1} E_t \sigma_{t+j} + E_t \delta_{t+n} \qquad (2.39)$$

其中，$\delta_t = r_t - r_t^*$。

UIP 条件仅为解释汇率回归均衡的调整路径提供了信息。UIP 条件并不限制汇率水平，只限制其变化率。今天的汇率水平将根据预期的利差、风险

溢价和预期未来汇率水平的变化进行调整。对 UIP 本身的验证存在诸多困难。一是无法获取汇率预期的数据，甚至也没有公认的良好近似方法。二是风险溢价不可观测。大多数对 UIP 的测试都集中在试图确定汇率的事后变化是否可以用利差来解释。然而，事后会发现利率被错误地设定了，因此，试图检验 UIP 的努力只能取得有限的成果。Anker（1999）研究了优化政策行为是否能够解释所观察到的 UIP 的制度依赖性，发现利率和汇率稳定之间的权衡是对 UIP 明显失效的一个可能性解释，并且考虑了政策反应可以解释为何在不同汇率制度下 UIP 的偏差有差异。张润林（2011）通过利用利率平价理论分析中国汇率走势后发现，利率平价对中国汇率的解释能力并不强。金中夏和陈浩（2012）利用利率平价设计了人民币升值压力指标，发现人民币升值压力不能显著解释人民币即期汇率变动，但可以预测外汇储备的变化。胡再勇（2013）发现 UIP 主要在发达经济体成立，而在新兴经济体不成立。潘锡泉（2013）发现，放松交易成本假设后的修正利率平价理论成立，利率（或汇率）变动通过经常项目变动、资本项目变动和本外币资产转换的中介传导作用机制发挥传递效应。朱成科和史燕平（2015）发现，企业抵补套利能促进我国进口跨境人民币结算，但缺乏市场自我调节机制。肖立晟和刘永余（2016）利用市场调查的汇率预期数据，从"风险溢价""交易成本""外汇市场干预""套利受限"四个观点实证分析为什么非抵补利率平价不成立。谭小芬和高志鹏（2017）发现，在 2003 年 1 月至 2015 年 9 月，中美利率平价并不成立，"风险因素"和"资本管制"对利率平价偏离都有影响。胡炳志和张腾（2017）利用 2009 年 1 月至 2016 年 8 月人民币远期价格、人民币汇率和利率分析不同期限中利率平价机制对人民币远期价格的影响。

二、购买力平价与长期均衡汇率实证方法

PPP 是考虑长期均衡实际汇率的起点。按照最严格的购买力平价预测，以共同货币计量的不同国家的价格水平总是相等的。换言之，实际汇率恒等于 1。PPP 的基础是个别商品市场上的套利活动。充分的套利会影响各个国家供需双方的力量，促使价格相等。实际汇率与 PPP 之间的偏差将导致供求

变化，从而使实际汇率向 PPP 回归。PPP 的成立除了与充分的国际套利活动紧密联系外，还依赖于三个条件：一是所有商品和服务都是可交易的；二是每个国家消费者购买的商品结构相同，各国消费者的偏好相同；三是各国生产相同的商品。任何一个条件的缺失，都会引起 PPP 失效，而贸易壁垒和运输成本的存在以及不同商品市场竞争结构的差异，都会使得国际套利活动不充分。Engel（2000）利用名义汇率数据和价格分解数据，发现对长期购买力平价的测试存在严重的规模偏差。Duval（2003）发现，尽管非贸易商品的存在是导致购买力平价失效的一个原因，但它只解释了发达国家长期实际汇率行为的一小部分，在大多数情况下，按贸易品和非贸易品价格指数计算的实际有效汇率之间有着很强的联系，两种商品对购买力平价的偏差通常是一样大的。刘纪显和张宗益（2006）以购买力平价为基础，构建了两国货币政策的黏性均衡汇率效应模型。徐家杰（2010）利用购买力平价模型探求均衡汇率，发现人民币兑美元汇率在 1978—1993 年一直处于高估状态，而 1994 年以后则一直处于低估状态，但 2007 年以后低估程度明显缩小。陈梦根和牛华（2016）考察了 77 个经济体在 2001—2013 年间购买力平价的变动特征及主要影响因素，发现高收入经济体货币购买力平价年均变化相对较小，低收入经济体货币购买力平价年均变化相对较大，PPP 变动可由人均收入、名义汇率、货币供应、城镇化、贸易依存度和就业水平等因素解释。张赫（2017）利用拓展的购买力平价模型测算了 1990 年以来人民币兑美元均衡实际汇率和均衡名义汇率。徐强和陈华超（2017）介绍了 ICP 与"欧盟—OECD"购买力平价项目，建议借鉴"欧盟—OECD"购买力平价项目的成功经验来改进中国 PPP 数据质量。张晓京（2018）利用购买力平价均衡汇率模型测算了 2005—2015 年人民币均衡汇率。

MacDonald（2000）提出了一种解释均衡实际汇率的方法，将 PPP 条件与 UIP 条件相结合，称之为"资本增强均衡汇率"（Capital-enhanced Equilibrium Exchange Rates，CHEERs）。基本思想是，虽然 PPP 可以解释实际汇率的长期变动，受利差不为零（这对资本账户融资是必要的）的影响，实际汇率可能会偏离均衡值。假设 PPP 成立，可以使用相对价格预测名义汇率，再利用协整方法估计出相对价格、名义利差和名义汇率之间的关系。与基于简单的 PPP 方法相比，CHEERs 方法估计出的收敛速度可能更高（Macdonald，2000）。该方法隐含假设是，从长远看，当利差为零时，实际汇率将保持不变，即 PPP 成立。Kębłowski 和 Welfe（2010）基于 CHEERs 方法，将汇率稳定水平的概念融入资本市场均衡，研究了兹罗提（波兰货币）加入欧洲货币联盟的经济后果，发现影响波兰经济的国际传播机制可以利用 VECM 框架确定。

三、Balassa-Samuelson 效应与实证方法

讨论 PPP 失效的原因时，不能忽视商品和服务应该分为可贸易型和不可贸易型两类。价格水平包含了可贸易型和不可贸易型，实际汇率的定义显然也包含两类价格。如果保证 PPP 成立的根本在于商品市场的套利，那么实际汇率的定义显然无法确保购买力平价始终成立。Balassa-Samuelson 模型假设，作为 PPP 基础的套利活动只会影响可贸易型，因此，可贸易型和不可贸易型部门之间的生产率差异将影响用消费者价格指数定义的实际汇率，消费者价格指数包含了不可贸易型。Balassa-Samuelson 模型考虑了上述原因，将价格分解为可贸易型价格和不可贸易型价格，α 是经济中不可贸易型的比例，以对数形式构建实际汇率方程式：

$$e_t = (s_t + p_t^T - p_t^{T*}) - \alpha(p_t^T - p_t^{NT}) + \alpha^*(p_t^{T*} - p_t^{NT*}) \tag{2.40}$$

$*$ 表示外国变量，上标 T 表示可贸易型，而 NT 表示不可贸易型。实际汇率是贸易型的实际汇率和两个经济体中贸易型与非贸易型的相对价格比率的组合。如果一国贸易部门生产率增长更高，那么不可贸易型与可贸易型相对价格增长更快。基于消费者价格指数的实际汇率相对于另一国会升值。然而，与购买力平价一样，Balassa-Samuelson 效应适用于解释中长期实际汇率走势，因为该模型没有捕捉经济周期差异的信息。Balassa-Samuelson 模型的经济学含义是：如果 PPP 适用于可贸易型，且存在 Balassa-Samuelson 效应，那么可贸易型的实际汇率应该是固定的，但不可贸易型价格比率的相对变动应该与基于消费者价格指数的实际汇率保持一致。如果不存在 Balassa-Samuelson 效应，基于消费者价格指数的实际汇率中观察到的非平稳性（至少部分）可以用以贸易形式定义的实际汇率来解释。

王苍峰和岳咬兴（2006）基于 Balassa-Samuelson 模型，分析了人民币实际汇率与中国两部门间生产率差异间的关系，发现服务业（非贸易型）生产率提高幅度大时，人民币趋向于贬值，而制造业（贸易型）生产率提高幅度大时，人民币实际汇率趋向于升值。卢锋和刘鎏（2007）利用 Balassa-Samuelson 模型研究我国经济追赶背景下人民币实际汇率的长期趋势，发现了 20世纪 90 年代后劳动生产率追赶对我国经济发展进程的影响十分明显。傅章彦（2009）通过实证研究发现，Balassa-Samuelson 效应在中国是存在的，生产率增长能够引起本币实际汇率升值，但是效应不甚明显。消费需求对实际汇率有着重要的影响，但由于我国消费比率长期持续走低，致使人民币汇率长期低估，而且消费需求不足对人民币实际汇率的拉低效应超过生产率提高的升值效应，导致了人民币实际汇率的长期低估。王凯和庞震（2012）利用 1978—2008 年数据进行的实证检验发现，中国可贸易商品部门相对于不可贸易商品部门劳动生产率提高会带来人民币实际汇率的升值。美国两部门相对劳动生产率提高会带来人民币实际汇率贬值。樊丰和崔兴岩（2013）利用 STAR 模型实证研究发现，Balassa-Samuelson 效应对人民币汇率具有非线性特征。胡德宝和苏基溶（2013）从城乡二元结构下劳动力市场分割和政府需求角度对 Balassa-Samuelson 效应开展研究，发现中国西、中、东部的效应依次递减。刘惠好等（2014）基于 Balassa-Samuelson 拓展模型的研究发现，中美两国相对劳动生产率、相对政府支出以及相对货币供给量与人民币实际汇率之间存在长期均衡关系，政府支出增加推动了人民币实际汇率升值。苏明政和张庆君（2014）测度了中国各省份的人民币实际汇率水平，发现省际的人民币实际汇率序列具有收敛性，其整体半衰期为 1.268 年，各省份存在 Balassa-Samuelson 效应，这种效应受资金吸引力与对外依存度的影响。李艳丽（2006）发现，弹性价格货币模型较好地解释了影响人民币对美元汇率的各个因素。可贸易商品和不可贸易商品的价差显著影响到货币模型的购买力平价和名义汇率的偏离，但 Balassa-Samuelson 效应并不存在。周克（2011）

使用基于 Balassa-Samuelson 效应扩展的购买力平价对此进行了理论和实证上的研究，发现人民币错估程度严重依赖于数据来源。

四、行为均衡汇率实证方法

Clark 和 MacDonald（1999，2004）提出了行为均衡汇率（Behavioural E-quilibrium Exchange Rates，BEERs）。BEERs 的目标是通过使用建模方法捕获实际汇率随时间变化的规律，不仅仅是中长期均衡水平的变化。BEERs 模型假设 UIP 条件成立，这是根据时变风险溢价做出的调整。风险溢价可以用未到期的本国政府债务与外国政府债务的比率来表示，两者都以 GDP 的百分比表示。即使考虑了风险溢价，由于未来实际汇率的预期值数据不可得，UIP 条件很难用于实证模型。因此，Clark 和 MacDonald（1999）提出，未来实际汇率的预期值与长期基本面有关，代表长期基本面的变量可以是贸易条件（TOT）或单位出口价值与单位进口价值的比率、可贸易商品与不可贸易商品（TNT）的相对价格（以消费者物价指数与生产者物价指数的比率表示）以及外国净资产与 GDP 的比率。Clark 和 MacDonald（1999）采用 Johansen提出的协整分析法估计。在对美国、德国和日本的建模中，发现了两个协整向量，一个反映实际利率差异，另一个反映系统中的其余变量。BEERs 方法的重点是模拟汇率的行为，不需要基本面处于平衡水平，汇率可能受暂时性因素和随机误差影响而失调。Clark 和 MacDonald（2004）提出了永久均衡汇率（PEER），该汇率直接从 BEER 估计值中得出，但将 BEER 的基础因素分离为永久和暂时成分，该方法没有试图直接测量个别基本面的长期运行水平，这种平衡只是统计意义的平衡，而非经济意义平衡。Maeso（2002）利用 1975 年至 1998 年的综合季度数据对欧元有效汇率的中期决定因素进行了实证分析，得出了行为均衡汇率（BEER）和永久均衡汇率（PEER）。

王维国和黄万阳（2005）利用 BEER 模型研究人民币实际有效汇率与贸易条件、开放度、政府支出、国外净资产之间存在协整关系。赵西亮和赵景文（2006）运用 BEER 模型所做的协整分析结果表明，相对贸易条件的改善和净对外资产比重的提高会引起均衡汇率升值，而反映 Balassa-Samuelson 效应的非贸易品与贸易品价格比的提高、开放度的提升及政府支出比重的上升会引起人民币均衡汇率的贬值。胡再勇（2008）利用 BEER 模型对 1978—2006 年人民币实际汇率进行实证分析，分析不同时期人民币高估或低估程度。李晓峰和朱九锦（2008）运用 BEER 测算 1994—2006 年的人民币均衡汇率水平。唐亚晖和陈守东（2010）应用 BEER 模型对人民币实际有效汇率开展实证研究后发现，劳动生产率与贸易自由化对实际汇率影响最大。王相宁等（2010）将状态空间理论引入 BEER 模型中，对时变系数进行估计以及对人民币实际有效汇率失调程度进行统计分析。邵彩虹和王晓丹（2012）在BEER 基础上，选择对美净出口额、国内生产总值、广义货币供给量和实际利率作为影响人民币汇率的基本面因素，进行协整和方差分析。沈军（2013）运用协整检验与 H-P 滤波分析对 1994—2010 年的人民币均衡汇率水平和汇率失调程度进行了测算。高书丽（2013）基于 BEER 和 1994—2011 年的季度数据对人民币长期均衡汇率进行了估计。严太华和程欢（2014）将UIP 结合到 BEER 模型，实证分析了 1997—2013 年人民币均衡汇率水平和失调程度。谢太峰和甄晗蕾（2015）基于 BEER 理论建立了人民币均衡汇率模型和误差修正模型。

五、基本均衡汇率与均衡实际汇率实证方法

基本均衡汇率（Fundamental Equilibrium Exchange Rate，简称 FEER）是调整外部和内部平衡这两个条件的实际汇率，这两个条件都假定实际汇率不变。内部平衡发生在本国实际产出处于潜在产出水平（y_n），当国外产出也等于其潜在水平（y_n^*）时，可称为趋势经常账户（Trend Current Account）。外部平衡是由 $CA = S - I$ 得出，从中长期来看是可持续的。当内部和外部同时达到平衡状态，实际汇率就是 FEER。

对于给定的 $S - I$、y_n 和 y_n^* 组合，FEER 将是常数。然而，随着时间的推移，$S - I$、y_n 和 y_n^* 将发生变动，进而引起 FEER 变化。FEER 描绘了一条中长期内实际汇率变动的路径。FEER 充当实际汇率的吸引子，除非经济体永久性地远离潜力。FEER 模型是基于除资产存量外所有变量已处于稳定增长

路径的实际汇率模型（剔除了在短期内十分重要的价格因素）。FEER 模型是通过建构形式（贸易方程、定价关系、支出函数、经常项目关系等）对方程进行规范和估计，然后从模型推导出均衡汇率。推导 FEER 的过程并不涉及对完整动态模型的估计，FEER 模型试图确定均衡汇率，而不是模拟经济如何达到该汇率的过程。Artis 和 Taylor（1995）讨论了由于汇率失调引起的基本平衡汇率滞后现象。李天栋（2006）发现 FEER 存在内在的逻辑悖论：以实现内外均衡为目标的均衡汇率只能在内部均衡和外部均衡分别实现的情况下才能获得，并指出 FEER 的逻辑悖论是由对汇率作用的认识造成的。杨长江和钟宁桦（2012）认为，相对于 FEER 等方法，扩展型 PPP 方法更适合于度量人民币均衡汇率水平。

Edwards（1987）针对发展中国家提出了均衡实际汇率理论（Equilibrium Real Exchange Rate，简称 ERER），均衡实际汇率的概念与基础均衡汇率类似，试图描述发展中国家特有的宏观经济特征，在经济处于充分就业、无跨期信贷配置、完全预期、物价变动灵活等假设下，构造了包括需求和供给部门、政府部门、资产决定部门以及涉外部门等多部门在内的一组方程（冯斐，2010）。刘莉亚和任若恩（2002）对原 Edwards 均衡汇率决定模型进行了适当的修正，实证测算出了自 1980 年以来人民币实际均衡汇率值。王爱俭等（2008）利用 ERER 模型对人民币名义汇率变动趋势及再次调整的时机把握进行分析和预测。吕江林和王磊（2009）运用 Elbadawi 的均衡汇率模型对人民币汇率进行实证研究后发现，贸易条件、政府支出和经济开放度在长期对人民币均衡汇率影响较大，而国际利差和净资本流入在短期对人民币均衡汇率影响较大。文先明等（2012）选择由 Montiel 提出的 ERER 改进模型对人民币实际汇率做协整分析和误差修正检验，测算了均衡实际汇率和人民币汇率失调程度。

六、自然实际汇率实证方法

Stein 和 Paladino（1998）从理论和实证角度比较了 Mundell - Fleming - Branson（MFB）范式、以购买力平价（PPP）和自然实际汇率（Natural Real

Exchange Rate，简称 NATREX）模型的优缺点，并对中长期实际汇率变化和经常账户变化研究提出了建议。Stein 和 Paladino（1998）提及："NATREX是一个新古典主义增长模型，旨在解释实际汇率、经常账户和外国净负债的中长期走势。NATREX 基于微观代理人的行为特征，假设他们做出独立的储蓄、投资、进出口决策，在知道存在重大不确定性时进行决策优化。NATREX 不会去解释短期汇率变动或名义汇率变动与相对价格变动之间的区别，目标是解释实际汇率的中长期行为。NATREX 可以直接用于实证研究，而不必对预期或非预期、永久或短暂的变化做出任何主观判断。"NATREX的实证研究也分中期和长期两个时间范围。在中期，实际汇率对实际利差做出反应，并依赖于外生性基本面。Stein（1994）通过估算一个方程为美国建立了这种关系模型，该方程将实际汇率与实际美国国民生产总值增长、实际外国国民生产总值增长、美国经常账户与国民生产总值比率以及实际长期利差相关联。从长期看，资本存量和外债也是内生的，并将与实际汇率、长期基本面或国内外生产率以及国内外时间偏好率相关。尽管所考虑的变量相似，但 NATREX 采用的估算策略与其他计算长期均衡汇率的方法略有不同。孙茂辉（2006）提出估计人民币自然均衡实际汇率的结构方程。

除了上述均衡汇率的实证研究方法外，还有诸多扩展性方法，比如，Cumby 和 Huizinga（1990）使用直接依赖于实际汇率统计特性的技术，通过Beveridge Nelson 分解提取实际汇率变动的"永久"部分，从而将实际汇率分解成"永久"和"暂时"两部分，称为理论性永久均衡汇率（Atheoretical Permanent Equilibrium Exchange Rate，APEERs）。从理论思想上看，各种核心实证方法及其扩展都有特定的时域（短期、中期或长期）。方法上，主要采用能够捕捉变量长期关系的协整分析。同时，在数据期足够长的前提下，可以采用非线性方法，捕捉长期汇率与宏观变量的时变关系。DSGE 模型在新开放经济文献中非常流行，但 DSGE 模型不能提供有关实际汇率水平的信息，因为它显示的是与稳态的偏差。DSGE 模型适用于分析冲击对汇率和相对价格产生什么影响，由于包含消费者效用的显式表达式，也可用于福利分析。

国内学者应用上述方法对人民币均衡汇率做了全面和深入的分析，形成了丰富理论成果，为本书后续研究提供了重要的框架和支撑。在总结实证研究成果的过程中，也发现一些不足，例如，利用人民币有效汇率指数开展均衡汇率研究的成果较少，同时，鲜有研究将维持汇率稳定目标纳入 DSGE，本书将从上述两个方面做进一步研究。

本章小结

本章首先回顾了经典汇率决定理论，分析短期和长期影响汇率的各种经济因素。随后介绍了常用的均衡汇率实证方法。上述理论模型和实证方法也为研究人民币汇率形成机制改革和中国政府利用货币政策工具应对各种国内外冲击的效果评价提供了重要的方法论。本书将在后续章节利用 BEER 方法和协整技术实测人民币均衡汇率，并估算不同时期人民币失调的情况。在现有 DSGE 文献基础上，将参照一篮子货币的有管理浮动汇率制思想纳入货币政策操作规则，分析中国货币政策在不同规则下的效果及福利损失。

第三章

利率平价下人民币远期汇率偏差测度

人民币国际化加快了人民币汇率形成机制改革和资本项目开放步伐。随着中国利率和汇率市场化改革不断深入以及金融市场开放度的扩大，国际资本套利和套汇活动给中国福利造成的损失与金融风险不容小觑。在中国政府适度干预外汇市场并对资本项目采取一定管制的现状下，人民币远期与即期汇差对国内外利差的反应不充分，而且呈现非线性特征。以人民币兑美元、欧元、日元或英镑为例，人民币即远期汇差与国内外利差之间长期存在差距，形成了人民币远期汇率压力。风险溢价和市场风险理论均无法很好解释人民币远期汇率压力，而央行外汇干预理论和资本受限理论能对汇率压力做出较好解释，并揭示出央行外汇干预和资本管制影响力的非线性特征。因此，中国未来要坚持渐进式资本项目开放并引导市场对人民币汇率形成理性预期。

第一节　利率平价理论模型

一、利率平价的概念

利率平价（Interest Parity）是评估外汇市场效率的重要基础，也是发达国家中央银行在评价货币政策传导机制有效性时构建核心模型的基石。Keynes（1924）认为，远期汇率的升贴水由两国利率差决定，高利率货币远期汇率贬值，低利率货币远期汇率升水，这被称为抵补利率平价（CIP）。在投资者风险偏好中性、交易无摩擦成本、国内外金融资产可完全替代等假设下，Fama（1984）认为，投资者基于对未来即期汇率的理性预期同样能够使利率平价成立，称为未抵补套利平价（UIP）理论。但 Fama（1984）发现，UIP 结论不仅被远期汇率即期回报的标准回归所否定，回归得到的负系数意味着高利率货币会在未来升值，这种反常被称为"远期汇率偏差（Forward Premium Anomaly）之谜"。国际贸易和金融自由化的发展使各国关系更加密切，国际金融一体化程度进一步提高。对利率平价的验证也是对国家间市场一体化程度的检验。随着中国与世界各国贸易量的增加和国内金融体系的市场化改革，未来商品和资本市场将在贸易伙伴之间迅速融合。2005 年人民币汇改之前，由于人民币利率和汇率都缺乏弹性，讨论利率平价在中国的适用性意义有限。2005 年、2010 年和 2015 年三次重大汇率形成机制改革，加上其间几次中美汇率波幅扩大，汇率弹性显著增强，中国也基本完成了利率市场化改革。2016 年 10 月，人民币正式成为国际货币基金组织特别提款权组成货币，是人民币国际化进程取得的里程碑意义成果。中国资本账户也正渐进开放，QFII、QDII、沪港通、深港通等机制创新使境内外合格机构投资者跨境证券投资便利度不断提高。根据国际货币基金组织《年度汇率安排与管制报告（2014）》评价标准，中国 43 个资本账户细分项目中只有 4 项仍然实行严格控制，其余项目实现基本（部分）开放。一方面，随着跨境投资便利度的提升，国内外金融资产可替代性程度的改善，利差对汇率决定的影响不断增强；另一方面，为防范金融风险，稳步推进人民币国际化，中国人民银行依然要对外汇市场进行一定程度的干预和引导，由此通过汇市反馈到债券市场，对利差也会形成一定程度的影响，进而影响到利率市场化表现。此外，中国人民银行货币政策正从传统数量型工具向数量和价格型工具过渡，利率市场化表现也会影响到中国货币政策的独立性和传导机制有效性。因此，对利率平价理论在中国的适用性研究将有助于检验汇率和利率市场化改革的成效及未来改革方向，同时对资本项目开放和人民币国际化等政策设计也有重大现实意义。相对于前人研究，本章的创新点包括：第一，系统考虑利率平价在人民币兑美元、欧元、日元和英镑四种货币时的适用性。当前大部分学者都以中美货币为研究对象，本章研究四种货币有如下考量：一是更全面地检验利率平价理论的适用范围；二是考虑到最新 SDRs 因人民币的加入而有了新的参考价值，借此考察人民币与 SDRs 其余四种货币的利率平价，能够对 SDRs 的货币间套利提供经验研究；三是 2015 年人民币汇率形成机制改革强调参照一篮子货币，并且编制了官方版人民币汇率指数 CFETS，因此，对利率平价适用性检验应放在多边货币框架中。第二，方法上采用两阶段分析策略。第一阶段采用区制转移模型分析抵补利率平价下人民币兑四种货币的即远期汇差对利差的非线性响应机制，得出不同区制下人民币远期汇率的偏差度。第二阶段采用门限回归方法分析"风险溢价""市场风险""央行外汇干预""资本受限"四个理论假设在人民币远期汇率偏差方面的适用性。

二、抵补套利平价理论模型

抵补套利平价认为，对应于一定时期的本外币利率差能有效决定即远期汇率差。如果利率平价保持不变，则市场主体可通过理性预期在商品和资产市场进行套利，使汇差向利差收敛。但由于资本流动性和国内外资产完全可替代性两个假设都过于严格，不符合中国目前的情况，因此，本章认为有必要先对抵补套利平价在中国的适用性做出检验。

首先对经典抵补套利平价进行回顾。如果投资者投资本国债券（利率为 r），到期获得的本息为 $1+r$。如果投资外国债券（利率为 r_f），首先要将 1 单位本国货币按照即期汇率 S_0（直接标价法）兑换成外国货币 $1/S_0$，到第 t 期后按照第 0 期的远期汇率 F_t 兑换成本国货币，得到 $F_t(1 + r_f)/S_0$ 单位本国货币。如果远期汇率定价机制有效，在利率无风险和交易无成本条件下，市场主体套利行为会使远期汇率调整到均衡状态，两种投资策略获得的报酬相同，即 $1 + r = F_0(1 + r_f)/S_0$。可以将抵补套利平价重新写为：

$$\frac{F_0}{S_0} = \frac{1 + r}{1 + r_f} \tag{3.1}$$

令 $y = \dfrac{F_0}{S_0}$，$x = \dfrac{1+r}{1+r_f}$，我们可以对模型 $y = \alpha + \beta x + \varepsilon$（3.1′）做出假设检验：第一，当 $\alpha = 0$ 时，表明不存在交易成本等市场摩擦；当 $\alpha \neq 0$ 时，存在市场摩擦。第二，当 $\beta = 1$ 时，表明抵补套利平价完全得到满足；当 $\beta < 1$ 时，抵补套利平价不满足，表示本币与外币的利差越大，本币远期汇率升值压力越高；当 $\beta > 1$ 时，抵补套利平价不满足，表示本币与外币利差越大，本币远期汇率贬值压力越高。针对远期汇率偏差，本章参照金中夏（2012）方法，构建人民币远期汇率压力指标。具体而言，当 $\dfrac{F_0}{S_0} > \dfrac{1+r}{1+r_f}$，此时本币远期汇率有贬值压力（$F$ 数值上升表示本币贬值），反之亦然。对抵补利率平价做变形，$\dfrac{F_0}{S_0} - 1 = \dfrac{1+r}{1+r_f} - 1$，得到 $\dfrac{F_0 - S_0}{S_0} = \dfrac{r - r_f}{1+r_f}$，定义人民币远期压力指标：

$$P = \frac{F_0 - S_0}{S_0} - \frac{r - r_f}{1+r_f} \qquad (3.2)$$

P 值可以用来衡量人民币远期升值或贬值压力，当 P 增加时，表明人民币远期贬值压力上升，反之，人民币远期升值压力上升。

多年来，国内外学者对"远期汇率偏离之谜"提出了不同解释，包括风险溢价（Hodrick，1983）、央行干预（McCallum，1994）和交易受限（Villanueva，2007）等。然而，该问题的根本性解释并没有达成普遍共识。

Hodrick（1983）根据资产定价理论提出了外汇市场风险溢价问题，检验了参数的时变性和异方差性，提出风险溢价的条件预期是远期溢价的非线性函数，认为对样本外的投资组合投机是有利可图的，但风险很大。Fama（1984）在发现远期汇率偏差之谜后所做的解释是存在"风险溢价"，指出风险溢价和预期远期汇率的变异性和共变性，且风险溢价与汇率预期的协方差为负，因此，利差与远期汇率呈负相关关系。Hodrick 和 Srivastava（2006）的研究再次证实了 Fama 的发现，但提出了相反的解释，即美元相对于五种外币的预期贬值率的增加与在远期市场购买这些货币的预期盈利能力的增加正相关，风险溢价的差异大于预期贬值率。Phillips（2001）认为，远期汇率的非平稳长期记忆意味着传统的远期汇率即期回报回归的不平衡性，远期汇率的长期记忆本身就拒绝了远期汇率的无偏性，远期汇率预测的随机游走行为不是由即期回报实现的。Mark 和 Wu（2010）检验了标准的跨期资产定价模型和噪声交易模型的能力，解释了远期外汇溢价用"错误"符号预测未来货币贬值的原因。他们发现，跨期资产定价模型不能用正确的符号来预测风险溢价，从实证研究中得到了支持噪声交易者模型的证据。Leon（2006）详细描述了市场效率测试的投机限制和偏离非抵补套利平价的非线性行为，认为金融机构只有在货币交易策略产生的夏普比率不低于另一种投资策略（如买入和持有股票策略）时，才会采取货币交易策略。根据上述研究，本章选择股票市场买入并持有策略下的投资收益率作为风险溢价的衡量指标，提出如下假设：

H1：中国股市收益率与对应货币区股市收益率之差越大，表明风险溢价越高，人民币兑该货币的远期升值压力越大（P 下降），股市收益率差的系数为负。

Batten 和 Szillagyi（2010）研究发现，市场动荡可能会导致利率平价的偏离。市场投资组合存在系统风险，包括国家信用风险和市场风险等。国债收益率曲线斜率的变化可以作为国家信用风险的代理。Estrella 和 Mishkin（1997）发现，期限结构斜率的增加预示着实际经济活动的改善，期限结构斜率的减少表明未来衰退的可能性增加。国债收益率曲线斜率的增加将预示着良好的经济状况与信用风险的下降，因为预期良好的经济状况不太可能出现违约风险。本章首先计算中国、美国、日本、英国和欧元区 10 年期国债收益率与 1 年期国债收益率之差，然后用中国的长短期国债收益率差减其他货币区的长短期国债收益率差，得到的二次离差可以衡量两种货币之间的信用风险度。据此提出假设：

H2：当中国经济状况比其他国家经济状况更好时，中国与外国的国债长短期收益率差额之差扩大，人民币远期有升值压力（P 下降），两国国债长短期收益率差额之差的系数为负。

此外，消费者信心指数体现消费者对本国经济发展的信心，经常被学者用来衡量两个市场间的投资风险。本章采用各国（欧元区）消费者信心指数来刻画市场风险，提出如下假设：

H3：当中国的消费者信心增速超过外国时，表明投资者对中国市场的信心更强，人民币远期汇率存在升值压力（P 下降），消费者信心差的系数为负。

Mark（2007）提出了远期溢价偏离是由于中央银行对外汇市场的非预期干预而产生的，非抵补套利平价偏差既不代表未开发的利润机会，也不代表承担风险的补偿，而是由于干预时的瞬时模型错误指定而形成。Mark（2007）通过对美联储和德国中央银行干预美元市场的分析，发现在中央银行干预期间，远期汇率偏离度加剧。本章参照肖立晟（2016）的方法构建外汇市场干预指标，即 $MR_t = (|R_t - R_{t-1}| \times S_{t-1}) / M1_{t-1}$，其中 R 为体现外汇干预的外汇储备，$M1$ 为基础货币，S 为名义汇率。提出如下假设：

H4：当中央银行对外汇市场干预加强时，人民币即远期汇差对利差的调整速度放慢（P 升高），外汇市场干预指标的系数为正。

我国外汇交易成本主要体现在资本管制程度，当资本管制趋紧时，人民币在岸利率和离岸利率差会扩大。根据套利受限理论，严格的资本管制会降低资本跨境流动套利的可能性，人民币汇率升值压力无法在即期充分释放，会造成人民币远期升值压力持续存在。肖立晟（2016）提出了测度资本管制强度的方法，跨境资本流动越便利，离岸和在岸之间的利差越小。本章采用人民币 3 个月在岸利率与香港离岸市场上人民币 3 个月隐含利率之差测度资本管制，该指标越大代表资本管制程度越高。提出如下假设：

H5：当资本管制趋紧时，人民币在岸利率与离岸利率偏差扩大，同时，人民币即期升值压力无法充分释放，人民币远期升值压力随之上升（P 下降），在岸与离岸利差的系数为负。

第二节　研究方法与变量描述

一、研究方法

Baillie 和 Bollerslev（2000）发现，在远期汇率回归中，估计的斜率系数的大小和符号随时间缓慢变化。本章实证分析将突出利率平价调整过程的非线性特征。

（一）基于区制转移与 MCMC 方法的人民币远期汇率偏差测度

为考察人民币远期汇率偏离的非线性特征，令 $y = \dfrac{F_0}{S_0}$，$x = \dfrac{1 + r}{1 + r_f}$，引入区制转移过程，我们考虑以下扩展模型形式：$y = \alpha + \beta_{S_t} x + \varepsilon$。$S_t$ 是一个离散随机变量，其实现值可解释为经济在 t 时刻所处的状态，我们假设状态变量 S_t 取值为 1 或 2，且服从一阶马尔科夫链，常数转移概率设为：

$$\Pr(S_t = 1 \mid S_{t-1} = 1) = p_{11}，\ \Pr(S_t = 2 \mid S_{t-1} = 1) = 1 - p_{11}，$$

$$\Pr(S_t = 2 \mid S_{t-1} = 2) = p_{22}，\ \Pr(S_t = 1 \mid S_{t-1} = 2) = 1 - p_{22}. \quad (3.3)$$

为减少近似极大似然估计方法带来参数估计和状态估计的偏差，本章采用基于 *Gibbs* 抽样的马尔科夫链蒙特卡洛（*MCMC*）方法估计区制转移状态空间模型的状态估计和参数。

（二）基于门限回归模型的人民币远期汇率压力影响因素分析

由于风险溢价、央行外汇干预等因素对远期汇率压力的影响可能是非线性的，其函数形式会依赖于某个变量（称为"门限变量"）而改变。我们构建如下门限回归模型：

$$\begin{cases} y_i = \alpha'_0 + \alpha'_1 z_{1i} + \cdots + \alpha'_k z_{ki}，\ 当 q_i \leqslant \gamma \\ y_i = \beta'_0 + \beta'_1 z_{1i} + \cdots + \beta'_k z_{ki}，\ 当 q_i > \gamma \end{cases} \quad (3.4)$$

其中，y 是人民币远期汇率压力。γ 为待估计的门限值，本章选择人民币即期汇率作为门限变量，在稳健性检验中，选用远期汇率升贴水点数作为门限变量。$x_1 \cdots x_k$ 为可能造成人民币远期汇率压力的因素，包括中国与外国的股市收益率差（$z1$）、消费者信心差（$z2$）、长短期国债收益率差额之差（$z3$）、中国人民银行外汇干预（$z4$）和人民币在岸利率与离岸利率之差（$z5$）。

二、变量描述及数据来源

实证研究以 2007 年 1 月—2018 年 11 月为样本区间，共计 143 个月度样本数据，涵盖的变量及其统计描述见表 3.1。以 3 月期远期汇率与即期汇率构建抵补利率平价。人民币利率采用 3 月期 SHIBOR，美元、欧元、日元和英镑利率分别采用 3 月期 LIBOR。股市收益率分别根据上证综合指数、标准普尔 500 指数、法兰克福 DAX 指数、东京日经 225 指数、伦敦金融时报 100 指数的购买并持有法计算。消费者信心指数分别是中国、美国、日本和欧元区 19 国消费者信心指数，英国 2012 年 5 月之前采用 National Wide 的消费者信心指数，2015 年 5 月之后采用 GFK 消费者信心综合指数，根据 2012 年 5 月重合数据调整，由于消费者信心指数编制方法有差异，本章计算两国指数的环比增长率之差。国债收益率差采用 10 年期国债（欧元为欧元区公债）和 1 年期国债收益率差计算，再分别计算人民币长短期国债利差与美元长短期国债利差的差额。外汇管制根据前文提到的外汇储备、即期汇率和当月 M_1 计算。人民币在岸和离岸利差为 3 月期 SHIBOR 与 3 月期香港同业拆借利率（HIBOR）的差。数据来自 Wind、同花顺和中国货币网。从表 3.1 可以看出，即期汇率和远期汇率都不服从正态性分布，本章采取 t 分布开展研究。

表 3.1　变量统计描述与正态性检验

	均值	标准差	偏度	峰度	正态检验
美元即期	6.62	0.41	0.90	3.54	14.98 ***
美元远期	6.63	0.38	0.86	3.55	14.22 ***
欧元即期	8.54	1.13	0.54	2.36	9.79 ***
欧元远期	8.55	1.07	0.48	2.28	10.19 ***
日元即期	6.65	0.93	0.26	1.99	19.77 ***
日元远期	6.67	0.92	0.27	2.00	19.02 ***
英镑即期	10.36	1.74	1.68	5.13	37.19 ***
英镑远期	10.36	1.65	1.67	5.16	37.04 ***
人民币利率	3.78	1.19	−0.29	2.38	5.83 *
美元利率	1.24	1.48	1.74	5.00	38.46 ***
欧元利率	1.00	1.66	1.42	3.63	26.52 ***
日元利率	0.26	0.31	1.23	3.29	21.29 ***
英镑利率	1.44	1.87	1.97	5.10	42.82 ***
中美股市收益率差	0.00	0.08	−0.14	4.51	7.28 **
中欧股市收益率差	0.00	0.08	0.35	4.10	7.43 **
中日股市收益率差	0.00	0.08	0.17	3.29	1.68
中英股市收益率差	0.00	0.08	−0.21	4.23	6.53 **
中美消费者信心差	0.00	0.06	0.49	4.23	9.94 ***
中欧消费者信心差	−0.04	0.50	−2.52	32.94	8.70 ***
中日消费者信心差	0.00	0.04	0.18	3.97	5.17 *
中英消费者信心差	−0.07	0.94	−0.53	26.66	45.78 ***
中美长短国债利差之差	−0.89	0.89	0.71	3.86	12.34 ***
中欧长短国债利差之差	−0.63	0.79	0.59	3.00	7.37 **
中日长短国债利差之差	0.22	0.42	0.31	3.06	2.72
中英长短国债利差之差	0.22	0.42	0.29	3.03	2.23
中国外汇管制	0.00	0.01	0.33	2.64	3.46
人民币在岸离岸利差	2.74	1.75	−0.58	3.00	7.22 **

注：正态性检验采用偏度-峰度联合正态检验，统计值为 chi2（2），***、**、* 分别表示在 0.01、0.05 和 0.1 水平显著。

第三节 实证结果与讨论

一、抵补套利平价下人民币远期汇率偏离度分析

针对公式（3.1′），利用 t 分布区制转移模型分别计算人民币兑四种货币的远期汇率偏离度。图 3.1 显示了人民币兑四种货币抵补套利平价具有明显的平滑状态区制转移特征，即四种货币远期汇率与即期汇率之差对利差的回归是非线性的。

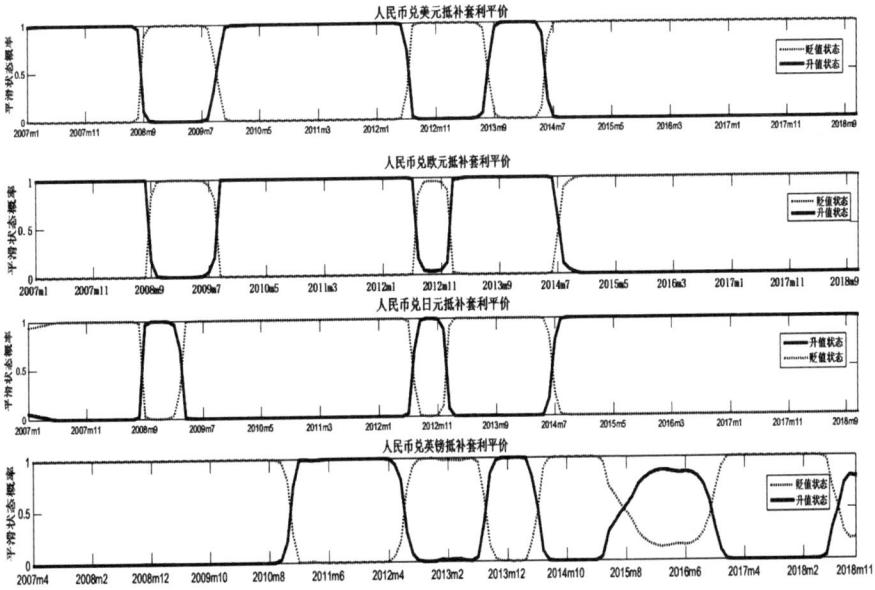

图 3.1 四种人民币远期汇率抵补套利平价的区制转移概率

从表 3.2 中可以看出，抵补利率平价并不适用于中国，一方面是常数项显著不为 0，说明存在交易成本等市场摩擦；另一方面是利差系数显著不为 1，说明利率对汇率的传导不充分。但没有出现 Fama（1984）遇见的方向性

偏差，当中国利率超过外国利率时，远期汇率表现出贬值。抵补利率平价下远期汇率偏离无法消除，说明中国的管制措施使得投机者不能利用国际资本市场开展充分的套利活动。表 3.2 中的状态 1 对应于图 3.1 中的上行状态，即美元、欧元和英镑的贬值状态和日元的升值状态，反之亦然。由于中美经济往来密切，人民币曾经长期盯住美元，因此，政府对中美汇率的管制在 2010 年前非常严格，表 3.2 显示，利差对汇差的影响非常微弱，贬值状态下，1 个点的利差能推动人民币美元远期贬值 16%，升值状态下，1 个点的利差仅能推动人民币美元远期贬值 1%。政府对人民币欧元汇率的监管度相对较低，贬值状态下，1 个点的利差能推动人民币欧元远期贬值 24%，升值状态下，1 个点的利差能推动人民币欧元远期贬值 265%。由于中日经贸和投资往来频繁，政府对中日汇率监管度也较高。升值状态下，1 个点的利差能推动人民币日元远期贬值 10%，贬值状态下，1 个点的利差推动人民币日元远期贬值 59%。政府对英镑汇率管制相对较低，贬值状态下，1 个点的利差能推动人民币英镑远期贬值 22%，升值状态下，1 个点的利差能推动人民币英镑远期贬值 1459%。横向比较可以看出，人民币美元和人民币日元的远期汇率在贬值状态下受利差变动的影响比升值状态所受影响更大，人民币欧元和人民币英镑的远期汇率在升值状态下受利差变动的影响比在贬值状态下受影响更大。

表 3.2　抵补套利平价下人民币远期汇率偏离

货币	人民币兑美元		人民币兑欧元		人民币兑日元		人民币兑英镑	
区制	α	β	α	β	α	β	α	β
状态 1	0.84 *** (0.00)	0.16 *** (0.00)	0.76 *** (0.00)	0.24 *** (0.00)	0.90 *** (0.00)	0.10 *** (0.00)	0.78 *** (0.00)	0.22 *** (0.00)
状态 2	−1.83 *** (0.00)	0.01 *** (0.00)	1.60 *** (0.00)	2.65 *** (0.00)	−11.93 *** (0.00)	0.59 *** (0.00)	52.71 *** (0.00)	14.59 *** (0.00)
极大似然	559.05		533.77		544.94		548.90	

注：参数结果通过 MCMC 估计方法得到，基于 10000 次 Gibbs 抽样，前 2000 次抽取为预烧舍去。***、**、* 分别表示在 0.01、0.05 和 0.1 水平显著。

表 3.3 是根据公式（3.3）计算的四种人民币远期汇率的区制转移概率，显然，人民币汇率存在显著的路径依赖，无论是处于贬值通道还是升值通道，都有很长的惯性，调整非常缓慢。

表 3.3 抵补套利平价下人民币远期汇率偏离区制转移概率

	人民币兑美元		人民币兑欧元		人民币兑日元		人民币兑英镑	
	状态 1	状态 2	状态 1	状态 2	状态 1	状态 2	状态 1	状态 2
状态 1	0.97	0.05	0.98	0.01	0.97	0.04	0.95	0.09
状态 2	0.03	0.95	0.02	0.99	0.03	0.96	0.05	0.91

二、抵补套利平价下人民币远期压力的影响因素分析

根据公式（3.2），本章测算了人民币兑四种货币的远期压力，见图 3.2。人民币美元的远期汇率在 2007 年处于贬值压力状态，但 2008 年起一直处升值压力状态。2007 年至 2009 年 5 月（除 2008 年 1 月和 2 月外）人民币欧元的远期汇率处于贬值压力状态，从 2009 年 6 月起一直为升值压力状态。人民币日元的远期汇率一直为升值压力。2009 年 2 月前，人民币英镑的远期汇率一直是贬值压力状态，从当年 2 月后转为升值压力状态。

根据公式（3.4）进行人民币远期压力的门限回归。本章以即期汇率作为门限变量，分别考察即期汇率低于门限值和高于门限值两种状态下，不同因素对人民币远期压力的影响程度。对门限值存在性的检验结果显示，人民币兑四种货币即期汇率都存在门限效应，图 3.3 显示四种人民币即期汇率的 F 序列都超过了临界线，拒绝"不存在门限效应"的原假设。

根据表 3.4 的实证结果，公式（3.4）代表的模型存在显著的结构性特征和非线性关系。人民币兑四种货币即期汇率的阈值均有较高显著性。结构性特征提高了模型的估计效果（R^2 在 0.79 以上）。

第 2 行代表不同汇率的阈值。第 3 行代表截距项系数。

第 4 行反映了中国与外国股市收益率差对人民币远期压力影响。依据风险溢价理论，汇差与利差之间负相关是因为风险溢价方差大于远期汇率变动

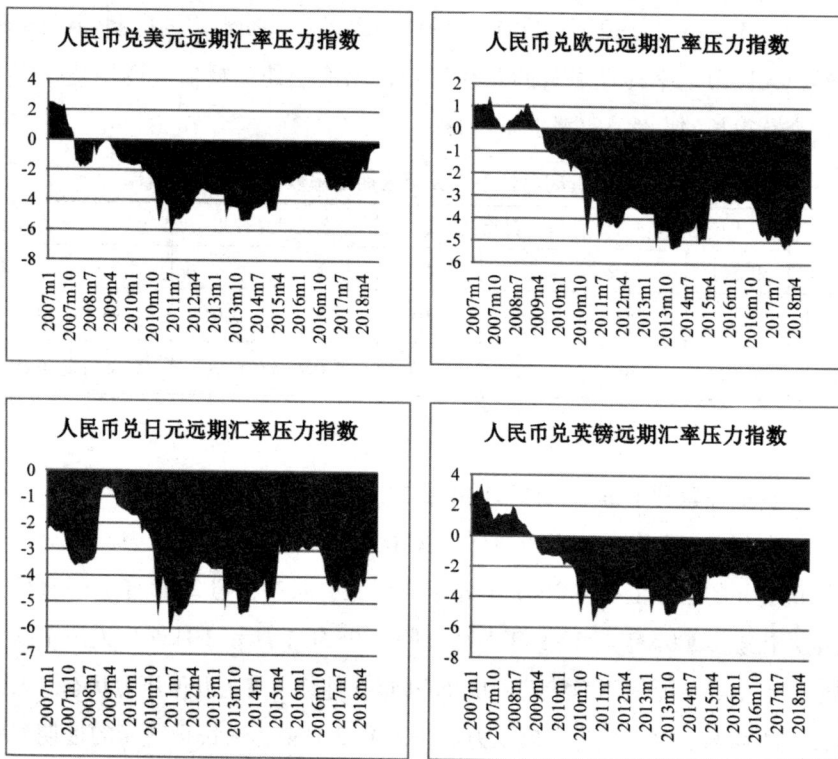

图 3.2 人民币兑四种货币远期汇率压力指数

值的方差，风险溢价与汇率贬值的协方差为负数。当风险溢价理论成立时，中国股市收益率与外国股市收益率差扩大，会促使风险溢价波动和方差增加，进而导致汇差与利差的差距（远期汇率压力 P）缩小，股市收益率差的系数应为负。这种现象在人民币美元和人民币欧元远期压力测试中没有出现，在人民币日元远期压力中出现，但仅当人民币日元即期汇率处于升值区间（$q \leqslant 6.95$）时成立。当人民币英镑即期汇率处升值区间（$q \leqslant 10.85$）时，人民币英镑远期压力受股市收益率差的扩大影响会不断提高，说明风险溢价提高了人民币英镑远期贬值压力，这与理论预期相反。总体看，H1 基本不成立。

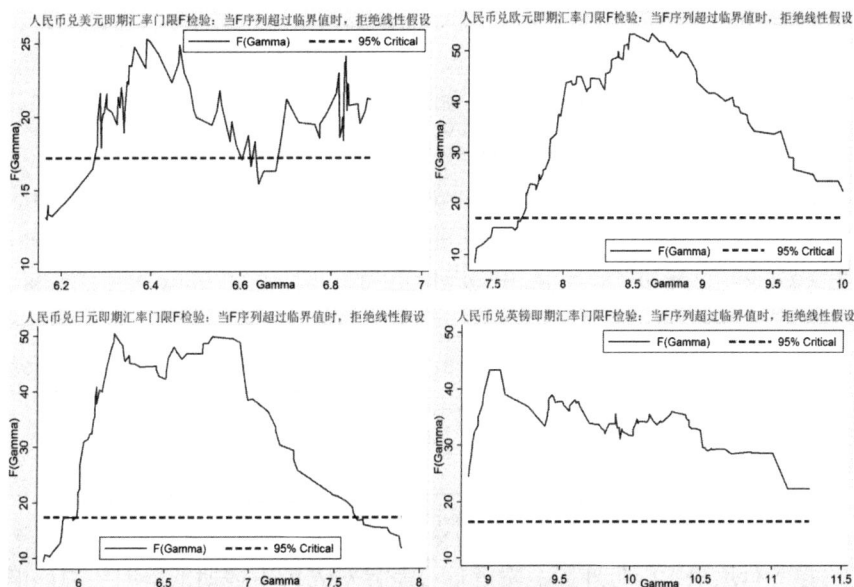

图 3.3　人民币兑四种货币即期汇率的门限检验

表 3.4　多因素对人民币远期汇率压力的非线性影响

货币	人民币兑美元		人民币兑欧元		人民币兑日元		人民币兑英镑	
q	≤6.90	>6.90	≤8.50	>8.50	≤6.95	>6.95	≤10.85	>10.85
截距	0.34 ***	0.22	-2.24 ***	0.66 ***	-2.65 ***	-0.66 **	-0.40	2.29 ***
	(0.04)	(0.16)	(0.22)	(0.20)	(0.11)	(0.27)	(0.34)	(0.19)
$z1$	-0.10	-0.50	-1.08	-1.47	-0.96 **	-0.08	1.56 *	-0.78
	(0.22)	(1.01)	(0.76)	(0.97)	(0.48)	(0.50)	(0.90)	(1.51)
$z2$	-0.17	0.50	0.15	-0.48	-1.15	-0.06	0.01	5.85 ***
	(0.29)	(1.07)	(0.16)	(0.43)	(1.09)	(0.41)	(0.02)	(1.69)
$z3$	0.19 ***	0.49 ***	-0.07	0.52 ***	0.49 ***	0.46 **	0.25	-1.75 ***
	(0.04)	(0.16)	(0.13)	(0.16)	(0.12)	(0.20)	(0.19)	(0.31)
$z4$	1.24	19.30 ***	-13.23	-11.48	-10.69 **	2.95	11.51 *	8.09
	(1.55)	(6.13)	(8.52)	(10.54)	(4.83)	(2.17)	(6.20)	(12.09)

续表

货币	人民币兑美元		人民币兑欧元		人民币兑日元		人民币兑英镑	
$z5$	-1.01^{***} (0.02)	-0.74^{***} (0.12)	-0.55^{***} (0.07)	-0.66^{***} (0.07)	-0.44^{***} (0.03)	-0.87^{***} (0.07)	-0.87^{***} (0.08)	-0.84^{***} (0.08)
标准误和	5.07	1.35	4.54	34.26	15.40	2.10	34.02	8.04
残差方差	0.04	0.10	0.04	0.49	0.18	0.05	0.32	0.38
R^2	0.98	0.98	0.98	0.87	0.79	0.99	0.84	0.86
异方差 P	0.08		0.01		0.06		0.02	

注：括号内数值为标准误。***、**、*分别表示在0.01、0.05和0.1水平显著。

第5行反映中国与外国消费者信心差异对人民币远期汇率的压力影响。依据市场风险理论，当消费者对中国市场更有信心时，促使人民币远期升值，从而汇差与利差的差距（远期汇率压力P）缩小，消费者信心差系数为负。这种现象在人民币兑美元、欧元和日元市场都没有出现，仅在人民币贬值通道下的人民币兑英镑市场出现，且系数为正，说明当消费者对中国市场的信心比对英国市场信心更大时，会立刻体现在即期市场，使人民币即期升值和远期贬值，从而汇差与利差之差额反而扩大，H2不成立。

第6行检验了国家信用风险如何影响人民币远期压力。根据国家信用风险理论，一国长期国债利率高于短期国债利率，说明经济形势良好，政府信用违约概率很低，货币国际价值提升，因此，远期汇率趋于升值（远期汇率压力P变小），两国长短期国债利差之差的系数应为负。大部分实证结果与理论预期恰好相反。具体而言，当中美长短期国债利差之差扩大时，人民币美元远期贬值压力增加，且贬值通道中人民币美元远期贬值压力大于升值通道中人民币美元远期贬值压力。当中欧长短期国债利差之差扩大时，贬值通道中人民币欧元远期贬值压力增大。当中日长短期国债利差之差扩大时，升值通道中人民币日元远期汇率贬值压力略大于贬值通道中人民币日元远期贬值压力。当中英长短期国债利差之差扩大时，贬值通道中人民币英镑远期汇率贬值压力变小，这与理论预期相符。总体看，H3 基本不成立。

第 7 行检验外汇干预对人民币远期压力的影响。根据"外汇干预"理论，当中央银行利用储备干预外汇市场时，汇差对利差的反应会放缓，汇差与利差之差（远期汇率压力 P）会维持较长时间，外汇干预的系数应为正。这种现象在人民币兑美元处于贬值通道和人民币兑英镑处于升值通道时得到证实，但在人民币兑日元处于升值通道时被证伪，并且无论证实还是证伪，系数绝对值都很大。总体看，随着外汇干预增强，人民币远期保持贬值压力，H4 基本成立。

第 8 行考察套利受限对远期压力的影响。当资本管制趋紧时，人民币在岸利率和离岸利率差会扩大。根据套利受限理论，严格的资本管制会降低资本跨境流动套利的可能性，人民币汇率升值压力无法在即期充分释放，会造成人民币远期升值压力持续存在，因此，在岸和离岸利差的系数为负。实证研究的结果基本证实了该理论。具体而言，升值通道中人民币美元远期升值压力大于贬值通道中的升值压力；升值通道中人民币欧元远期升值压力小于贬值通道中的升值压力；升值通道中人民币日元远期升值压力小于贬值通道中的升值压力；升值通道中人民币英镑远期汇率升值压力略大于贬值通道中的升值压力。实证结果证实了 H5。

本章以人民币远期汇率升贴水点数为门限值，做了稳健性检验，5 个假设的验证结论没有改变，限于篇幅不再呈现结果。

本章分析了在资本项目尚未完全开放条件下抵补利率平价对人民币的适用性。首先研究了人民币汇差对利差的非线性反应，再通过将汇差与利差之差作为人民币远期汇率压力指标，分析"风险溢价理论""市场风险理论""央行外汇干预理论""套利受限理论"是否能有效解释抵补利率平价下人民币汇差与利差的非线性关系。结果表明：第一，风险溢价理论对抵补利率平价下人民币远期压力基本不成立。投资股票的风险和收益波动性比债券更高，但股票投资收益率扩大并没有对汇差与利差的差距产生显著影响，表明风险溢价并不是影响人民币远期压力的重要因素。第二，市场风险理论基本不能解释抵补利率平价下人民币远期压力。一方面，消费者信心的提高预示着经济基本面良好，但并没有显著改善人民币远期压力；另一方面，长短期国债利差扩大隐含市场对经济长期表现看好，两国长短期国债利差之差的扩大却显著加剧了人民币远期压力。两项研究结论都显示，抵补套利平价下市场风险并不能通过人民币利差传导到汇差。第三，央行外汇干预理论能够部分解释人民币远期压力。较高的外汇干预会使汇差向利差的回归放缓，相关系数应为正数。人民币兑美元和英镑汇率符合理论预测，但人民币兑日元汇率不符合。第四，套利受限理论能够解释人民币远期压力。当资本流动不完全时，较高的套利收益无法迅速影响即期汇市，升值压力延续到远期。本章的实证研究完全支持该理论，同时也反映出人民币汇率对套利受限的非线性反应模式。

本章小结

央行外汇干预和资本管制对人民币抵补利率平价有显著影响，央行在外汇市场的操作以及跨境资本流动便利度的改变都有可能影响到国际资本的套利活动。因此，在中国推进人民币国际化过程中，资本账户的开放和外汇干预措施的减少应稳步推进，要合理引导市场预期，防止跨境套利愈演愈烈现象及由此对中国金融稳定带来的潜在风险。同时，要进一步完善利率和汇率市场化改革，避免因制度设计造成的国际投资套利套汇空间，减少中国因开放资本项目而在短期蒙受损失。

第四章

有效汇率指数构造与价值机理分析

布雷顿森林体系建立后，市场主体习惯采用美元衡量一国货币的对外价值。但在该体系崩溃后，许多国家货币脱离了与美元的固定兑换比例，转而采取浮动汇率机制。因此，一国货币在任何时候都存在大量的双边汇率，在对美元升值时，可能对日元、英镑、欧元贬值。为了用多种双边汇率衡量一国货币的对外价值，美国、英国、日本、加拿大和新西兰等一些国家开始计算并公布货币的有效汇率指数。国际货币基金组织和国际清算银行等国际性机构也制定并公布各国货币的有效汇率指数。本章首先对有效汇率指数的编制实践做概述，再详细介绍有效汇率指数权重设计的方法，并对国内外学者关于有效汇率指数的编制效果评价方法做综述。最后，以人民币汇率管理为例，说明基于有效汇率指数比基于双边汇率更有助于实现汇率稳定的机理。

第一节 有效汇率指数的样本货币选择

20 世纪 70 年代，美元大幅贬值，动摇了美元作为国际货币的霸主地位，在全球通货膨胀持续上升、贸易方向分散化、核心国际货币疲软的背景下，为了保持国内收入和物价稳定，许多国家开始考虑采用盯住货币篮子的汇率机制。围绕盯住一篮子货币汇率机制的研究，主要包括货币篮子内部结构和货币篮子有效性判断标准两方面，而最优货币篮子结构问题涉及篮子内的币种和各币种的权重。

一、货币联盟国的篮子货币选择

在 1997 年亚洲金融危机前后，东亚国家汇率机制出现了分化，部分国家采用盯住美元，部分国家开始盯住一篮子货币。在借鉴欧洲货币机制经验基础上，学者们围绕东亚国家间建立协同性的盯住一篮子货币机制开展广泛研究。Williamson（2005）首先分析了 5 个东南亚联盟常任国（印度尼西亚、马来西亚、菲律宾、新加坡和泰国）、2 个清迈协议签署国（中国、韩国）以及中国香港和中国台湾共同采用贸易加权 G3 货币（美元、欧元、日元）篮子的效果。Ogawa 和 Ito（2002）认为，新兴市场经济体汇率机制（或货币篮子权重）的选择依赖于邻国的反应，并用纳什均衡模型分析了权重选择的稳定和不稳定情形。Kawasaki 和 Ogawa（2006）从国家间协调机制方面讨论盯住一篮子货币机制有效的区域合作机制问题。Ogawa 和 Shimizu（2006）用"东盟 10＋3（中国、日本、韩国）"货币为东亚国家构建共同货币篮子（AMU），发现使用 AMU 的东盟国家数量增多后，AMU 在稳定各国货币实际有效汇率方面的效果优于 G3 篮子。

二、人民币有效汇率指数的篮子货币选择

自从中国启动参考一篮子货币的汇率形成机制以来，国内外学者一直试图揭开中国所参考的货币篮子的面纱。Cui（2012）发现，在 2010 年 1—11 月，人民币并没有完全盯住一篮子货币，美元依然是最主要的被盯住货币，但在篮子中的权重有所下降。Wang 和 Xie（2013）研究了人民币与其篮子货币美元、欧元、日元和韩元的交叉相关性，利用去除趋势的交叉相关性方法分析出货币权重由高到低依次为美元、欧元、日元和韩元。

除了对主观设计的货币篮子进行效果比较外，部分学者还深入研究影响入篮货币的各种因素。例如，Xu（2011）强调在垂直贸易中，篮子货币在贸易流合同中有不同作用，中间产品进口合同中的计价货币（进口货币）和最终产品出口合同中的计价货币（出口货币）的最优权重取决于垂直贸易的结构。

2006 年 7 月，《第一财经日报》的 CBN 有效汇率研究团队提出了 CBN 指数，该指数选择 2005 年 1 月 3 日（2005 年第 1 个交易日）为基期，样本货币为美元、欧元、日元、韩元、新加坡元、英镑、林吉特、卢布、澳元、泰铢和加元，并根据国际清算银行发布的中国对主要贸易伙伴的贸易数据确定权重。北京航空航天大学经济管理学院韩立岩和刘兰芬教授（2008）编制的人民币指数包括美元、欧元、日元、韩元、新台币、港币、英镑和新加坡元 8 种，以 2005 年 7 月 21 日（以汇改为分界线）为基期[①]。招商银行从 2007 年年底开始编制人民币贸易加权汇率指数，每周发布在《招银汇市评论》。招商银行人民币贸易加权汇率指数是人民币对中国十大贸易伙伴货币汇率的加权，权重采用上年度贸易伙伴的进出口额占中国进出口总额的比重。徐奇渊等（2013）参照国际清算银行的做法，对中国与所有样本国家进行配对，计算各年度样本国家对中国的出口竞争压力指数，使用 3 年数据的平均结果，对 120 个样本经济体进行排序并选取前 50 个经济体货币作为有效汇率指数的参考货币。表 4.1 介绍了国内学者设计人民币有效汇率指数所参考的币种。

表 4.1　代表性文献中人民币有效汇率指数所参考的货币种类

作者	篮子货币	权重类型
陈学彬、王培康和庞燕敏（2011）	24 种货币：欧元、美元、日元、港元、韩元、新台币、澳元、马来西亚吉林特、印度卢比、新加坡元、巴西雷亚尔、俄罗斯卢布、泰铢、英镑、沙特里亚尔、印尼卢比、加元、菲律宾比索、伊朗里亚尔、阿联酋迪拉姆、智利比索、墨西哥元、南非兰特和瑞士法郎	双边贸易权重
盛梅、袁平和赵洪斌（2011）	19 种货币：美元（港元的权重加计在美元中）、欧元、日元、韩元、新台币、俄罗斯卢布、新加坡元、马来西亚吉林特、澳元、英镑、印度卢比、泰铢、加元、巴西雷亚尔、菲律宾比索、印尼卢比、瑞士法郎、智利比索	双边贸易权重

---

① 资料来源：北京航空航天大学经济管理学院人民币指数网。

作者	篮子货币	权重类型
陆前进（2012）	21 种货币：美元、欧元、日元、港元、韩元、新台币、澳元、马来西亚吉林特、新加坡元、俄罗斯卢布、印度卢比、英镑、巴西雷亚尔、泰铢、沙特里亚尔、加元、印尼卢比、菲律宾比索、智利比索、墨西哥元、南非兰特	双边贸易权重
王爱华、李秀敏和刘力臻（2013）	（1）SDR 货币篮子：美元、欧元、日元、英镑 （2）东盟 10＋3 国家货币篮子：文莱元、柬埔寨瑞尔、印度尼西亚盾、日元、老挝基普、马来西亚林吉特、菲律宾比索、新加坡元、韩元、泰铢、越南盾 （3）扩展的东盟 10＋3 货币篮子：文莱元、柬埔寨瑞尔、印度尼西亚盾、日元、老挝基普、马来西亚林吉特、菲律宾比索、新加坡元、韩元、泰铢、越南盾、印度卢比、澳大利亚元、新西兰元 （4）混合货币篮子：美元、欧元、日元、韩元、英镑、新加坡元、俄罗斯卢布、澳大利亚元、马来西亚林吉特、印度卢比、加拿大元、巴西雷亚尔、印度尼西亚盾、泰铢、菲律宾比索	双边贸易权重
荣璟和万鹏（2015）	24 种货币：港元、印度卢比、印尼卢比、伊朗里亚尔、日元、马来西亚林吉特、菲律宾比索、新加坡元、韩元、泰铢、沙特里亚尔、阿联酋迪拉姆、新台币、南非兰特、英镑、瑞士法郎、智利比索、墨西哥比索、加元、美元、澳元、巴西雷亚尔、俄罗斯卢布和欧元	资本权重
汪洋和荣璟（2015）	10 种货币：港元、美元、欧元、英镑、阿联酋迪拉姆、新土耳其里拉、巴拿马巴波亚、加元、越南盾、墨西哥元	净出口权重
	14 种货币：阿曼里亚尔、安哥拉宽扎、澳元、巴西雷亚尔、菲律宾比索、韩元、马来西亚吉林特、日元、瑞士法郎、沙特里亚尔、泰铢、伊朗里亚尔、智利比索、新台币	净进口权重
殷明明、陈平和王伟（2017）	29 种货币：美元、欧元、日元、港元、英镑、澳元、新西兰元、新加坡元、瑞士法郎、加元、马来西亚林吉特、俄罗斯卢布、泰铢、南非兰特、韩元、阿联酋迪拉姆、沙特里亚尔、匈牙利福林、波兰兹罗提、丹麦克朗、瑞典克朗、挪威克朗、土耳其里拉、墨西哥比索、印度卢比、印尼卢比、巴西雷亚尔、越南盾和菲律宾比索	双重贸易权重

第二节 有效汇率指数的权重选择

一、考虑测算国贸易平衡状态的"双边贸易权重"

大部分有效汇率指数的权重属于贸易加权,即用国际贸易额作为衡量权重的工具,以几何平均值来构建。由于不同国家的贸易伙伴不同,编制汇率指数是一项复杂的工作,对每个经济体来说都是一个单独的项目。原则上,所有贸易伙伴的货币都应包括在贸易加权指数中。然而,这样完整的数据集将包括贸易量微不足道的国家,对于小型贸易伙伴来说,数据通常不可得或不可靠。因此,通行的贸易加权指数只包括最重要的贸易伙伴。根据贸易往来的权重,主要考虑一国出口权重、进口权重和双边贸易权重等因素,可根据公式(4.1)计算:

$$
\begin{cases}
w_i^X = \dfrac{X_i}{\sum\limits_{i=1}^{n} X_i} \\[4mm]
w_i^M = \dfrac{M_i}{\sum\limits_{i=1}^{n} M_i} \\[4mm]
w_i = \left(\dfrac{X}{X+M}\right) w_i^X + \left(\dfrac{M}{X+M}\right) w_i^M
\end{cases}
\tag{4.1}
$$

其中,X_i 和 M_i 分别表示测算国与篮子货币 i 国的双边出口额和双边进口额。w_i^X 表示测算国对篮子货币 i 国的出口占测算国对全部篮子货币国出口的比重。w_i^M 表示测算国对篮子货币 i 国的进口占测算国对全部篮子货币国进口的比重。X 表示测算国当年出口总额,M 表示测算国当年进口总额。

公式(4.1)的含义是,根据测算国对篮子货币 i 国的出口比重 w_i^X,捕捉篮子货币 i 国作为测算国出口市场的相对重要性。根据测算国对篮子货币 i

国的进口比重，捕捉篮子货币 i 国作为测算国进口货源国的相对重要性。根据测算国当年的进出口贸易规模，捕捉测算国贸易失衡状况，如果测算国当年贸易顺差，出口比进口更为重要，即 $\frac{X}{X+M} > 0.5$，$\frac{M}{X+M} < 0.5$，则可以放大篮子货币 i 国作为测算国出口市场的重要性，同理，可以相应缩小篮子货币 i 国作为测算国进口货源国的相对重要性。显然，比起根据 $w_i = (w_i^X + w_i^M)/2$ 的计算方法，公式（4.1）更为科学合理。

对于贸易流的统计，还需要考虑贸易类型，即制成品、大宗商品和服务。传统上，贸易加权有效汇率仅限于制成品，不包括大宗商品和服务。由于大宗商品可视为同质商品，主要根据全球供求情况在世界拍卖市场上定价，原产国效应在决定产品价格竞争力方面相对不重要。许多可交易的服务都是竞争性和差异化的，但现有服务贸易流量信息不够详细，这类贸易也通常被排除在有效汇率计算之外。如果数据可得，将服务贸易纳入指数编制就更为理想，因为制成品国与服务国之间的贸易流量不同。如何权衡不同双边汇率，完全取决于建立有效汇率的目的。例如，新编英格兰银行指数旨在衡量汇率变动对英国商品和服务贸易的影响。因此，权重需要反映不同贸易伙伴在商品和服务贸易方面的重要性。就英国而言，美国和其他英语国家在服务贸易方面比制成品贸易更重要，因此公布了有关其双边服务贸易流的详细信息。但是许多其他国家无法获得可比较的细节，因此服务贸易比制成品贸易有更大局限性。

盛梅等（2011）构造双边贸易加权人民币汇率指数，而且发现人民币指数是滞后 6 月、12 月、18 月和 24 月进出口贸易的格兰杰原因。陆前进（2012）测算了双边贸易加权人民币有效汇率指数，分析有效汇率指数比双边汇率更能反映中国在开放经济中的运行与表现。

二、考虑第三国竞争效应的"双重贸易权重"

Hooper 和 Morton（1978）分析了双边贸易权重的优势和劣势，指出双边贸易权重具有"容易构建"的优势，通过关注两国之间的贸易，传递两国在出口和进口替代行业的相对竞争力等信息。但也指出双边贸易权重的最大劣势在于不能反映第三国贸易的竞争效应。例如，当日元兑人民币升值后，人民币贸易加权指数下降（间接标价法），中国对日本产品（如汽车）需求下降，但不能反映韩国或德国汽车在中国市场的份额变化。根据贸易引力模型理论，空间距离近的两国双边贸易规模通常会比距离远的两国双边贸易规模大，根据双边贸易权重会使距离远的国家权重偏低。McGuirk（1987）研究指出，日本在瑞典的直接出口效应中权重为 2.43%，在瑞典的第三国效应中权重为 14.19%，挪威在瑞典的直接出口效应中权重为 9.65%，在瑞典的第三国效应中权重为 1.64%。显然，不考虑第三国效应，会提高近距离国家的权重。

综合衡量竞争力需要考虑产品竞争的不同地点。假设世界市场仅由中国、美国和欧元区组成，中国与美国的竞争体现在三个地方。一是中国产品将与进入中国市场的美国产品竞争，称为"进口竞争"。二是中国产品将在美国市场与美国产品展开竞争，称为"双边出口竞争"。三是中国产品和美国产品都出口到欧元区市场（除中国和美国以外的世界其他地区），称为"第三国市场竞争"。为了获得美国的整体竞争力权重，需要衡量美国在这三个地点与中国展开竞争的相对重要性。美国的进口竞争权重可根据美国出口到中国的份额计算得出，因此，进口竞争计算方法与公式（3.1）中的第二个相似。中美双边出口竞争和在欧元区（第三国市场）竞争较为复杂。双边出口竞争中美国的重要性不仅取决于中国出口到美国的份额，还取决于美国市场有多少比例是由本土生产商提供。根据一国市场由本国生产者供给的比例判断该市场的开放程度。假设美国和欧元区市场中都有 50%产品来自中国，美国另一半市场由本土生产商供应，欧元区本土生产商供应份额很小，大部分供应来自其他国家，则美国的双边出口竞争将比欧元区更激烈，因为美国生产商是中国直接双边出口的主要竞争对手。美国在第三国市场竞争中的权重代表美国与中国在双方国内市场之外的竞争强度。继续假设世界由中国、美国和欧元区组成。除了中国出口到美国的产品外，美国市场剩余部分由本土厂商和欧元区供应商占据，在这块剩余市场中，美国本土生产商供给率为 90%，欧元区产品在美国市场的占有率为 10%；同样假设，在欧元区剩余市场中（欧元区市场扣除被中国占据的份额），欧元区本土生产商供给率为 80%，美国产品在欧元区市场的占有率为 20%。当中国出口美国产品为 400，出口欧元区产品为 500，则对于中国而言，美国出口权重为：$w_{UAS} = \dfrac{400}{400+500} \times 0.9 + \dfrac{500}{400+500} \times 0.2 = 0.51$。其中，$\dfrac{400}{400+500}$ 是中国出口美国产品占中国总出口比重，0.9 反映的是美国本土产品竞争力，两者相乘刻画出中国产品在美国市场遭遇美国本土生产商的竞争性。如前所述，当美国本土供给率越大，则对中国出口竞争带来的挑战就越大。$\dfrac{500}{400+500}$ 是中国出口欧元区的产品占中国总出口比重，0.2 反映的是美国产品出口到欧元区市场的比重，两者相乘能够刻画出中国产品与美国产品在欧元区市场的竞争性。通过"出口双重权重"计算出的美国出口权重，不仅反映出中国与美国的直接竞争，还反映出中国与美国在欧元区的竞争，而在双边贸易加权模型中，美国的出口权重为 $\dfrac{400}{400+500} = 0.44$，显然低估了美国对中国出口的影响力。

国际清算银行、国际货币基金组织、经济合作组织、欧洲中央银行、英格兰银行、美国联邦储备委员会的有效汇率权重都考虑第三方市场效应。郭琨和成思危（2012）编制了第三国竞争的贸易权重人民币有效汇率指数，发现人民币汇率指数与对外贸易、CPI、工业增加值等宏观经济变量有着较强的相关性。徐奇渊等（2013）基于 HS2002 的 6 位码数据构建基于第三国竞争力的人民币有效汇率指数。徐国祥等（2014）设计了双重贸易权重的人民币发达市场汇率指数、人民币新兴市场汇率指数和人民币全市场汇率指数，并使用"除数修正法"对因成分货币或权重调整引起的非汇率价格因素变动进行修正，再用交叉谱分析人民币汇率指数与主要宏观经济变量之间联动更为紧密的现象。殷明明等（2017）考虑了直接进口竞争、直接出口竞争和第三方市场贸易竞争压力等因素，构建了双重贸易权重人民币有效汇率指数。

三、考虑国际投资因素的"双边投资权重"

国际经济往来不仅包括国际贸易，还包括国际资本流动，因此从理论上来说，可以计算基于国际资本流动的有效汇率。荣璟和万鹏（2015）编制了资本权重人民币有效汇率指数，发现 FDI、净出口和资本权重人民币有效汇率指数间存在长期协整关系。国际资本流动的规模和增长速度越来越快，意味着用资本流动的权重计算有效汇率更能反映一国货币总体币值的变化趋势。尽管这种计算方法从理论上来讲是合理的，但是由于数据的可得性问题，反映国际资本流动的有效汇率指数很少。编制有效汇率指数时，除应考虑第三方市场竞争效应外，还应考虑 FDI 和 OFDI 等因素。当引入国际投资因素后，传统基于贸易数据的权重方案不再适用。如果考虑国际投资因素，计算本国货币有效汇率指数时必须反映出篮子货币 i 国与本国资本流入和资本流出状况，如公式（4.2）所示：

$$\begin{cases} w_i^{OFDI} = \dfrac{OFDI_i}{\sum\limits_{i=1}^{n} OFDI_i} \\[4mm] w_i^{FDI} = \dfrac{FDI_i}{\sum\limits_{i=1}^{n} FDI_i} \\[4mm] w_i = \left(\dfrac{CO}{CO+CI}\right) w_i^{ODFI} + \left(\dfrac{CI}{CO+CI}\right) w_i^{FDI} \end{cases} \quad (4.2)$$

其中，OFDI（Outward Foreign Direct Investment）表示对外直接投资，即资本流出，w_i^{OFDI} 反映本国对篮子货币 i 国的直接投资占本国对全部篮子货币国直接投资的比重。FDI（Foreign Direct Investment）表示外商直接投资，即资本流入，w_i^{FDI} 反映篮子货币 i 国对本国的直接投资占全部篮子货币国对本国直接投资的比重。CO 是本国当年资本总流入，CI 是本国当年资本总流出。双边资本流动权重的计算方式跟双边贸易权重计算方法相似。

四、基于高度全球化的 GDP 权重

一个国家的国内生产总值越大，它从世界其他地方吸收的进口就越多。这些大国的出口商可能反过来从其他国家进口更多的产品。因此，尽管 A 国对某大国的直接出口不多，但由于这个大国的存在，A 国整体出口可能会很大。Ho（2012）使用 GDP 权重而非贸易权重编制有效汇率指数，借助实际出口总额的原型方程和协整方法对四个主要经济体、四个拉丁美洲国家和四个东南亚国家进行测试，发现总体上基于 GDP 权重的指数比 BIS 和 IMF 公布的指数更优越。Ho（2012）的方法是将 GDP 加权货币篮子作为通用的"基准世界货币篮子"（Benchmark World Currency Basket，BWCB），并将隐含的GDP 加权 CPI 作为"世界消费者价格指数"（World Consumer Price Index，PW）。篮子中的货币包括美元、欧元、日元、英镑、加元和澳元。根据定义，国内生产总值权重总和为 1，这些权重乘以篮子中每种货币的"标准化"汇率，然后相加。标准化是通过将每种汇率的时间序列数据除以基年该货币的平均汇率得到。在基年每种货币标准化汇率等于 1 美元。标准化可消除因官方货币单位有大有小（如日元偏小）而产生的偏差。国内生产总值权重逐年变化，但由于公布和修订国内生产总值数据涉及时间滞后，对于任何年份 T，所用权重均基于 $T-2$ 年的国内生产总值。

$$BWCB_t = \sum_i \frac{GDP_{i(T-2)} \times e_{i(T-2)}}{\sum GDP_{j(T-2)} \times e_{j(T-2)}} \times \frac{e_{it}}{e_{i0}}$$

根据这样定义的基准货币篮子，任何货币 i 的名义有效汇率指数（称为"相对汇率指数"）定义为 $RER(iw) = \dfrac{e_i'}{e_w'}$。$e_i'$ 是货币 i 兑美元的标准化汇率值，e_w' 是基准世界货币篮子兑美元的标准化汇率值。在基年，任何货币的标准化汇率的季度平均值等于一单位分母货币。

货币 i 相对于基准货币篮子的实际相对汇率指数（$RRER$）是实际有效汇率指数的近似值，由下式表示：$RRER(iw) = \dfrac{P_i e_i'}{P_w e_w'}$。$P_i$ 是国家 i 的物价指数

（消费者价格指数），P_w 是隐含世界价格指数。$\dfrac{e_i'}{e_w}$ 是相对汇率指数。

五、权重测算的计量回归方法

Sims（1980）引入的 VAR 方差分解技术，用于测算某个变量的向前 H 步预测误差方差中有多少是由另一个变量的扰动引起的。基于这一思想，Diebold 和 Yilmaz（2012）利用广义向量自回归模型中预测误差方差分解对变量排序保持不变的特性，提出并完善了总波动率溢出和方向波动率溢出的测量方法。

考虑协方差平稳的 N-变量 p 阶滞后的 VAR（p）模型，$x_t = \sum_{i=1}^{p} \Phi_i x_{t-i} + \varepsilon_t$，其中，$\varepsilon \sim (0, \Sigma)$ 是独立同分布扰动项，移动平均表示成 $x_t = \sum_{i=1}^{\infty} A_i \varepsilon_{t-i}$，其中 $N \times N$ 维系数矩阵 A_i 遵循如下递归：$A_i = \Phi_1 A_{i-1} + \Phi_2 A_{i-2} + \cdots \Phi_p A_{i-p}$，有 A_0 是 $N \times N$ 维系数矩阵并且当 $i < 0$ 时有 $A_i = 0$。方差分解技术能够评估 x_i 的 H 步前向预测中误差方差的分部是由变量 $x_j(i \neq j)$ 的冲击造成的。

方差分解的计算需要正交冲击，而 VAR 冲击通常是同期相关的。基于 Cholesky 因子分解的识别方案具有正交性，而方差分解则依赖于变量的排序。Diebold 和 Yilmaz（2012）利用广义 VAR 方法来规避这个问题，该方法完成的方差分解不受变量排序的影响。广义 VAR 模型 H 步向前预测误差方差分解用 $\theta_{ij}^g(H)$ 表示，有：

$$\theta_{ij}^g(H) = \frac{\sigma_{ii}^{-1} \sum_{h}^{H-1} \left(e_i' A_h \sum e_j \right)^2}{\sum_{h}^{H-1} \left(e_i' A_h \sum A_h' e_j \right)} \tag{4.3}$$

其中，$\sum$ 是误差向量 ε 的方差矩阵，σ_{ii} 是第 i 个方程误差项的标准差，e 是选择向量，对于第 i 个元素取值 1，否则为 0。方差分解表每行元素之和不等于 1，即 $\sum_{j=1}^{N} \theta_{ij}^g(H) \neq 1$。为了将方差分解矩阵中的可用信息用于计算溢出指数，将方差分解矩阵中的每个条目用行之和标准化为：

$$\hat{\theta}_{ij}^{g}(H) = \frac{\theta_{ij}^{g}(H)}{\sum_{j=1}^{N} \theta_{ij}^{g}(H)} \tag{4.4}$$

通过构建，有 $\sum_{j=1}^{N} \hat{\theta}_{ij}^{g}(H) = 1$ 以及 $\sum_{i,j=1}^{N} \hat{\theta}_{ij}^{g}(H) = N$。

利用广义 VAR 方差分解的波动性贡献，可以构建一个总波动性溢出指数：

$$S^{g}(H) = \frac{\sum\limits_{\substack{i,j=1 \\ i \neq j}}^{N} \hat{\theta}_{ij}^{g}(H)}{\sum\limits_{i,j=1}^{N} \hat{\theta}_{ij}^{g}(H)} \times 100 = \frac{\sum\limits_{\substack{i,j=1 \\ i \neq j}}^{N} \hat{\theta}_{ij}^{g}(H)}{N} \times 100 \tag{4.5}$$

总溢出指数衡量各金融资产波动性冲击溢出对总预测误差方差的贡献，广义 VAR 方法显示出主要金融资产类别波动性溢出的方向。由于广义脉冲响应和方差分解对变量的排序不变，利用广义方差分解矩阵的归一化元素计算方向溢出。变量 i 从所有其他变量 j 受到的定向波动溢出量用公式（4.6）表示：

$$S_{i\cdot}^{g}(H) = \frac{\sum\limits_{\substack{j=1 \\ i \neq j}}^{N} \hat{\theta}_{ij}^{g}(H)}{\sum\limits_{j=1}^{N} \hat{\theta}_{ij}^{g}(H)} \times 100 \tag{4.6}$$

以类似的方式，测量变量 i 向所有其他变量 j 传递的方向性波动溢出可用公式（4.7）表示：

$$S_{\cdot i}^{g}(H) = \frac{\sum\limits_{\substack{j=1 \\ j \neq i}}^{N} \hat{\theta}_{ji}^{g}(H)}{\sum\limits_{j=1}^{N} \hat{\theta}_{ji}^{g}(H)} \times 100 \tag{4.7}$$

可以将定向溢出的集合看作将总溢出分解为来自（或到）特定源的溢出。从 i 变量到其他所有变量的净波动率为：

$$S_{i}^{g}(H) = S_{\cdot i}^{g}(H) - S_{i\cdot}^{g}(H) \tag{4.8}$$

净波动性溢出是传递给所有其他变量的总波动性冲击和受到的总波动性冲击之间的差。

殷明明（2017）在 Diebold 和 Yilmaz（2012）方法基础上，估计各货币汇率冲击对人民币汇率变动的溢出指数来计算各货币权重。

第三节　名义和实际有效汇率指数

有效汇率有算术加权和几何加权两种算法，但两者得出的结果并不一致，Brodsky（1982）指出，几何加权算法可使有效汇率指数在两个时点的变化免受基期影响，因此，实务界普遍采用几何加权算法计算名义有效汇率指数（Nominal Effective Exchange Rate，NEER）。根据上面篮子货币权重可得出名义有效汇率指数：

$$NEER = \prod_{i=1}^{n} \left(\frac{E_{it}}{E_{i0}} \right)^{w_i^t} \times 100 \tag{4.9}$$

其中，E_{it} 表示 t 期篮子货币 i 与本币的双边名义汇率（间接标价法），E_{i0} 表示基期篮子货币 i 与本币的双边名义汇率。为与 BIS 基期选择一致，以 2010 年为基期（殷明明等，2017）。w_i^t 表示篮子货币 i 在 t 年的权重。NEER 上升表示本币升值，下降表示本币贬值。

考虑到价格因素影响，可利用价格指数测算出实际有效汇率指数（Real Effective Exchange Rate，REER）：

$$REER = NEER \times \prod_{i=1}^{n} \left(\frac{P_{it}}{P_{ct}} \right)^{w_i^t} \tag{4.10}$$

其中，P_{it} 和 P_{ct} 分别表示篮子货币 i 国和本国在 t 期的价格水平。在价格指数方面，学者普遍采用消费者价格指数（CPI）（陈学彬等，2011；殷明明等，2017）。

由于贸易投资伙伴的地位会随时间变化，权重 w_i^t 可逐年更新。例如，复旦人民币汇率指数的权重每月更新。以样本经济体过去 12 个月（1 年）对中国进出口额占同期中国与样本国（或地区）进出口总额的比重计算。

第四节　有效汇率指数应用价值的检验方法

　　针对篮子中各货币权重的检验问题，学者从标准和方法两个角度开展研究。Vardal（1990）在研究货币篮子最优权重时发现，最优篮子权重与贸易份额权重并不一致，并认为，货币篮子最优设计应能使贸易品生产波动最小化。Daniels 和 Toumanoff（2001）发现，贸易加权货币篮子不仅是次优的，而且与资本市场整合不一致。最优权重将随着国内经济与世界商品和服务市场以及金融工具的整合而演变。Hovanov（2004）也认为应该根据最小波动率原则设计权重，于是提出了独立于基准货币选择的不变币值指数（invariant currency value index，ICVI）。Fang 等（2012）利用贝叶斯方法估计了人民币货币篮子的时变系数，发现美元权重有所下降，但对于篮子中其他货币的权重没有可识别的系统操作模式。例如，在美国次贷危机等特殊时期，美元减少的权重并未转移到其他主要国际货币，而是转移到某些东亚国家货币，这很难用与中国的贸易重要性或是贸易竞争性解释。通过考察马来西亚和新加坡货币篮子中人民币权重的变化后发现，当特殊时期人民币篮子中这些东亚国家货币权重上升时，对应的东亚经济体也会系统性提升人民币在各自货币篮子中的比重。Ogawa 和 Ito（2002）认为最优货币篮子汇率机制应能够使贸易差额最小化。Yoshino（2015）用动态小型开放经济模型和福利损失函数分析从盯住美元向盯住一篮子货币或浮动机制转变的动态效应。Moosa（2011）证明了国际投机者可以利用某国货币和它盯住的一篮子货币进行抵补套利并获得利润的可能性，由此也解释了一些采用盯住汇率机制的国家不愿意披露货币篮子的结构（币种及权重）的顾虑。

　　作为全球化的一个经验证据，Ho（2012）使用出口方程测试有效汇率指数的价值。随着时间的推移，出口总额相对于实际汇率的弹性普遍增加。出口方程将实际出口总额（包括服务）视为贸易伙伴的实际国内生产总值和实际有效汇率指数的函数。Ho（2012）比较了 GDP 加权实际有效汇率指数和 BIS、IMF 以及 OECD 公布的实际有效汇率指数在解释出口贸易方面的精度，发现 GDP 加权实际有效汇率指数更具有优势。殷明明、陈平和王伟（2017）使用引力模型和 FDI 决定方程，实证检验自编人民币有效汇率指数与 BIS 和 IMF 发布的人民币有效汇率指数在解释中国出口和实际利用 FDI 方面的优势，发现使用三种人民币有效汇率指数得出的结论都是稳健，而且考虑了第三国市场效应、国际资本流动效应和溢出效应后，自编人民币有效汇率指数的表现优于 BIS 和 IMF 的表现。何青、张策和郭俊杰（2018）利用 SVAR 模型、OLS 回归和基于利率平价的无套利模型三种方法对 CFETS 人民币汇率指数以及参考 BIS 货币篮子和 SDR 货币篮子的人民币汇率指数的有效性进行定量分析，发现参考 SDR 货币篮子的汇率指数更具优势。

第五节　人民币有效汇率指数的价值机理分析

为科学合理反映人民币对外价值，编制人民币有效汇率指数是人民币参照一篮子货币定价机制的重要组成部分。盯住一篮子货币汇率机制的有效性与货币当局政策目标紧密相连。"参照一篮子货币"是让本币相对应几种货币的加权平均汇率保持稳定的一种机制。本节借鉴小川英治、姚枝仲（2004）、陆前进（2011）、陈学彬和李华建（2017）等学者的方法，分析有效汇率指数的价值机理。假设一篮子货币（BSK）分别为 S_1，…，S_n，本币人民币（RMB）与这 n 种货币的加权平均汇率为 $E^{RMB/BSK}$，有：

$$E^{RMB/BSK} = w_1' E^{RMB/S_1} + \cdots + w_n' E^{RMB/S_n} \qquad (4.11)$$

其中，$E^{RMB/BSK}$ 为常数，是被选中的一篮子货币的人民币价值（以人民币计价），$w_i'(i=1，…，n)$ 是篮子中各参考货币的数量①。

对一篮子货币定义性等式（4.11）两边求时间导数，可得：

---

① w_i' 并非权重，篮子中各种货币的权重为（$w_i' E^{RMB/S_i} / E^{RMB/BSK}$）。

$$w_1' \frac{dE^{RMB/S_1}}{dt} + \cdots + w_n' \frac{dE^{RMB/S_n}}{dt} = 0 \tag{4.12}$$

令 $\quad \dot{E}^{RMB/S_1} = \frac{dE^{RMB/S_1}}{dt}$ ，则有 $w_1' \dot{E}^{RMB/S_1} + \cdots + w_n' \dot{E}^{RMB/S_n} = 0 \quad (4.13)$

在（4.13）两边同时除以 $E^{RMB/BSK}$ ，经适当变换，可以得到：

$$w_1' \frac{\dot{E}^{RMB/S_1}}{E^{RMB/S_1}} \frac{E^{RMB/S_1}}{E^{RMB/BSK}} + \cdots + w_n' \frac{\dot{E}^{RMB/S_n}}{E^{RMB/S_n}} \frac{E^{RMB/S_n}}{E^{RMB/BSK}} = 0 \tag{4.14}$$

从（4.14）看， $\frac{\dot{E}^{RMB/S_1}}{E^{RMB/S_1}}$ 是人民币对货币 S_1 汇率变化率， $w_1' \frac{E^{RMB/S_1}}{E^{RMB/BSK}}$ 就

构成了货币 S_1 在人民币汇率篮子里面的权重。记 $\widetilde{E}^{RMB/S_i} = \frac{\dot{E}^{RMB/S_i}}{E^{RMB/S_i}}$ ， $w_i = w_i'$

$\frac{E^{RMB/S_i}}{E^{RMB/BSK}}$ ，则有：

$$\sum_{i=1}^{n} w_i \widetilde{E}^{RMB/S_i} = 0 \tag{4.15}$$

记人民币对某篮子货币双边汇率的自然对数为 $e^{RMB/S_i} = \ln(E^{RMB/S_i})$ ，构建

$$w_1 e^{RMB/S_1} + \cdots + w_n e^{RMB/S_n} = C \tag{4.16}$$

对（4.16）两边求时间导数，也可以得到（4.15）。

根据式（4.16），假设基期货币篮子满足

$$w_1 e_0^{RMB/S_1} + \cdots + w_n e_0^{RMB/S_n} = C \tag{4.17}$$

如果是完全参照一篮子货币（相当于盯住），则常数 C 不随时间而改变，到了考察期 t ，有：

$$w_1 e_t^{RMB/S_1} + \cdots + w_n e_t^{RMB/S_n} = C \tag{4.18}$$

将（4.18）减去（4.17），得到：$w_1(e_t^{RMB/S_1} - w_1 e_0^{RMB/S_1}) + \cdots + w_n(e_t^{RMB/S_n} - e_0^{RMB/S_n}) = 0$ ，即

$$w_1 \ln\left(\frac{E_0^{RMB/S_1}}{E_t^{RMB/S_1}}\right) + \cdots + w_n \ln\left(\frac{E_0^{RMB/S_n}}{E_t^{RMB/S_n}}\right) = 0 \tag{4.19}$$

在资本自由流动情况下，套汇行为会使同种货币不同汇价之间存在的获利可能性消失，因此，人民币兑美元的汇率变动、人民币兑第三种货币汇率

变动以及美元兑第三种货币汇率变动之间存在如下关系：

$$\widetilde{E}^{RMB/USD} = \widetilde{E}^{RMB/S_i} - \widetilde{E}^{S_i/USD} \qquad (4.20)$$

将（4.20）代入（4.15）得到：

$$\widetilde{E}^{RMB/USD} = w_2 \widetilde{E}^{S_2/USD} + \cdots + w_n \widetilde{E}^{S_n/USD} \qquad (4.21)$$

根据（4.21）式可以看出，在人民币完全参照一篮子货币前提下，人民币兑美元汇率变动受两类因素影响，一类是篮子中其他货币兑美元的双边汇率变动，另一类是其他货币在篮子中的权重。对于第 t 天，美元相对部分篮子货币升值，相对其余篮子货币贬值，则人民币兑美元的汇率很可能变化不大。因此，完全参照一篮子货币机制下人民币兑美元汇率的日变动幅度要小于单一盯住美元机制下的日变动幅度。需要强调的是，权重也会对人民币兑美元汇率的日变动产生影响，由于每一种货币的权重表达式为：

$$w_{it} = w_i' E_t^{RMB/S_i} / E_t^{RMB/BSK} \qquad (4.22)$$

可见，不同篮子货币的实际权重是逐日变动的，但始终保持权重之和为1。具体变动模式，取决于当日货币汇率和人民币指数。如果是完全参照一篮子货币，则人民币指数将保持常数。在此假设下，如果人民币与某种篮子货币汇率稳定，E_t^{RMB/S_i} 的逐日变化性会非常小，则该种货币在篮子中的权重将保持稳定。

从式（4.21）和式（4.22）的逻辑可以看出，当美元汇率的日变动幅度较小时，美元权重日变动也小，两者乘积更小，从而对人民币指数的当日影响会非常小。该结论同样适用于其他篮子货币汇率的日变动、权重日变动及乘积日变动。当各货币的日变动都非常小时，人民币指数自然能保持稳定。要实现每种货币汇率日变动小的市场化路径，只有增加篮子货币的种类，并使各种货币的初始数量（w_i'）分散均等化。

本章小结

　　本章总结了国内外机构和学者编制有效汇率指数的实践，分析了双边贸易加权、双重贸易加权、基于 GDP 加权等有效汇率指数的编制方法以及名义有效汇率指数和实际有效汇率指数的计算方式。编制有效汇率指数旨在更好地揭示一国货币的价值，因此，本章也对有效汇率指数的效果评价方法做了综述，并从汇率稳定性视角分析了编制有效汇率指数的意义。通过梳理人民币有效汇率指数的研究成果后发现，大部分学者是从贸易视角编制。考虑到人民币国际化的迅速推进和中国资本项目的逐步放开，中国与世界其他经济体之间的资本流动日益频繁和加剧，将资本跨境流动因素纳入人民币有效汇率编制具有明显的现实意义。从现有研究看，对于从资本角度编制有效汇率的尝试较少，而将贸易和资本因素同时结合起来的探索更为少见。

　　下一章将基于 CFETS 确定的 24 种货币编制双边贸易权重人民币有效汇率指数和双边贸易与投资权重人民币有效汇率指数，并对新编指数有效性做出检验。

第五章

人民币汇率形成机制改革与 CFETS 的开发应用

中华人民共和国成立后，人民币汇率形成机制经历了多番变革，每一阶段都与特定的宏观经济背景相联系。本章简要回顾人民币汇率形成机制的改革历程，主要分析 2015 年 "811" 汇改后人民币汇率形成机制的运行特征。利用 GARCH-DCC 模型，就扩容前和扩容后的 CFETS 人民币指数波动率与篮子货币汇率波动率间的动态相依性和时变相关性做检验，研究 CFETS 篮子货币结构调整的效果。

第一节　人民币汇率形成机制的回顾

人民币汇率形成机制变革大致可以分为改革开放前（1949—1978）、双重汇率并行期（1978—1994）、单一盯住美元的汇率制（1994—2005）和有管理浮动汇率制（2005 年至今）四个时期。

一、改革开放前的人民币汇率形成机制

计划经济时期，人民币汇率市场化程度低，受国内外经济形势影响，经历了自由市场定价（1949—1952）、固定汇率制（1953—1972）和盯住一篮子货币可调整的汇率制度（1972—1978）三个时期（潘锡泉，2017）。

在自由市场定价时期，人民币汇价调节以国内外物价水平为依据，参照

75%～80%大宗出口商品的加权平均换汇成本，加上 5%～15%的利润加成（潘锡泉，2017），具有独立自主、机动性较强的特点，对进出口和吸收侨汇起到积极作用。

进入国民经济建设时期，计划经济体制实施较为严格。人民币对进出口调节作用减弱，人民币汇率保持在 1 美元兑 2.46 元水平。在布雷顿森林体系下，各国汇率都较为稳定，人民币汇率保持稳定也有合理的国际环境支撑。

到了 1972 年，国际货币环境出现动荡，布雷顿森林体系崩溃，西方国家陆续采用浮动汇率制度，中国政府也及时采取盯住货币篮子的方式（杨帆，2009）。

二、改革开放后的双重汇率制度

在 1981—1984 年，"人民币汇率内部结算价"与"官方汇率"并存，在进出口贸易外汇结算方面实行内部结算价，在非贸易外汇兑换方面采用公布牌价方法。1985 年 1 月 1 日，中国取消了内部结算价制度，但由于实施外汇额度留存制，事实上又形成了另一种汇率——"外汇调剂汇率"。1988 年，中国设立了外汇调剂市场，允许企业对自己留存外汇自由买卖，形成了调价汇价。

三、盯住美元的汇率制度

调剂汇价增加了政府外汇管理难度。1994 年 1 月 1 日，中国对人民币汇率形成机制做了第一轮重大改革，取消牌价汇率，建立起以市场供求为基础、单一的、有管理的浮动汇率制度。同年 4 月，中国建立了全国统一的银行间外汇市场，中国人民银行成为外汇市场最大买主，对外汇市场发挥调节和干预作用，确保人民币汇率稳定和结售汇业务的顺利开展。中国人民银行根据上一日银行间外汇市场加权平均汇率确定人民币兑美元、港币和日元的基准汇率，人民币兑其他货币的汇率通过套算得到。在 1998—2005 年，人民币兑美元的汇率保持在 8.2680～8.2800 区间。这一时期，经常项目实行强制结汇和有条件售汇。1996 年，实现经常项目可兑换，贸易用汇可通过外汇银行满足，非贸易用汇会有严格外汇审批，企业无法自由持汇，导致外汇供给大于需求，人民币汇率长期被高估（潘锡泉，2017）。

四、参考一篮子货币的有管理浮动汇率制度

2005 年 7 月 21 日，中国人民银行宣布实行以市场供求为基础、参考一篮子货币进行调节、有管理的浮动汇率制度。人民币汇率不再单一盯住美元，人民币兑美元的汇率弹性逐步扩大。2005 年 7 月 21 日汇改后，银行间市场人民币兑美元汇率日间有管理的波幅为中间价的 ±0.3%。2007 年 5 月 21 日波幅扩大到 ±0.5%。2012 年 4 月 16 日进一步扩大到 ±1%。2014 年 3 月 17 日扩大到 ±2%。2005 年 9 月起，银行对客户办理结售汇业务时人民币兑非美元的挂牌汇率浮动区间限制被取消。2014 年 7 月起，人民币兑美元挂牌汇率浮动不再受限制，意味着银行结售汇市场取消了浮动汇率区间管理。

从图 5.1 可以看出，自 2005 年汇改后，人民币兑美元汇率呈现双向波动。2005—2015 年"811"汇改期间，人民币兑美元汇率处于单边升值通道。在 2008—2010 年"次贷危机"期间，人民币兑美元汇率非常平稳，可以理解为该期间人民币兑美元汇率采取了"软盯住"策略。

2012 年开始，人民币兑美元升值预期开始消退，各期限人民币兑美元远期价格逐渐从美元贴水转变为美元升水，意味着市场开始预期人民币兑美元会发生贬值，这主要是根据人民币和美元利差方向做出的判断，如图 5.2 所示。

2015 年 8 月 11 日，中国人民银行公告完善人民币汇率中间价报价机制，由做市商在银行间市场开盘前参考上一日收盘价，综合考虑外汇供求情况以及国际主要货币汇率变化形成报价。这次汇改回归以上一日收盘价为定价基准，符合统计通行基准价格形成机制，有利于提高中间价形成的市场化程度，保持价格形成的透明度，拓宽了市场汇率实际运行区间。相比此前汇改的进步之处在于，仅仅扩大日间波幅而不改变中间价，很有可能使汇率波动先扩大，后收缩。

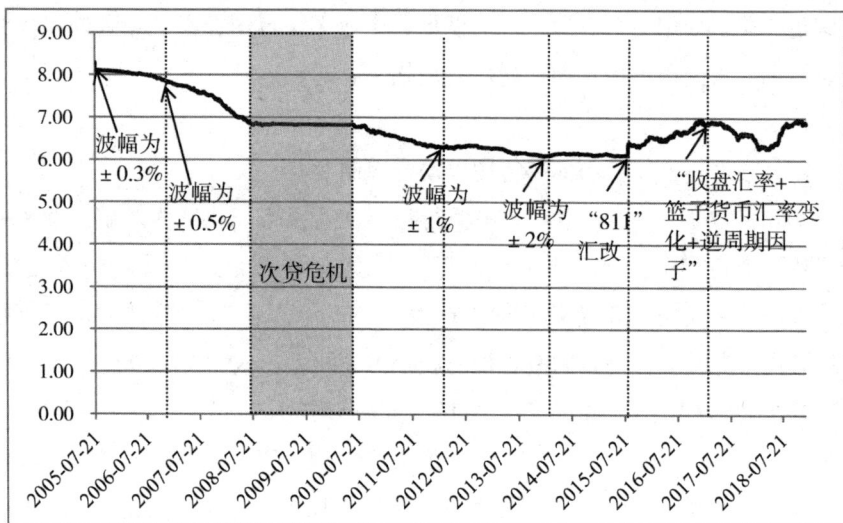

图 5.1　人民币兑美元中间价走势及人民币汇改时间点

数据来源：WIND 数据库。

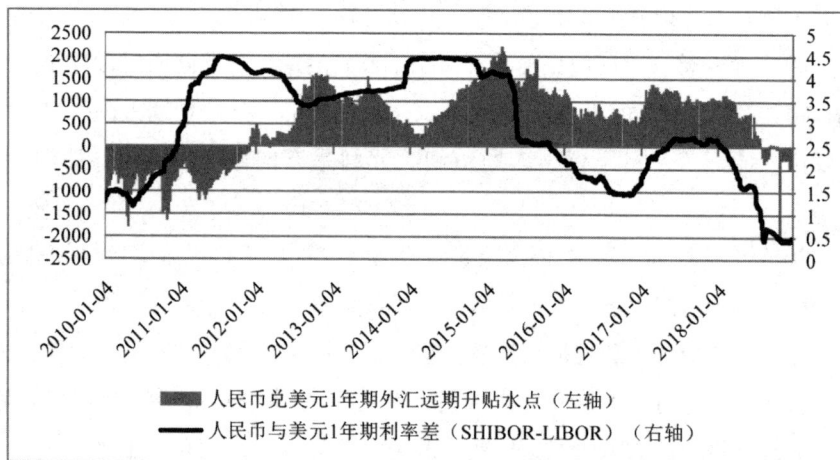

图 5.2　人民币兑美元远期汇率升贴水与中美利差走势

数据来源：WIND 数据库。中美利差根据 SHIBOR 和 LIBOR1 年期计算得到。

2017 年 2 月，中间价对一篮子货币参考时段由报价前 24 小时调整为前一日收盘后到报价前 15 小时，避免美元汇率日间变化在次日中间价中重复反映。2017 年 5 月，中国人民银行进一步完善人民币汇率市场化形成机制，在"收盘汇率+一篮子货币汇率变化"的基础上，各报价行遵循外汇市场自律机制，在报价模型中增加"逆周期因子"，防范和对冲外汇市场可能出现的顺周期性"羊群效应"。新机制增强了人民币兑美元双边汇率弹性，促使人民币汇率双向浮动现象更加显著。2017 年下半年，企业对人民币汇率预期分化，结汇意愿增强，外汇市场对人民币美元汇率顺周期贬值预期明显收敛。2018 年第 1 季度，各报价行基于对市场的判断，陆续调整"逆周期系数"，使"逆周期因子"回归中性。在第 2 季度至第 4 季度，受美元指数走强和贸易摩擦影响，人民币美元汇率略微贬值，中国人民银行加强与市场沟通，重启中间价报价"逆周期因子"，引导和稳定市场预期，促使人民币美元汇率在合理均衡水平上保持基本稳定。

第二节　人民币汇率指数（CFETS）的设计方案与意义

一、CFETS 的设计方案

2015 年 12 月 11 日，中国外汇交易中心（China Foreign Exchange Trade System，简称 CFETS）正式发布 CFETS 人民币指数，CFETS 参考的货币篮子包括中国外汇交易中心挂牌的 11 种人民币对外汇交易货币。2016 年 12 月 29 日，CFETS 参考货币篮子扩容到挂牌的 24 种人民币对外汇交易币种。官方公布 CFETS 是为了引导市场重塑人民币汇率判断方式，从关注美元汇率转变为参考一篮子货币，使市场对人民币价值有更合理的评估，推动人民币汇率稳定在合理的均衡水平上。CFETS 货币权重采用考虑转口贸易因素的贸易权重法计算得到（参见表 5.1），样本货币取价是当日人民币外汇汇率中间价和交易参考价。指数基期是 2014 年 12 月 31 日，基期指数是 100 点。指数计算方法是几何平均法。同时，公布参考 BIS 货币篮子和 SDR 货币篮子计算的人民币汇率指数作为对比。从 CFETS 构成可以看出，当参考的外国货币种类越多，由权重决定的各货币影响程度越分散，更能冲销各种货币对人民币的影响。

表 5.1　CFETS 参考币种及权重（2015—2016）

2015—2016 年					
币种	权重	币种	权重	币种	权重
美元（USD）	0.2640	澳大利亚元 AUD	0.0627	林吉特 MYR	0.0467
欧元 EUR	0.2139	新西兰元 NZD	0.0065	卢布 RUB	0.0436
日元 JPY	0.1468	新加坡元 SGD	0.0382	泰铢 THB	0.0333
港币 HKD	0.0655	瑞士法郎 CHF	0.0151		
英镑 GBP	0.0386	加拿大元 CAD	0.0253		
2017 年至今					
美元 USD	0.2240	瑞士法郎 CHF	0.0171	沙特利亚尔 SAR	0.0199
欧元 EUR	0.1634	加拿大元 CAD	0.0215	匈牙利福林 HUF	0.0031
日元 JPY	0.1153	新加坡元 SGD	0.0321	波兰兹罗提 PLN	0.0066
港币 HKD	0.0428	新西兰元 NZD	0.0044	澳大利亚元 AUD	0.0440
英镑 GBP	0.0316	南非兰特 ZAR	0.0178	阿联酋迪拉姆 AED	0.0187
卢布 RUB	0.0263	丹麦克朗 DKK	0.0040	土耳其里拉 TRY	0.0083
泰铢 THB	0.0291	瑞典克朗 SEK	0.0052	挪威克朗 NOK	0.0027
韩元 KRW	0.1077	林吉特 MYR	0.0375	墨西哥比索 MXN	0.0169

资料来源：中国外汇交易中心网站。

2017 年 12 月 29 日，CFETS 人民币汇率指数为 94.85，较 2016 年年末大体持平，略涨 0.02%；参考 BIS 货币篮子和 SDR 货币篮子的人民币汇率指数分别为 95.93 和 95.99，分别较 2016 年年末下跌 0.32% 和上涨 0.51%。2017 年全年 CFETS 指数年化波动率为 2.61%，低于人民币对美元汇率中间价 3.12% 的年化波动率。2017 年全年人民币对美元汇率中间价升值 6.16%，市场汇率升值 6.72%。尽管人民币对美元双边汇率有所升值，但国际贸易和投资是多边的，观察和分析汇率变动也应重点考量经贸易加权后的有效汇率，即人民币对一篮子货币的变化。2017 年 CFETS 指数篮子中比重较大的货币对美元都有不同程度升值，欧元、日元、英镑等其他 SDR 篮子货币对美元分别升值 14.15%、3.79%、9.51%，韩元、澳元、新加坡元、加拿大元、俄罗斯卢布、马来西亚林吉特、泰铢等对美元分别升值 12.81%、8.34%、8.29%、6.92%、6.32%、10.87%、9.88%，比较而言人民币对美元升值幅度并不算大，由此人民币有效汇率保持了相对稳定。2017 年 CFETS 人民币汇率指数总体在 92~95 的区间内窄幅波动，体现出了较强的稳定性。

二、中国开发和公布 CFETS 的意义

人民币国际化进程下，人民币与美元脱钩已是大势所趋。人民币加入 SDR 后，出于 SDR 汇率定值的需要，人民币应该有自己较为独立的参考汇率，而非作为美元的影子货币。如果人民币汇率依然与美元紧密挂钩，则 SDR 纳入人民币后借助多元篮子货币分散汇率风险的目的就无法达成。特别是人民币国际化步伐加快，人民币在国际结算和国际储备中的应用会提升，也需要人民币与美元脱钩，使人民币具有国际货币的价值。汇率作为一种价格信号，自身具有调节国际贸易功能，当成本提高导致出口承压时，需要汇率贬值来促进出口，稳定增长。如果人民币主要参考美元，也就无法反映中国国际贸易的实际状况，会使人民币在强势美元周期中走强，继而削弱中国出口竞争力，CFETS 以贸易权重计算得到，可以有效发挥市场调节功能。

人民币指数的发布，意味着中国人民银行更为关注人民币相对于一篮子货币汇率的稳定，而非单独对美元双边汇率的稳定，有利于纠偏市场对人民币汇率的合理预期。人民币指数更能反映中国商品和服务的综合竞争力，更好地发挥汇率调节进出口贸易、投资和国际收支的作用。中国人民银行汇率政策能够更加注重国内经济增长，让经济基本面成为决定汇率的根本因素，市场对汇率的预期也应该基于中国经济基本面的走势。

第三节　CFETS 波动率与篮子货币人民币汇率
波动率的时变相关性研究

自中国外汇交易中心正式发布 CFETS 人民币指数至今已有 3 年时间，鲜有研究对 CFETS 运行特征做出实证研究。市场对人民币价值的判断是否摆脱了以往盯住美元的状态，而转变到参考一篮子货币？这一问题的研究既是对"811"汇改成效的一种检验，也能为未来进一步完善 CFETS 构成、更好地发挥人民币指数作用提供参考。

本章提出了一种检验机制：根据 CFETS 波动率与美元汇率波动率之间的相关性，判断外部冲击对 CFETS 波动的影响与对美元汇率波动的影响是否协调。如果相关性很高，且持续时间很长，说明外部冲击引起的 CFETS 波动与引起的美元汇率波动较为一致，就可根据美元人民币汇率的波动率预测 CFETS 的波动率变化。相反，当两个波动率相关性不高时，外部冲击对美元汇率的冲击不会引起 CFETS 波动的显著变化。需要强调的是，两个波动率的相关性与两个波动率各自大小是两个概念。例如，一定时期内，CFETS 的波动率比美元人民币汇率的波动率小，我们可以认为，CFETS 比美元人民币汇率更稳定。如果 CFETS 波动率与美元汇率波动率的相关性高，则可以认为，外部冲击一旦引起美元人民币双边汇率波动率提高，也会引发 CFETS 波动率提高。当我们希望外部冲击即便会引起美元汇率波动提高，也不要带动 CFETS 波动率提高时，就需要获得两者波动率时变相关性不大的经验证据。

一、研究设计

对于一篮子货币汇率间相互影响的研究属于典型的多元时间序列分析，目的是研究各汇率间的动态关系，并提高预测的准确性。为了测量平稳时间序列 z_t 的线性动态相依性，定义滞后 l 的交叉协方差矩阵为：

$$\Gamma_l = Cov(z_t, z_{t-l}) = E[(z_t - \mu)(z_{t-l} - \mu)'] = \begin{bmatrix} E(\bar{z}_{1,t}\bar{z}_{1,t-l}) & \cdots & E(\bar{z}_{1,t}\bar{z}_{k,t-l}) \\ \vdots & \cdots & \vdots \\ E(\bar{z}_{k,t}\bar{z}_{1,t-l}) & \cdots & E(\bar{z}_{k,t}\bar{z}_{k,t-l}) \end{bmatrix}$$

$$(5.1)$$

在 (5.1) 中，$\mu = E(z_t)$ 为 z_t 的均值向量，$\bar{z}_t = (\bar{z}_{1,t}, \cdots, \bar{z}_{k,t})' = z_t - \mu$ 为均值调整后的时间序列。交叉协方差矩阵不受时间影响，而受 l 影响。滞后 l 的交叉相关矩阵为 $\rho_l = D^{-1}\Gamma_l D^{-1} = [\rho_{l,ij}]$，$D = diag\{\sigma_1, \cdots, \sigma_k\}$ 为分量的标准差的对角矩阵。ρ_l 通常不是对称的，因为 $\rho_{l,ij}$ 为 z_{it} 和 $z_{j,t-l}$ 的相关系数，而 $\rho_{l,ji}$ 为 z_{jt} 和 $z_{i,t-l}$ 的相关系数。

将多元时间序列 z_t 分解为 $z_t = \mu_t + a_t$。$\mu_t = E(z_t | F_{t-1})$ 是在给定条件下的期望。F_{t-1} 表示由过去信息 $\{z_{t-i} | i = 1, 2, \cdots\}$ 生成的 σ 域。给定过去数据信息 F_{t-1} 条件下序列 z_t 条件协方差矩阵为 $\Sigma_t = Cov(a_t | F_{t-1})$。由于许多金融时间序列具有条件异方差性，因此，$\Sigma_t$ 不是常数矩阵，而是具有时变相关性。本章将检验人民币指数波动所参照的一篮子货币各自汇率波动所形成 Σ_t 的动态相依性。波动率建模包含两个方程集合，一个方程集合用来控制条件均值的时间变化，另一个方程集合描述波动率均值的动态相依性。

对条件异方差检验通常有混成检验法和秩检验法。假设 μ_t 是已知的，则通过获得噪声过程 a_t，计算其二阶矩或二次函数，以此检验波动 Σ_t。如果 a_t 没有条件异方差，那么它的条件协方差矩阵 Σ_t 是时间不变的，即不依赖 a_{t-i}^2。

对于某个 i（$1 \leq i \leq m$），假设 $H_0: \rho_1 = \cdots \rho_m = 0$ 与 $H_a: \rho_i \neq 0$，其中 ρ_i 是 a_t^2 的滞后 i 交叉相关矩阵。通常可以使用 $Ljung-Box$ 统计量作为检验统计量，为：

$$Q_k^*(m) = T^2 \sum_{i=1}^m \frac{1}{T-i} b_i'(\hat{\rho}_0^{-1} \otimes \hat{\rho}_0^{-1}) b_i \qquad (5.2)$$

（5.2）中 T 表示样本大小，k 是 a_t 的维数，$b_i = vce(\hat{\rho}_i')$ 且 $\hat{\rho}_j$ 是 a_t^2 的滞后 j 交叉相关矩阵。在原假设 a_t 没有条件异方差下，$Q_k^*(m)$ 的渐近分布是

$\chi^2_{k^2_m}$。当 a_t 是正态分布时，适用于该检验统计量。

当 a_t 具有厚尾时，可以考虑另一种方法。使用标准化序列 $e_t = a'_t \Sigma^{-1} a_t - k$，其中，$\Sigma$ 表示 a_t 的无条件协方差矩阵，考虑对于某个 i（$1 \leq i \leq m$），假设 $H_0: \rho_1 = \cdots \rho_m = 0$ 与 $H_a: \rho_i \neq 0$，其中 ρ_i 是 e_t 的滞后 i 自相关。检验统计量是一元序列的 Ljung-Box 统计量，即 $Q^*(m) = T(T+2) \sum\limits_{i=1}^{m} \hat{\rho}^2_i / (T-i)$，其中 $\hat{\rho}_i$ 是 e_t 的滞后 i 样本自相关系数。Σ 是通过 a_t 的样本协方差矩阵进行估计，在原假设 a_t 没有条件异方差下，$Q^*(m)$ 渐近分布是 χ^2_m。该统计量适用于学生 t 分布情形。

当变量存在一些极端值时，会对 $Q^*(m)$ 的性能产生显著影响。Dufour 和 Roy（1985）考虑了标准化序列 e_t 的秩序列。令 R_t 是 e_t 的秩，e_t 的滞后 l 秩自相关定义为 $\tilde{\rho}_l = \dfrac{\sum\limits_{t=l+1}^{T} (R_t - \bar{R})(R_{t-l} - \bar{R})}{\sum\limits_{t=1}^{T} (R_t - \bar{R})^2}$，$l = 1, 2, \cdots$。其中，$\bar{R} = \sum\limits_{t=1}^{T} R_t / T$ $= (T+1)/2$，$\sum\limits_{t=1}^{T} (R_t - \bar{R})^2 = T(T^2-1)/12$。秩自相关的分布与当 $\{e_t\}$ 是连续可交换随机变量时，秩自相关的分布相同，即 $E(\tilde{\rho}_l) = -(T-l)/[T(T-1)]$，$Var(\tilde{\rho})_l = \dfrac{5T^4 - (5l+9)T^3 + 9(l-2)T^2 + 2l(5l+8)T + 16l^2}{5(T-1)^2 T^2(T+1)}$。

此外，如果 e_t 不是序列相关，则统计量 $Q_R(m) = \sum\limits_{i=1}^{m} \dfrac{[\tilde{\rho}_i - E(\tilde{\rho}_i)]^2}{Var(\tilde{\rho}_i)}$ 的渐近分布为 χ^2_m，同样适用于学生 t 分布情形。

当验证变量波动率存在动态相依性后，需要进一步估计多元波动率模型。本章通过构建 GARCH-DCC 模型来描述人民币兑一篮子货币汇率波动的动态相依性。为了获得正定波动率矩阵，需要采用 Cholesky 分解建立多元波动率模型。令 a_t 表示资产收益序列 z_t 的一个 k 维新息，给定 $t-1$ 时刻信息 F_{t-1}，令 $\Sigma_t = [\sigma_{ij,t}]$ 表示 a_t 的波动率矩阵。通过一个多元线性回归方程，利用 Cholesky 分解对 a_t 执行线性正交变换。令 $b_{1t} = a_{1t}$，构建简单线性回归方程：

$$a_{2t} = \beta_{21,\,t}\, b_{1t} + b_{2t} \tag{5.3}$$

（5.3）中，$\beta_{21,\,t} = Cov(a_{2t},\, b_{1t} \mid F_{t-1})\,/Var(b_{1t} \mid F_{t-1})$。由此可见，$b_{2t}$ 正交于 $b_{1t} = a_{1t}$，并且 $Var(b_{1t} \mid F_{t-1}) = Var(a_{2t} \mid F_{t-1}) - \beta^2_{21,\,t} Var(a_{1t} \mid F_{t-1})$。重复迭代上述多元线性回归过程，可以得到 $\beta_{kj,\,t}$ 和 b_{kj} 的条件方差，b_{kt} 与 a_{it} 是正交的，也与 b_{it} 正交，可以得到：

$$\begin{bmatrix} 1 & 0 & 0 & \cdots & 0 & 0 \\ -\beta_{21,\,t} & 1 & 0 & \cdots & 0 & 0 \\ -\beta_{31,\,t} & -\beta_{32,\,t} & 1 & \cdots & 0 & 0 \\ \vdots & \vdots & \vdots & & \vdots & \vdots \\ -\beta_{k1,\,t} & -\beta_{k2,\,t} & -\beta_{k3,\,t} & \cdots & -\beta_{k,\,k-1,\,t} & 1 \end{bmatrix} \begin{bmatrix} a_{1t} \\ a_{2t} \\ a_{3t} \\ \vdots \\ a_{kt} \end{bmatrix} = \begin{bmatrix} b_{1t} \\ b_{2t} \\ b_{3t} \\ \vdots \\ b_{kt} \end{bmatrix}。$$

将 b_{it} 构造为相互正交的，使得 $b_t = (b_{it}, \cdots, b_{kt})'$ 的波动矩阵是对角矩阵。

GARCH-DCC 建模的第一步是应用递归最小二乘法估计式（5.3），对于第 i 个线性回归，使用 $\hat{\beta}_{it}$ 表示估计值，即一个 $(i-1)$ 维向量。应用指数加权移动平均法得到 $\hat{\beta}_t$ 的平滑估计值 $\tilde{\beta}_{it}$。令 $\hat{b}_{1t} = a_{1t}$，当 $i = 2, \cdots, k$ 时，计算残差序列 $\hat{b}_{it} = a_{it} - a'_{it} \tilde{\beta}_{it}$，并且 $a'_{it} = (a_{1,\,t}, \cdots, a_{i-1,\,t})'$。对每一个序列拟合一个一元 GARCH 模型，得到条件方差过程 $\hat{\sigma}^2_{b,\,i,\,t}$，其中 $i = 2, \cdots, k$。使用 $\tilde{\beta}_{it}$ 和条件方差过程 $\hat{\sigma}^2_{b,\,i,\,t}$ 来计算拟合波动率矩阵 $\hat{\Sigma}_t$。对于 Σ_t，条件相关矩阵为 $\rho_t = D_t^{-1} \Sigma_t D_t^{-1}$。其中 $D_t = diag\{\sigma^{1/2}_{11,\,t}, \cdots, \sigma^{1/2}_{kk,\,t}\}$ 是在 t 时刻 k 维波动率对角矩阵。ρ_t 中存在 $k(k-1)/2$ 个元素。GARCH-DCC 建模的第二步是为相关矩阵 ρ_t 的动态相依性建立模型。令 $\eta_t = (\eta_{1t}, \cdots, \eta_{kt})'$，其中，$\eta_t = a_{it}/\`$。$\rho_t$ 是 η_t 的波动率矩阵。Tse 和 Tsui（2002）提出 DCC 模型为 $\rho_t = (1 - \theta_1 - \theta_2)\bar{\rho} + \theta_1 \rho_{t-1} + \theta_2 \Psi_{t-1}$。其中，$\bar{\rho}$ 是 η_t 的无条件相关矩阵，θ_i 是非负实数且 $0 < \theta_1 + \theta_2 < 1$，$\Psi_{t-1}$ 是依赖于 $\{\eta_{t-1}, \cdots, \eta_{t-m}\}$ 的局部相关矩阵。

可以得到 $\rho_{12,\,t} = \theta^* \rho_{12} + \theta_1 \rho_{12,\,t-1} + \theta_2 \dfrac{\sum\limits_{i=1}^{m} \eta_{1,\,t-i} \varepsilon_{2,\,t-i}}{\sqrt{(\eta_{1,\,t-i}^2)(\sum\limits_{i=1}^{m} \eta_{2,\,t-i}^2)}}$ 。

二、数据来源与描述

本章考察 2015 年 1 月 1 日—2018 年 9 月 28 日人民币 CFETS 指数收益率波动率与篮子货币汇率收益率波动率的时变相关性。中国外汇交易中心非常详细地公布了 CFETS 指数编制规则，并每周一次发布指数值。为弥补样本数据偏少的缺陷，本章根据指数规则计算了每日 CFETS 指数，图 5.3（a）是 2015 年 1 月 1 日—2016 年 12 月 31 日 CFETS（13 种货币）官方公布值（周）与计算值，效果非常吻合；图 5.3（b）是 2017 年 1 月 1 日—2018 年 9 月 28 日 CFETS（24 种货币）官方公布值（周）与计算值对比，计算值略微高于官方值，两者偏差范围在 0.016~0.027 之间，即人民币指数的小数点后第二位才略微有差异。总体上，根据公式的计算值能很好地与官方公布值吻合，按此方法获得 CFETS 的日数据。

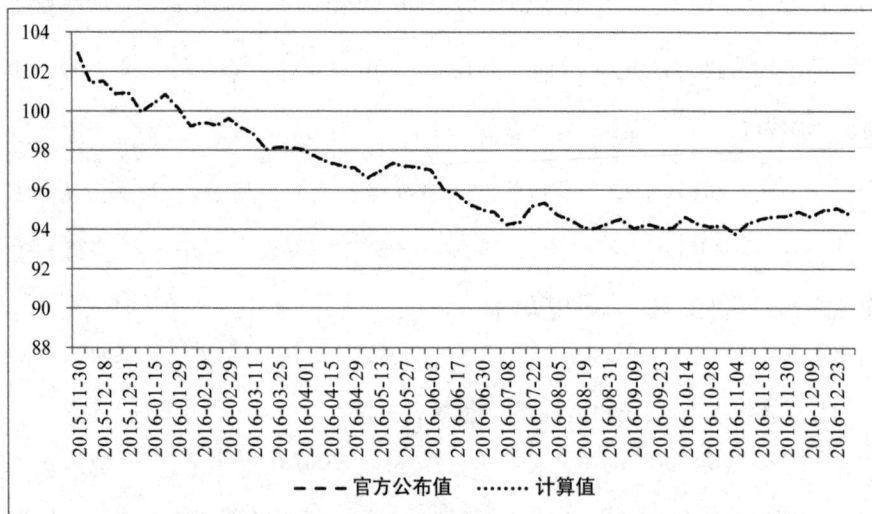

图 5.3（a） CFETS 官方值与计算值对比（2016 年 12 月 31 日及之前）

- - - 官方公布值 ········· 计算值

图 5.3（b） CFETS 官方值与计算值对比（2017 年 1 月 1 日及之后）

将篮子货币的日中间价汇率统一转换成间接汇率值，即 E_t^{RMB/S_i}。考虑到汇率具有非平稳性，取汇率的自然对数值，并计算差分 Dln（E_t^{RMB/S_i}）值，得到指标即某篮子货币兑人民币的收益率，鉴于收益率数值较小，统一都乘以 100，得到 $z = Dln$（E_t^{RMB/S_i}）$* 100$。表 5.2 汇总了人民币 CFETS 指数收益率和各篮子货币汇率收益率的统计指标。可以看出，2016 年，人民币总体处于贬值状态，CFETS 收益率平均值为负。根据 Jarque-Bera 统计量判断，仅USD、HKD 和 NZD 的收益率服从正态分布，CFETS 指数收益率和其余篮子货币收益率分布都不具有正态性。

进入 2017 年后，CFETS 指数收益率微弱贬值，人民币兑 14 种篮子货币贬值，人民币兑 10 种篮子货币升值，但平均幅度都不大，表明人民币币值较为稳定，根据 Jarque-Bera 统计量判断，除了 JPY 收益率具有正态性外，其余货币收益率分布都不具有正态性。因此，本章在对多元收益率波动率进行条件异方差检验时，将选择 Robust $Q_k^*(m)$ 和 Rank-based $Q_R(m)$ 两个指标。

表 5.2   人民币指数与人民币双边汇率收益率的统计指标与正态性检验

变量	时期1：2015年11月30日—2016年12月31日				时期2：2017年1月1日—2018年9月28日			
	均值	标准差	J-B Chi（2）	P值	均值	标准差	J-B Chi（2）	P值
CFETS	−0.0305	0.1810	282.6	0.0000	−0.0052	0.1872	46.7	0.0000
USD	−0.0301	0.2224	4.2	0.1212	0.0013	0.2328	54.8	0.0000
EUR	−0.0277	0.4583	472.1	0.0000	−0.0187	0.3687	8.1	0.0178
JPY	−0.0479	0.6912	164.6	0.0000	−0.0048	0.4680	1.1	0.5733
HKD	−0.0299	0.2193	1.795	0.4076	0.0036	0.2331	48.0	0.0000
GBP	0.0488	0.7908	11094	0.0000	−0.0139	0.4861	193.1	0.0000
AUD	−0.0313	0.6115	6.6	0.0370	0.0060	0.4535	21.2	0.0000
NZD	−0.0527	0.6717	0.1	0.9691	0.0190	0.5053	75.6	0.0000
SGD	−0.0219	0.3078	14.1	0.0009	−0.0092	0.2319	41.3	0.0000
CHF	−0.0325	0.5603	654.6	0.0000	−0.0048	0.3738	6.3	0.0422
CAD	−0.0259	0.5287	15.9	0.0004	−0.0078	0.4222	8.9	0.0118
MYR	−0.0099	0.5109	6.2	0.0461	−0.0155	0.2707	37.5	0.0000
RUB	−0.0598	1.1523	35.6	0.0000	0.0253	0.7403	544.3	0.0000
THB	−0.0310	0.2850	26.3	0.0000	−0.0182	0.2441	173.4	0.0000
ZAR	—	—	—	—	0.0210	0.9551	43.5	0.0000
KRW	—	—	—	—	−0.0129	0.3648	61.1	0.0000
AED	—	—	—	—	0.0015	0.2655	126	0.0000
SAR	—	—	—	—	0.0015	0.2658	129.1	0.0000
HUF	—	—	—	—	−0.0079	0.4655	12.4	0.0020
PLN	—	—	—	—	−0.0239	0.4836	13.6	0.0011
DKK	—	—	—	—	−0.0178	0.3628	5.1	0.0768

变量	时期1：2015年11月30日—2016年12月31日				时期2：2017年1月1日—2018年9月28日			
	均值	标准差	J-B Chi（2）	P值	均值	标准差	J-B Chi（2）	P值
SEK	—	—	—	—	0.0022	0.4900	40.3	0.0000
NOK	—	—	—	—	−0.0077	0.4617	8.8	0.0124
TRY	—	—	—	—	0.1407	1.5453	77129	0.0000
MXN	—	—	—	—	−0.0162	0.7508	10.6	0.0050

考虑到时间序列数据的非平稳性容易导致"伪回归"，本章分别对两个时期的人民币汇率收益率进行单位根检验，由于收益率就是汇率对数值的一阶差分，各变量都通过了 ADF 检验，表明收益率序列是稳定的，结果见表5.3。

表5.3 人民币指数与人民币双边汇率收益率序列的平稳性检验

变量	时期1：2015年11月30日—2016年12月31日			时期2：2017年1月1日—2018年9月28日		
	检验形式（C，T，L）	ADF 检验值	P值	检验形式（C，T，L）	ADF检验值	P值
CFETS	（C，T，6）	−6.8621	0.01	（C，T，7）	−7.0714	0.01
USD	（C，T，6）	−6.0728	0.01	（C，T，7）	−5.854	0.01
EUR	（C，T，6）	−6.625	0.01	（C，T，7）	−6.9584	0.01
JPY	（C，T，6）	−6.359	0.01	（C，T，7）	−7.9794	0.01
HKD	（C，T，6）	−6.3121	0.01	（C，T，7）	−5.7821	0.01
GBP	（C，T，6）	−6.3684	0.01	（C，T，7）	−6.8157	0.01
AUD	（C，T，6）	−5.7166	0.01	（C，T，7）	−8.1124	0.01
NZD	（C，T，6）	−6.8433	0.01	（C，T，7）	−8.075	0.01
SGD	（C，T，6）	−6.9844	0.01	（C，T，7）	−7.8296	0.01

续表

变量	时期1：2015 年 11 月 30 日—2016 年 12 月 31 日			时期2：2017 年 1 月 1 日—2018 年 9 月 28 日		
	检验形式 $(C,\ T,\ L)$	ADF 检验值	P 值	检验形式 $(C,\ T,\ L)$	ADF 检验值	P 值
CHF	$(C,\ T,\ 6)$	−7.4033	0.01	$(C,\ T,\ 7)$	−6.9824	0.01
CAD	$(C,\ T,\ 6)$	−6.4989	0.01	$(C,\ T,\ 7)$	−7.5546	0.01
MYR	$(C,\ T,\ 6)$	−5.6464	0.01	$(C,\ T,\ 7)$	−6.5471	0.01
RUB	$(C,\ T,\ 6)$	−6.9943	0.01	$(C,\ T,\ 7)$	−7.5075	0.01
THB	$(C,\ T,\ 6)$	−7.2263	0.01	$(C,\ T,\ 7)$	−7.7367	0.01
ZAR	—	—	—	$(C,\ T,\ 7)$	−7.5544	0.01
KRW	—	—	—	$(C,\ T,\ 7)$	−6.687	0.01
AED	—	—	—	$(C,\ T,\ 7)$	−6.1247	0.01
SAR	—	—	—	$(C,\ T,\ 7)$	−6.1024	0.01
HUF	—	—	—	$(C,\ T,\ 7)$	−6.7458	0.01
PLN	—	—	—	$(C,\ T,\ 7)$	−7.3886	0.01
DKK	—	—	—	$(C,\ T,\ 7)$	−6.9732	0.01
SEK	—	—	—	$(C,\ T,\ 7)$	−7.5941	0.01
NOK	—	—	—	$(C,\ T,\ 7)$	−7.5029	0.01
TRY	—	—	—	$(C,\ T,\ 7)$	−7.7485	0.01
MXN	—	—	—	$(C,\ T,\ 7)$	−6.464	0.01

三、检验结果

首先对每一时期多元收益率序列 $z = D\ln\ (\ E_t^{RMB/S_i}\ ) * 100$ 进行条件异方差检验，表 5.4 显示，Ljung-Box 统计量和秩统计量都拒绝原假设（不存在条件异方差），因此，所考察的人民币汇率收益率序列存在显著的条件异方差性。

表 5.4　人民币指数与人民币双边汇率收益率序列的条件异方差检验

	Rank-based Test	P 值	Robust Test	P 值
时期 1：2015 年 11 月 30 日— 2016 年 12 月 31 日	113.298	0.0000	2361.671	0.0000
时期 2：2017 年 1 月 1 日— 2018 年 9 月 28 日	46.049	1.4e-06	6841.471	0.0000

对每一项汇率收益率拟合一个一元高斯 GARCH（1，1）模型，即

$$\sigma_{ii,t} = \gamma_0 + \gamma_1 a_{1,t-1}^2 + \gamma_2 \sigma_{ii,t-1}$$

其中，$a_t = z_t - \mu_t$，z_t 是各项汇率收益率，a_t 是各项汇率收益率的新息，设样本均值为 $\mu_t = \mu$，（见表 1 "均值" 列数据）。表 5.5 汇总了模型系数估计值及统计量。

在时期 1，CFETS、USD、HKD、GBP、AUD、CHF、CAD、RUB 这 8 个方程的系数都显著。MYR 方程的系数都不显著。除 GBP、SGD、MYR、THB 外，其余方程滞后一期的 $\sigma_{ii,t}$ 系数都显著。对 DCC 模型的新息应用多元学生 t 分布，得到 Tse 和 Tsui（2002）的拟合 DCC 模型。

时期 1 的 DCC 模型为 $\rho_t = (1 - 0.4 - 0.0686)\bar{\rho} + 0.4\rho_{t-1} + 0.0686\psi_{t-1}$。

$m = k+1$，即 $m = 15$。$\bar{\rho}$ 是样本相关矩阵。系数估计值 $\theta_1 = 0.4$ 是显著的，t 比率为 2.04，系数估计值 $\theta_2 = 0.0686$，也是显著的，t 比率为 2.49。多元学生 t 分布的新息的估计自由度为 9。

在时期 2，CFETS、USD、EUR、SGD、MYR、RUB、THB、AED、SAR、TRY 这 10 个方程的系数都显著。KRW、NOK、MXN 方程的系数都不显著。除 KRW、NOK、MXN 外，其余方程滞后一期的 $\sigma_{ii,t}$ 系数都显著。时期 2 的 DCC 模型为 $\rho_t = (1 - 0.4 - 0.0669)\bar{\rho} + 0.4\rho_{t-1} + 0.0669\psi_{t-1}$。其中，$m = k+1$，即 $m = 26$。系数估计值 $\theta_1 = 0.4$ 是显著的，t 比率为 2.99，系数估计值 θ_2

= 0.0669，也是显著的，t 比率为 3.68。多元学生 t 分布的新息的估计自由度为 16。

表 5.5（a）　时期 1 的一元高斯 GARCH（1，1）模型估计

变量	γ_0		γ_1		γ_2	
	系数	标准误	系数	标准误	系数	标准误
CFETS	0.0092 **	0.0044	0.0684 ***	0.0086	0.6480 ***	0.1563
USD	0.0020	0.0015	0.1847 **	0.0780	0.7886 ***	0.0736
EUR	0.0041	0.0030	0.0125	0.0117	0.9634 ***	0.0233
JPY	0.0535	0.0402	0.0249	0.0243	0.8646 ***	0.0921
HKD	0.0039	0.0028	0.1285 **	0.0654	0.7955 ***	0.0962
GBP	0.3041 ***	0.0528	0.8278 ***	0.1986	0.0375	0.0627
AUD	0.0043	0.0054	0.0389 *	0.0230	0.9474 ***	0.0306
NZD	0.0087	0.0209	0.0339	0.0372	0.9449 ***	0.0782
SGD	0.0538 ***	0.0194	0.1885 **	0.0783	0.2383	0.2154
CHF	0.0046 **	0.0021	0.0172 ***	0.0066	0.9768 ***	0.0071
CAD	0.0106	0.0102	0.0561 *	0.0317	0.9054 ***	0.0591
MYR	0.0309	0.1014	0.2302	0.4201	0.6629	0.7541
RUB	0.0633	0.0477	0.1137 **	0.0514	0.8348 ***	0.0773
THB	0.0567 **	0.0266	0.1820 ***	0.0703	0.0979	0.3409

注：*、**、***分别表示显著性水平为 0.1、0.05 和 0.01。

表 5.5（b）　时期 2 的一元高斯 GARCH（1，1）模型估计

变量	γ_0		γ_1		γ_2	
	系数	标准误	系数	标准误	系数	标准误
CFETS	0.0029 **	0.0013	0.1308 ***	0.0410	0.7857 ***	0.0652
USD	0.0033 *	0.0017	0.0759 **	0.0314	0.8598 ***	0.0543

续表

变量	γ_0		γ_1		γ_2	
	系数	标准误	系数	标准误	系数	标准误
EUR	0.0134 **	0.0054	0.2027 **	0.0721	0.5609 ***	0.1373
JPY	0.0174	0.0172	0.0124	0.0204	0.9073 ***	0.0824
HKD	0.0029 *	0.0016	0.0700 **	0.0285	0.8728 ***	0.0500
GBP	0.0326	0.0300	0.0286	0.0240	0.8328 ***	0.1370
AUD	0.0037	0.0028	0.0815 *	0.0447	0.8504 ***	0.0893
NZD	0.0159	0.0158	0.0168	0.0187	0.9215 ***	0.0688
SGD	0.0050 **	0.0022	0.1161 ***	0.0412	0.7944 ***	0.0639
CHF	0.0264	0.0165	0.1084 **	0.0461	0.7043 ***	0.1446
CAD	0.0088	0.0123	0.0796	0.0134	0.9497 ***	0.0734
MYR	0.0097 **	0.0046	0.0982 **	0.0433	0.7717 ***	0.0777
RUB	0.1545 **	0.0722	0.1093 **	0.0426	0.5935 ***	0.1610
THB	0.0137 **	0.0058	0.1935 ***	0.0708	0.5948 ***	0.1249
ZAR	0.0215	0.0215	0.0399 **	0.0200	0.9398 ***	0.0337
KRW	0.0994	0.0713	0.1074	0.0794	0.1499	0.5246
AED	0.0049 **	0.0019	0.1478 ***	0.0457	0.7850 ***	0.0539
SAR	0.0047 **	0.0019	0.1509 ***	0.0461	0.7846 ***	0.0531
HUF	0.0110	0.0114	0.0125	0.0150	0.9368 ***	0.0580
PLN	0.0114	0.0092	0.0275	0.0214	0.9250 ***	0.0483
DKK	0.0242	0.0153	0.1101 **	0.0493	0.7083 ***	0.1454
SEK	0.0242	0.0010	0.0080	0.0044	0.9934 ***	0.0032
NOK	0.1162	0.0734	0.0948	0.0652	0.3605	0.3705
TRY	0.0644 *	0.0330	0.3977 ***	0.0795	0.6482 ***	0.0697
MXN	0.0683	0.0330	0.1038	0.0398	0.7725	0.0816

注：*、**、***分别表示显著性水平为 0.1、0.05 和 0.01。

表 5.6 结果显示，两个检验统计量都拒绝原假设（不存在条件异方差），说明人民币汇率收益率的波动率序列存在显著的条件异方差性，模型拟合的 DCC 整体显著。

表 5.6 人民币汇率收益率波动率序列的条件异方差性检验

	Rank-based Test	P 值	Robust Test	P 值
时期 1：2015 年 11 月 30 日—2016 年 12 月 31 日	22.5585	0.0125	2127.782	0.0044
时期 2：2017 年 1 月 1 日—2018 年 9 月 28 日	19.0243	0.0400	6525.869	0.0074

GARCH-DCC 模型模拟 $k×k$ 项波动率时变性关系的时间序列值（时期 1 的 k 为 14，时期 2 的 k 为 25）。图 5.4（a）和图 5.4（b）展示了 CFETS 与 USD、CFETS 与 EUR、CFETS 与 JPY、CFETS 与 HKD、CFETS 与 GBP、CFETS 与 AUD 6 种篮子货币汇率收益率波动率的时变相关性，表 5.6 进一步汇总了 CFETS 波动率与篮子货币波动率时变相关性的统计特性。

图 5.4（a）展示了时期 1 的时变相关性，不难看出：

第一，变量波动率的时变相关性表现出较强的持续性。CFETS 与各篮子货币收益率波动率的相关性并不是稳定的，而是呈现显著的波动性，进一步研究发现，波动率相关性在不同货币对上的方向是不一致的。CFETS 波动率与 USD 和 HKD 波动率的相关性一直为负，CFETS 波动率与 EUR、JPY、GBP 和 AUD 波动率的相关性一直保持正。说明权重较大的主要货币波动对 CFETS 的影响可以相互对冲，有助于实现人民币币值稳定。

第二，CFETS 波动与主要货币波动的时变相关性程度有明显差异。CFETS 波动与 USD 波动的相关性一直维持在-0.24~-0.08 之间，表 5.6 显示均值为-0.17，方差为 0.0013，表明 CFETS 波动率与美元波动率的相关性相对较低。CFETS 波动与 HKD 波动的相关性均值为-0.11，方差为 0.0011，表明两者相关性也非常低。相比之下，CFETS 波动与 EUR 波动的相关性均值

达到 0.63，与 JPY 波动的相关性均值达到 0.47，与 GBP 波动的相关性均值
为 0.32，与 AUD 波动的相关性均值达到 0.5，上述四个时变相关性的方差都
非常微小，可见，CFETS 很好地整合了上述四种主要货币。

此外，从表 5.6 还可看出，CFETS 波动与其他小权重货币波动的时变相
关性也较高，均值至少在 0.32 以上，说明 CFETS 很好地整合了这些货币波
动的信息。综上所述，时期 1 阶段，CFETS 并没有很好地整合美元价值信
息，导致两者波动的相关性较低。

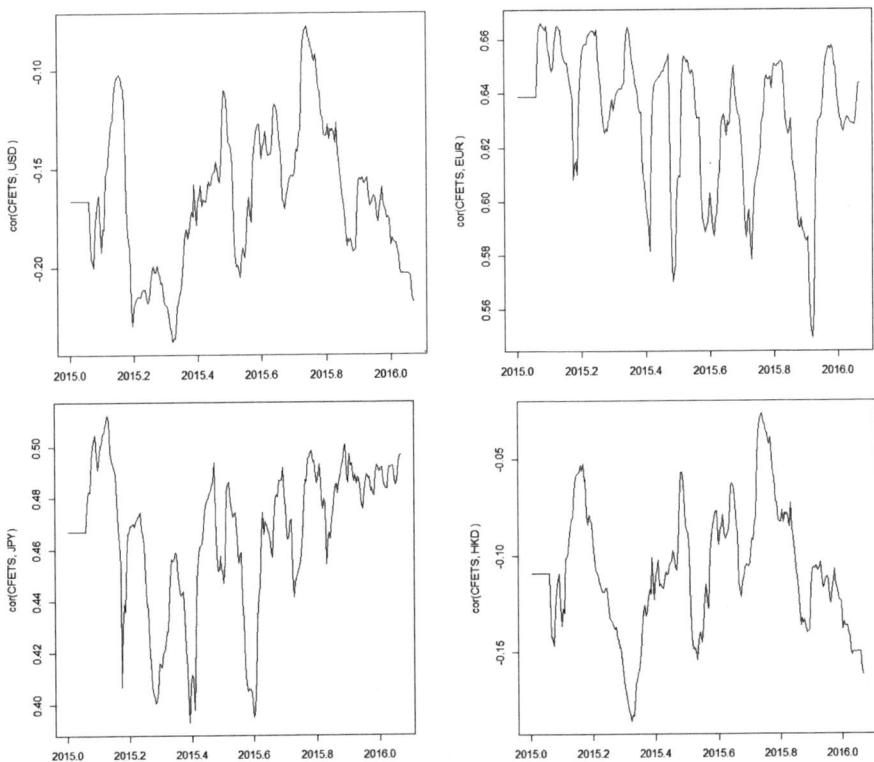

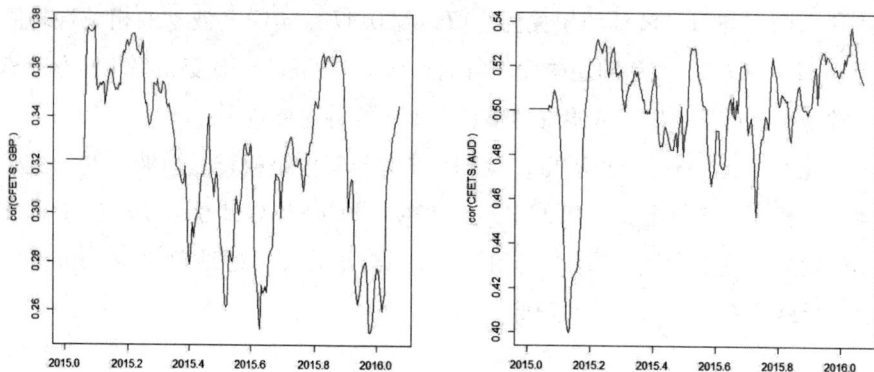

图 5.4（a）　人民币汇率收益率波动率间时变相关性的时序图（时期 1）

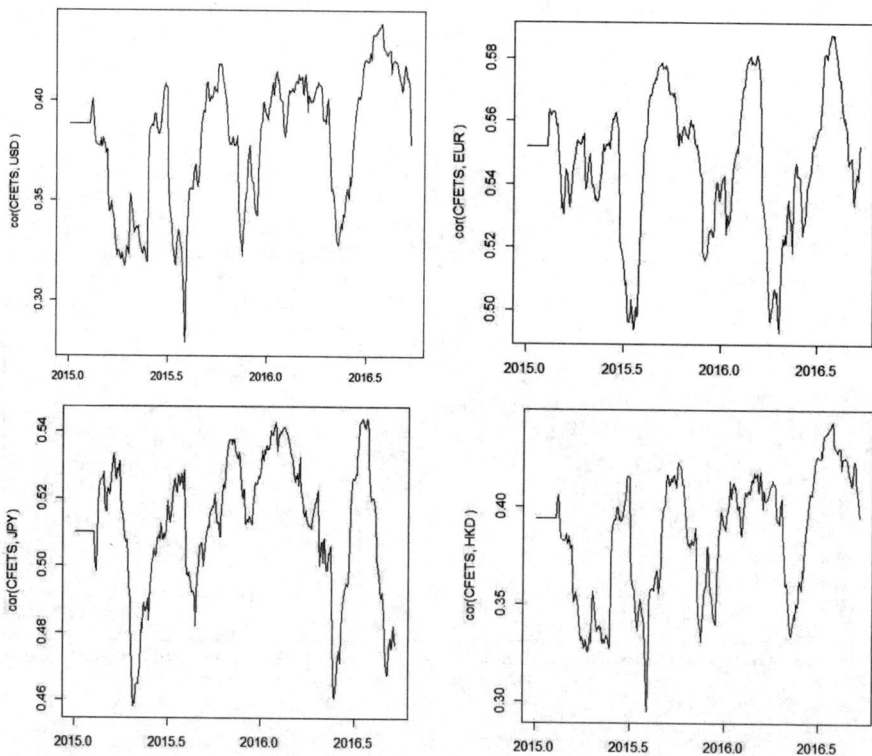

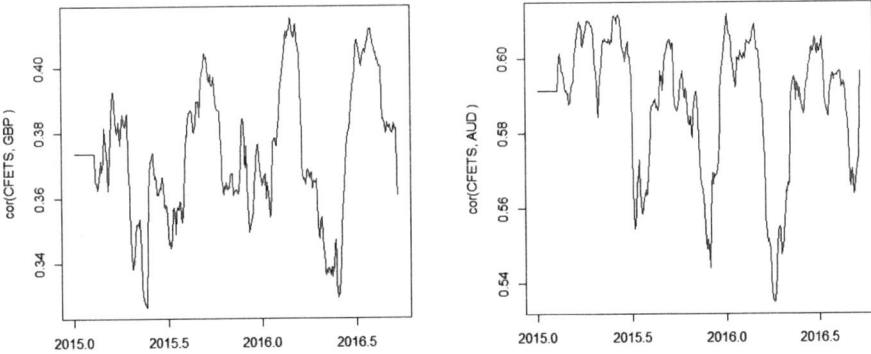

图 5.4（b）　人民币汇率收益率波动率间时变相关性的时序图（时期 2）

图 5.4（b）展示了时期 2 的上述六种波动率的时变相关性图，可以看出新的信息：第一，CFETS 收益率波动率与 USD 收益率波动率的相关性均值为 0.38，与 HKD 收益率波动率的相关性均值为 0.39，两者都比时期 1 有显著提升。当 CFETS 收益率波动率和美元收益率波动率相关性较高时，两者就具有一定的替代性，市场主体从关注美元转为参考 CFETS 就有了合理的基础。第二，CFETS 收益率波动率与各篮子货币收益率波动率的相关性均值都为正，表明在时期 2 引起 CFETS 波动的因素与引起篮子货币波动的因素方向相同，有可能会加剧 CFETS 的波动，造成人民币对外价值的不稳定。

表 5.6　人民币汇率收益率波动率间时变相关性的统计特征

变量	时期 1：2015 年 11 月 30 日—2016 年 12 月 31 日		时期 2：2017 年 1 月 1 日—2018 年 9 月 28 日	
	均值	方差	均值	方差
Cor（$\sigma_{RMB/CFETS}$，$\sigma_{RMB/USD}$）	−0.1650	0.0013	0.3798	0.0011
Cor（$\sigma_{RMB/CFETS}$，$\sigma_{RMB/EUR}$）	0.6311	6e−04	0.5469	5e−04
Cor（$\sigma_{RMB/CFETS}$，$\sigma_{RMB/JPY}$）	0.4659	8e−04	0.5122	4e−04
Cor（$\sigma_{RMB/CFETS}$，$\sigma_{RMB/HKD}$）	−0.1087	0.0011	0.3851	0.001
Cor（$\sigma_{RMB/CFETS}$，$\sigma_{RMB/GBP}$）	0.3232	0.0011	0.3735	4e−04

变量	时期1：2015年11月30日—2016年12月31日		时期2：2017年1月1日—2018年9月28日	
	均值	方差	均值	方差
$Cor\left(\sigma_{RMB/CFETS},\sigma_{RMB/AUD}\right)$	0.5007	6e-04	0.5884	3e-04
$Cor\left(\sigma_{RMB/CFETS},\sigma_{RMB/NZD}\right)$	0.4943	6e-04	0.5143	4e-04
$Cor\left(\sigma_{RMB/CFETS},\sigma_{RMB/SGD}\right)$	0.6714	5e-04	0.8151	2e-04
$Cor\left(\sigma_{RMB/CFETS},\sigma_{RMB/CHF}\right)$	0.5298	6e-04	0.5144	6e-04
$Cor\left(\sigma_{RMB/CFETS},\sigma_{RMB/CAD}\right)$	0.4248	4e-04	0.4883	4e-04
$Cor\left(\sigma_{RMB/CFETS},\sigma_{RMB/MYR}\right)$	0.3693	7e-04	0.4265	6e-04
$Cor\left(\sigma_{RMB/CFETS},\sigma_{RMB/RUB}\right)$	0.3240	5e-04	0.3797	3e-04
$Cor\left(\sigma_{RMB/CFETS},\sigma_{RMB/ZAR}\right)$	—	—	0.6266	2e-04
$Cor\left(\sigma_{RMB/CFETS},\sigma_{RMB/KRW}\right)$	—	—	0.4319	3e-04
$Cor\left(\sigma_{RMB/CFETS},\sigma_{RMB/AED}\right)$	—	—	0.5220	3e-04
$Cor\left(\sigma_{RMB/CFETS},\sigma_{RMB/SAR}\right)$	—	—	0.3755	0.001
$Cor\left(\sigma_{RMB/CFETS},\sigma_{RMB/HUF}\right)$	—	—	0.3729	0.001
$Cor\left(\sigma_{RMB/CFETS},\sigma_{RMB/PLN}\right)$	—	—	0.5374	3e-04
$Cor\left(\sigma_{RMB/CFETS},\sigma_{RMB/DKK}\right)$	—	—	0.5042	3e-04
$Cor\left(\sigma_{RMB/CFETS},\sigma_{RMB/SEK}\right)$	—	—	0.5687	5e-04
$Cor\left(\sigma_{RMB/CFETS},\sigma_{RMB/NOK}\right)$	—	—	0.4163	6e-04
$Cor\left(\sigma_{RMB/CFETS},\sigma_{RMB/TRY}\right)$	—	—	0.5233	4e-04
$Cor\left(\sigma_{RMB/CFETS},\sigma_{RMB/MXN}\right)$	—	—	0.3615	4e-04
$Cor\left(\sigma_{RMB/CFETS},\sigma_{RMB/THB}\right)$	0.4102	6e-04	0.3957	2e-04

四、结论

通过对 CFETS 参考价值的实证研究发现，扩容前的 CFETS 波动率与美元波动率的相关性非常低，而扩容后的 CFETS 波动率与美元波动率的相关性有所提高，但总体上，依然比 CFETS 与其他货币收益率波动率之间的相关性低出很多。可以得出结论：CFETS 收益率波动率并不受美元收益率波动率的影响，这与中国人民银行设计初衷较为符合。当国内外经济形势变化，引起美元人民币双边汇率波动时，CFETS 始终能按照自己的价值规律变化。

从 2015 年第一版 CFETS 到 2017 第二版 CFETS，篮子货币种类增加，美元和其他主要货币权重进一步稀释，使得人民币价值评估的参照指标更为全面和更具代表性。但受经济形势的影响，第二版 CFETS 各货币波动与指数波动呈现同方向，由此导致了新的问题，即在极端情形下引起人民币币值剧烈波动。

本章小结

当前 CFETS 比重权重依然是贸易权重，忽略了国际资本流动等因素对样本货币权重的影响，基期均衡汇率有待确定以及权重没有能够根据上一年双边贸易情况及时更新等问题，CFETS 依然存在一定不足。中国实际利用外商投资规模很大，对外直接投资规模也在不断攀升，投资因素与人民币汇率间密切地相互影响。同时，沪港通、深港通、债券通、基金互认等境内外投资渠道接通，使人民币国际市场的深度和广度不断增加。本章认为，可尝试根据贸易和投资双因素调整 CFETS 币种的权重，能提高 CFETS 对国际投资风险指引作用，促进市场对人民币汇率有更为理性的预期，也有利于中国外汇市场发展，增强人民币资产的国际吸引力。下一章将基于 CFETS 货币篮子，结合国际资本流动等因素设计双边贸易与投资权重人民币有效汇率，为优化人民币指数提供参考。

第六章

基于双边贸易与投资权重的新人民币
有效汇率指数编制及适用性检验

本章以 CFETS 货币篮子为样本框，结合中国对外贸易和投资情况分别构建双边贸易权重人民币有效汇率指数和双边贸易与投资权重的人民币有效汇率指数，前者延续 CFETS 侧重贸易的特点，并突出权重逐年变更的优势，后者综合了贸易与投资的信息。本章在利用 GARCH 模型分析新设计人民币有效汇率指数的波动性后，利用出口模型和协整方法，检验双边贸易权重人民币有效汇率指数和双边贸易与投资权重人民币有效汇率指数的适用性。

第一节　基于双边贸易与投资权重
人民币有效汇率指数构建

商务部数据显示，2018 年中国实际使用外资 1349.7 亿美元，同比增长 3%，在全球跨国直接投资同比下降的大背景下，实现逆势增长。来自发达经济体的投资增长较快，英国、德国、韩国、日本、美国对中国投资分别增长了 150.1%、79.3%、24.1%、13.6%、7.7%①。中国努力推进投资自由便利化，推动修订全国外商投资准入负面清单和自贸试验区负面清单；提高投资促进水平，引导外资更多地投向现代农业、先进制造、高新技术、现代服务

---

① 于佳欣. 坚定开放步伐　迈向高质量发展——数说 2018 年商务工作"成绩单" [EB/OL]. 中国政府网，2019-02-12.

业等领域；加大投资保护力度，加快专利法修订进程。2018 年，中国对外直接投资 1298 亿美元，增长 4.2%。根据中国贸促会研究院发布《中国对外直接投资战略研究报告》①，近 10 年，中国对外投资年均增长 27.2%，跻身对外投资大国行列。可见，跨国资本流动对人民币有效汇率的影响已不容忽视。因此，人民币有效汇率指数的设计，不仅要看贸易因素，也要考虑直接投资因素。

一、样本经济体在中国内地对外贸易与投资中的地位

中国外汇交易中心发布的 CFETS 货币篮子，既包含了主要国际货币，也充分考虑了与中国经贸往来密切的发展中国家货币，具有良好的代表性。本章对人民币有效汇率指数优化设计方案将遵照扩容后的 CFETS 篮子货币，选择美国、欧元区、日本等 24 个经济体货币作为样本货币。之所以直接以 CFETS 篮子货币作为人民币有效汇率指数的组成货币，是出于以下两方面考虑：一是 CFETS 货币篮子基本包含了对中国开放型经济有重大影响的经济体货币，具有很好的代表性；二是突出本章的研究重点在于权重设计，如果与 CFETS 样本货币一致，将能更好地与 CFETS 人民币指数做比较，为优化 CFETS 提供参考。

香港转口贸易对中国对外贸易计算存在很大影响，美国将经香港转口进口的中国内地商品均记为来自中国的进口，没有剔除香港的转口收益，同时，美国出口香港的货物中也有一部分转口到中国内地，这部分未被统计为对中国的出口；而中国对经香港转口到美国的商品也没有进行完全的统计。根据 CFETS 的规则，本章对香港转口贸易数据做了处理。

篮子货币经济体都是中国重要的对外贸易和对外投资伙伴。附表 1（见 206 页）显示了 2003 年至 2017 年篮子货币经济体在中国出口贸易中的占比情况。美国、中国香港、欧元区和日本是中国前四大出口贸易伙伴，受贸易

---

① 李婕，吕倩．中国对外直接投资达历史最好水平［N］．人民日报海外版，2018-08-31．

多元化影响，CFETS 篮子货币经济体占中国内地出口的比重逐年递减，但始终保持在 74% 以上。附表 2（见 208 页）显示了 2003 年至 2017 年篮子货币经济体在中国进口贸易中的占比情况。日本、韩国等亚洲国家是中国进口商品的主要来源地，这与国际贸易"引力模型"的预测非常吻合，即地理位置接近的邻国，更容易形成贸易。美国和欧元区也是中国进口商品的主要来源地。在中国实际利用外商投资方面，附表 3（见 210 页）显示，香港始终排第一，且逐年上升。欧元区、新加坡、日本、美国、韩国对中国直接投资排在前十位。近 5 年整个货币篮子经济体对中国的直接投资占比稳定在 85% 以上，2017 年达到 90%。根据附表 4（见 212 页），在中国对外直接投资排名中，香港也始终排第一，美国、欧元区、澳大利亚和新加坡基本处在前五位。整个货币篮子经济体在中国对外直接投资中的比重也稳定在 80% 以上，2017 年达到 84%。

二、新人民币有效汇率指数的权重计算

构成竞争力权重的贸易包括商品贸易和服务贸易。考虑到服务贸易数据难以及时获得，本章的贸易仅考虑商品贸易。由于第三国贸易数据的可得性和准确性问题，本章仅考虑与主要伙伴国的直接进出口贸易，而不考虑第三国影响。这与 CFETS 权重的计算思路一致。根据第 4 章介绍的权重计算方法，本章构建了双边贸易权重和双边贸易与投资权重两种。双边贸易权重的计算公式由（6.1）给出：

$$
\begin{cases}
w_i^X = \dfrac{X_i}{\sum\limits_{i=1}^{n} X_i} \\[4mm]
w_i^M = \dfrac{M_i}{\sum\limits_{i=1}^{n} M_i} \\[4mm]
w_i^{TR} = \left(\dfrac{X}{X+M}\right) w_i^X + \left(\dfrac{M}{X+M}\right) w_i^M
\end{cases}
\tag{6.1}
$$

公式（6.1）既考虑了篮子货币 i 经济体在中国内地出口贸易中的占比 w_i^X、进口贸易占比 w_i^M，也考虑了中国内地当年出口贸易和进口贸易在整个对外贸易中的比重，即当年是顺差状态还是逆差状态。图 6.1 显示了 2017 年双边贸易权重人民币指数所包含的各篮子货币的权重，美元、欧元、日元、韩元和港元位列前五。

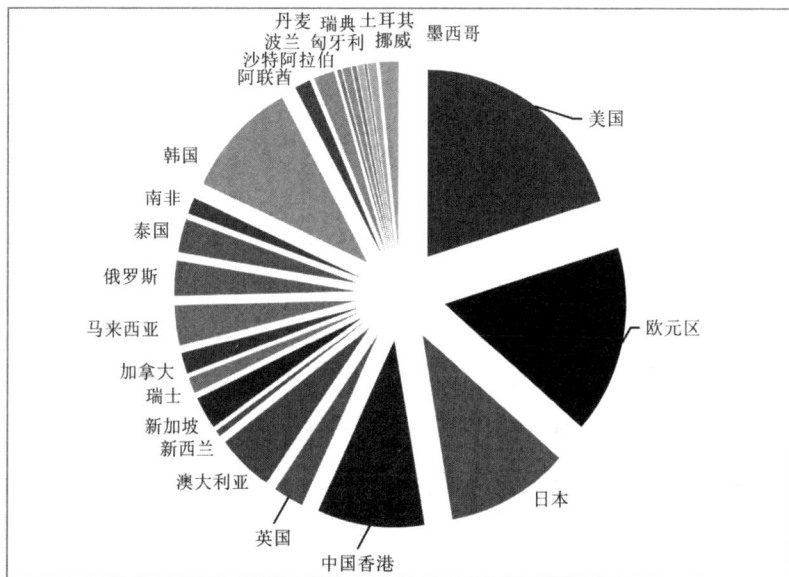

图 6.1 双边贸易权重人民币指数篮子货币的权重（2017 年）

中国债券市场开放不断提速，从 QFII 和 RQFII 等制度的推出，再到 2016 年人民银行 3 号文公告的出台，境外投资者投资境内银行间债券市场的门槛不断降低。"债券通"上线进一步提高了境外投资者投资境内债市的便利性，也为离岸人民币回流境内增添了新渠道。我国资本账户开放既有金融市场的开放，也有人民币国际化的提速，还有金融机构准入的放开，例如，"沪港通"、"深港通"、内地—香港两地基金互认相继实施，人民币正式被纳入特别提款权（SDR）货币篮子等。2017 年 6 月，明晟公司（MSCI）宣布将 A 股纳入 MSCI 指数，中国资本市场国际化程度进一步提高。2017 年 11 月，中国政府表示将大幅度放宽金融市场准入，证券基金和期货等机构外资持股比例放宽至51%，取消对中资银行和资产管理公司外资单一持股不超过20%等限制。这些措施的出台是构建全面开放型经济体的必然选择。本章认为，外汇管制对"双边投资"权重的影响程度有限，探索考虑"双边投资"的人民币有效汇率指数，具有显著的现实意义。

考虑双边直接投资因素，根据公式（6.2）计算投资权重：

$$\begin{cases} w_i^{OFDI} = \dfrac{OFDI_i}{\sum\limits_{i=1}^{n} OFDI_i} \\[3mm] w_i^{FDI} = \dfrac{FDI_i}{\sum\limits_{i=1}^{n} FDI_i} \\[3mm] w_i^{I} = \left(\dfrac{CO}{CO+CI}\right) w_i^{ODFI} + \left(\dfrac{CI}{CO+CI}\right) w_i^{FDI} \end{cases} \quad (6.2)$$

根据公式（6.2），2017年，中国香港、新加坡、瑞士、欧元区和美国货币的权重位列前五位（如图6.2所示）。

为构建综合考虑贸易与投资的权重，尝试根据中国国际收支平衡表反映的信息，捕捉贸易与投资的结构特征。国际收支总体差额是由经常账户差额、资本账户差额和货币当局外汇储备的变化额组成。国际收支的经常账户由一系列的借方和贷方组成，在描述汇率对整个经常账户的影响时，可在加权方案中包括借记和贷记总额。任何经济体跨境资本流动包括非居民对本国的投资和居民对外投资。考虑到中国资本账户存在一定程度管制，从表6.1看，资本账户的绝对值规模远小于金融账户资产和负债的绝对值之和。"非储备性质的金融账户"包含四个子账户，分别是"直接投资""证券投资""金融衍生工具"和"其他投资"。"直接投资"是指投资者对直接投资企业施加一定程度控制、影响和管理的投资，可细分为直接投资者对直接投资企业的投资、直接投资企业对其直接或间接投资者的反向投资以及居民和非居

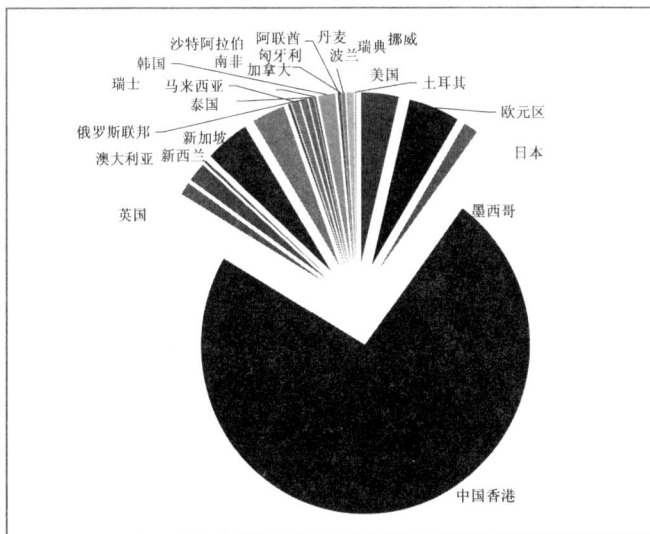

图 6.2　双边投资权重人民币指数篮子货币的权重（2017 年）

民关联企业之间的投资等。2013 年—2017 年间，"直接投资"账户项下资产与负债规模之和占"非储备性质金融账户"资产与负债规模之和的比重依次为 46%、30%、39%、360% 和 79%。"证券投资"包括股票和债券、票据等债务凭证的交易。2013 年—2017 年间，"证券投资"账户项下资产与负债规模之和占"非储备性质金融账户"资产与负债规模之和的比重依次为 9%、5%、10%、68% 和 31%。"金融衍生工具"记录出官方储备之外的金融衍生品（如远期合同、期权等）的交易。我国"金融衍生工具"账户从 2016 年开始才有记录，且规模相对很小。"其他投资"是指不包含在其他金融项目中的股票、货币和存款、贷款、贸易信贷、特别提款权的分配和其他可收支项目。由于我国资本项目存在管制，该账户项下主要是"货币和存款""贷款""贸易信贷"和"其他（存在较大规模的资金流动）"，但"货币和存款""贸易信贷"具有短期属性。

通过公式（6.3），可以捕捉"经常账户""资本和金融账户"流入和流出的规模：

$$\begin{cases} CA = |CA_D| + |CA_J| \\ K = |K_D| + |K_J| \\ F = |F_{ZC}| + |F_{FZ}| \\ KF = K + F \end{cases} \tag{6.3}$$

其中，CA 表示"经常账户"规模，$|CA_D|$ 表示"经常账户"贷方绝对值；$|CA_J|$ 表示"经常账户"借方绝对值；K 表示"资本账户"规模，$|K_D|$ 和 $|K_J|$ 分别表示"资本账户"的贷方绝对值和借方绝对值；F 表示"非储备性质的金融账户"规模，$|F_{ZC}|$ 和 $|F_{FZ}|$ 分别表示"非储备性质的金融账户"的资产绝对值和负债绝对值。KF 表示剔除储备后的"资本和金融账户"规模。根据公式（6.3）和表 6.1 中的数据，可计算出中国"经常账户"规模和非储备性质的"资本和金融账户"规模，可以看出资本流动的结构与贸易流动的结构很可能存在显著差异。CA 与 KF 的比例结构并不稳定，2013年，CA 为 311946 亿元，KF 为 75595 亿元，CA ：KF 为 4.1：1。2014 年—2017 年该比例依次为 5.3：1、42.3：1、9.5：1 和 6.5：1。显然，不同年份"经常账户"和"资本和金融账户"的结构比例并不稳定，贸易权重和资本权重的影响很可能不一样。

表 6.1　中国国际收支平衡表

项目（单位：亿元）	2013	2014	2015	2016	2017
1. 经常账户	9190	14516	18950	13352	11090
贷方	160568	168534	163213	163214	182723
借方	−151378	−154018	−144262	−149862	−171634
1.A 货物和服务	14552	13611	22346	16976	14155
贷方	145865	151302	147099	146177	163418
借方	−131312	−137691	−124753	−129201	−149263
1.B 初次收入	−4822	817	−2602	−2987	−2293
贷方	11411	14706	13877	14987	17372
借方	−16233	−13889	−16479	−17974	−19666
1.C 二次收入	−540	88	−794	−637	−772

项目（单位：亿元）	2013	2014	2015	2016	2017
贷方	3292	2525	2236	2050	1933
借方	−3832	−2437	−3030	−2687	−2705
2. 资本和金融账户	−5331	−10394	−5653	1951	3883
2.1 资本账户	190	−2	19	−23	−6
贷方	276	119	32	21	16
借方	−86	−121	−12	−44	−22
2.2 金融账户	−5522	−10392	−5672	1974	3890
资产	−40377	−35657	773	−15426	−25478
负债	34856	25265	−6445	17400	29368
2.2.1 非储备性质的金融账户	21227	−3182	−27209	−27647	10026
资产	−13628	−28448	−20764	−45047	−19342
负债	34856	25265	−6445	17400	29368
2.2.2 储备资产	−26749	−7209	21537	29621	−6136
3. 净误差与遗漏	−3859	−4122	−13298	−15303	−14973

数据来源：根据国家外汇管理局公布数据整理。

本章构建了贸易投资综合指数。首先计算中国在 t 时期"经常账户"规模比重 $w_{0t}^{CA} = \dfrac{CA_{0t}}{CA_{0t} + FK_{0t}}$ 和非储备性质"资本和金融账户"规模比重 $w_{0t}^{KF} = \dfrac{KF_{0t}}{CA_{0t} + FK_{0t}}$。t 时期 i 国的贸易投资综合权重为：

$$w_{it}^{TRFDI} = w_{0t}^{CA} \times w_{it}^{TR} + w_{0t}^{FK} \times w_{it}^{I} \tag{6.4}$$

其中，w_{it}^{TR} 是根据公式（6.1）计算得到的 i 国在 t 时期的贸易权重，w_{it}^{I} 是根据公式（6.2）计算得到的 i 国在时期 t 的双边投资比重。公式（6.4）构建的贸易投资综合权重人民币有效汇率指数，既包含了篮子货币经济体与中国内地的进出口贸易的规模，也包含篮子货币经济体与中国内地的投资规模，同时，还考虑了当年中国贸易顺差（或逆差）、资本顺差（或逆差）、国际收支平衡表结构的影响。

　　图 6.3 显示了 2017 年美国、中国香港、欧元区、日本和韩国货币的权重位列前五位。

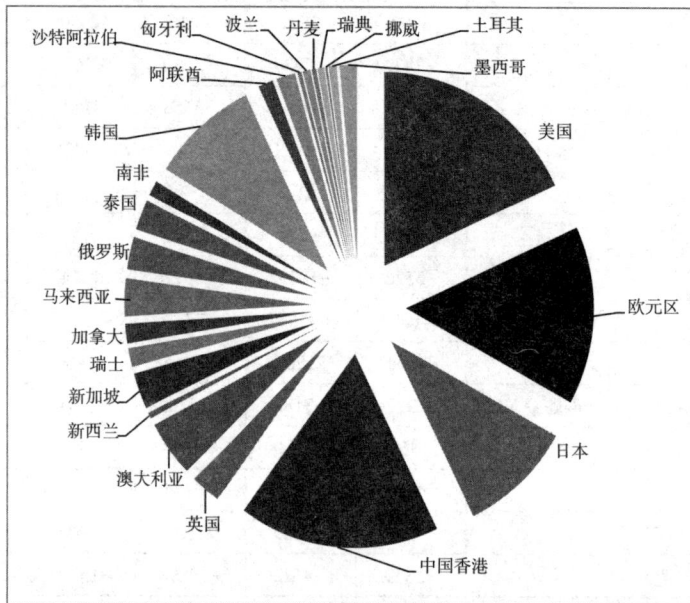

图 6.3　双边贸易与投资权重人民币指数篮子货币的权重（2017 年）

　　从表 6.1～表 6.4 可以看出，中国对外贸易和投资形势逐年变化，不同经济体规模占比也有明显变化。本章构建月度人民币有效汇率指数，根据上一年（T-1）数据计算本年度（T）的权重，权重每年更新一次。

三、名义与实际人民币有效汇率指数计算

　　关于有效汇率指数的国际通行算法采用几何加权平均法，计算公式为：

$$\begin{cases} NEER = \prod_{i=1}^{n} (E_i)^{w_i} \\ REER = \prod_{i=1}^{n} \left(\frac{P_0}{P_i}E\right)_i^{w_i} \end{cases} \tag{6.5}$$

　　其中，NEER、REER 分别代表名义人民币有效汇率指数和实际人民币有

效汇率指数。E_i 为间接标价法下人民币兑篮子货币 i 的名义汇率，P_0、P_i 分别为中国和篮子货币 i 当期的 CPI。w_i 为篮子货币 i 的权重（可以是贸易权重，也可以是贸易投资综合权重）。在基期选择上，我们参照国际货币基金组织构建人民币有效汇率指数时采用的 2010 年为基期的做法。根据 2003 年 1 月—2018 年 9 月的月度汇率和价格数据，本章构建人民币双边贸易加权名义有效汇率指数（NEER^{TR}）、人民币双边贸易与投资加权名义有效汇率指数（NEER^{TRI}）、人民币双边贸易加权实际有效汇率指数（REER^{TR}）和人民币双边贸易与投资加权实际有效汇率指数（REER^{TRI}）。人民币兑样本经济体货币的双边名义汇率和各国 CPI 数据来自 WIND 和 IMF 的 International Financial Statistics（IFS）数据库。与 CFETS 相比，双边贸易权重人民币有效汇率指数具有逐年更新权重的优势，双边贸易与投资权重人民币有效汇率指数更是结合了中国内地与贸易伙伴双边投资的信息。

图 6.4 绘制四种人民币名义有效汇率指数，包括国际清算银行发布的人民币名义有效汇率指数 NEER^{BIS} 和国际货币基金组织发布的人民币名义有效汇率指数 NEER^{IMF}。从图中可以看出，NEER^{TR} 和 NEER^{TRI} 变化趋势非常接近，除了在次贷危机期间变化幅度超过（NEER^{BIS}）和（NEER^{IMF}）外，整体波动幅度比（NEER^{BIS}）和（NEER^{IMF}）更小。从图中可以看到人民币有效汇率指数的几次高地和低地。2004 年 5 月是 NEER^{TR} 和 NEER^{TRI} 的第一个高点，分别为 120.12 点和 121.63 点；经过双向波动，到 2007 年 4 月落入低点，分别为 101.80 点和 103.89 点；随后在震荡中上升，到 2008 年 11 月，到达高点，分别为 116.18 点和 116.70 点；经历了 30 个月的波动与贬值后，在 2011 年 4 月分别跌至 96.95 点和 97.15 点；在接下来的 32 个月期间，整体处于恢复性升值状态，到 2013 年 12 月到达 110.56 点和 110.74 点；2014 年前五个月跌幅较大，分别从 105.24 点和 105.80 点下跌到 100.30 点和 101.00 点；随后进入稳步升值状态，到 2015 年 11 月，分别上升到 111.20 点和 109.45 点；从 2015 年 12 月—2017 年 4 月，进入渐进式贬值状态，在 2007 年 4 月分别跌至 98.77 点和 96.92 点；随后略有回升至 2018 年 5 月的 102.36 点和 101.43 点，从 2018 年 6 月开始呈现下降趋势。

在 2003 年 1 月—2018 年 9 月整个观察期间，$NEER^{TR}$ 和 $NEER^{TRI}$ 变化幅度（标准差）仅为 5.10 和 5.64，同期 $NEER^{BIS}$ 和 $NEER^{IMF}$ 的变化幅度为 12.91 和 11.64。显然，$NEER^{TR}$ 和 $NEER^{TRI}$ 平稳性更明显。

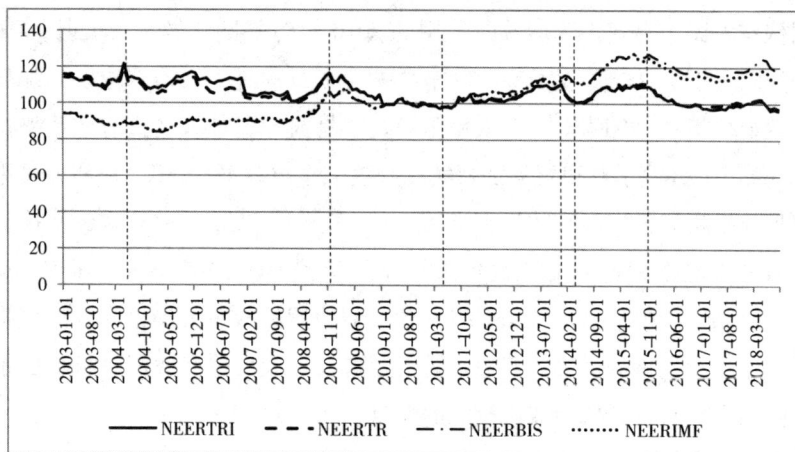

图 6.4　四种人民币名义有效汇率比较

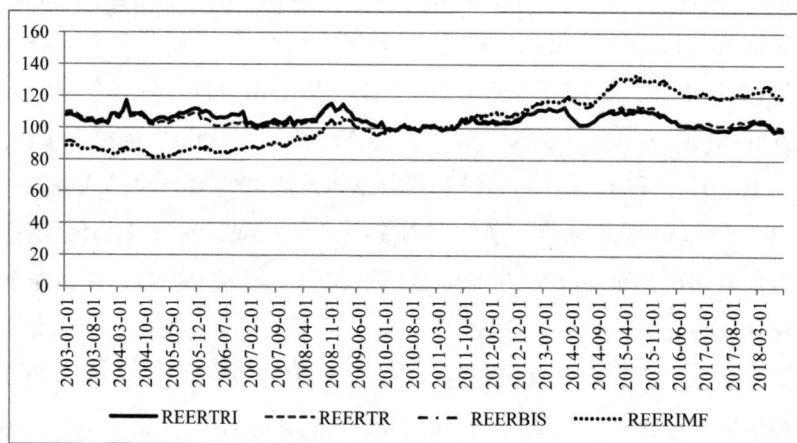

图 6.5　四种人民币实际有效汇率比较

图 6.5 绘制四种人民币实际有效汇率指数，$REER^{TR}$ 和 $REER^{TRI}$ 的走势特征与 $NEER^{TR}$ 和 $NEER^{TRI}$ 的特征非常相似。整个观察期内，$REER^{TR}$ 和 $REER^{TRI}$

的变化幅度（标准差）分别为 4.16 和 4.15，小于同期 $REER^{BIS}$ 和 $REER^{IMF}$ 的变化幅度，后者分别为 15.48 和 15.62。

　　参考一篮子货币的主要目的是降低本币与其他货币的波动程度，表 6.2 总结了 $NEER^{TR}$、$NEER^{TRI}$、$REER^{TR}$、$REER^{TRI}$ 以及国际机构所发布指数的变异系数（标准差/均值），本章编制的 $NEER^{TR}$、$NEER^{TRI}$ 变异系数均小于 $NEER^{BIS}$ 和 $NEER^{IMF}$ 的变异系数，同样，$REER^{TR}$、$REER^{TRI}$ 变异系数均小于 $REER^{BIS}$ 和 $REER^{IMF}$ 的变异系数，表明本章所构建的人民币有效汇率指数具有更好的平稳性。

表 6.2　人民币有效汇率指数变异系数

名义有效汇率指数	变异系数	实际有效汇率指数	变异系数
$NEER^{TRI}$	5.34	$REER^{TRI}$	3.93
$NEER^{TR}$	4.84	$REER^{TR}$	3.95
$NEER^{BIS}$	12.48	$REER^{BIS}$	14.84
$NEER^{IMF}$	11.31	$REER^{IMF}$	14.99

第二节　新人民币有效汇率指数的波动性分析

　　高峰厚尾、波动集聚等属性是金融市场波动的典型特征。有效汇率指数作为外汇市场重要变量，其波动性特征也可作为判断指数编制效果的一种参考。本章首先考察名义有效汇率的波动性，包括 $lnNEER^{TR}$、$lnNEER^{TRI}$、$lnNEER^{BIS}$ 和 $lnNEER^{IMF}$。随后考察实际有效汇率的波动性，包括 $lnREER^{TR}$、$lnREER^{TRI}$、$lnREER^{BIS}$ 和 $lnREER^{IMF}$。样本期为 2003 年 1 月—2018 年 9 月。

一、新人民币名义有效汇率指数波动性分析

　　GARCH 模型是目前较为普遍采用的一种捕捉单变量波动性的方法，如 Kenneth D. West 和 Dongchul Cho（1995）、赵华和燕焦枝（2010）的研究等。对于一般的线性回归模型：$y_t = x_t'\beta + \varepsilon_t$。扰动项 ε_t 的条件方差为 $\sigma_t^2 =$

$Var(\varepsilon_t \mid \varepsilon_{t-1}, \cdots)$，其中 σ_t^2 的下标 t 表示条件方差可以随时间而变。受到波动集聚性启发，假设 σ_t^2 依赖于前期扰动项之平方：$\sigma_t^2 = \alpha_0 + \alpha_1 \varepsilon_{t-1}^2 + \cdots + \alpha_q \varepsilon_{t-p}^2$。这就是"ARCH（p）扰动项"。Bollerslev（1986）提出 GARCH，使待估计参数减少，而对未来条件方差的预测更加准确。基本思想是在 ARCH 模型基础上，再加上自回归部分，构成 GARCH（p，q）模型：

$$\sigma_t^2 = \alpha_0 + \alpha_1 \varepsilon_{t-1}^2 + \cdots + \alpha_q \varepsilon_{t-q}^2 + \gamma_1 \sigma_{t-1}^2 + \cdots + \gamma_p \sigma_{t-p}^2$$

首先，利用信息准则来确定自回归模型的 VAR（p）阶数。根据表 6.3 的结果，大多数准则表明 lnNEER^{TR} 滞后 4 阶，lnNEER^{TRI} 滞后 1 阶，根据效果，本章选择 lnNEER^{BIS} 滞后 2 阶，选择 lnNEER^{IMF} 滞后 2 阶。

表 6.3　人民币名义有效汇率滞后阶数检测

lag	LL	LR	df	p	FPE	AIC	HQIC	SBIC
lnNEER^{TR}								
0	303. 515		1		0. 002	-3. 343	-3. 336	-3. 325
1	475. 911	344. 790	1	0. 000	0. 000	-5. 237	-5. 222 *	-5. 201 *
2	475. 949	0. 076	1	0. 783	0. 000	-5. 226	-5. 204	-5. 173
3	476. 123	0. 347	1	0. 556	0. 000	-5. 217	-5. 188	-5. 146
4	479. 318	6. 392 *	1	0. 011	0. 000 *	-5. 241 *	-5. 205	-5. 153
5	479. 748	0. 860	1	0. 354	0. 000	-5. 235	-5. 192	-5. 129
6	479. 774	0. 052	1	0. 819	0. 000	-5. 224	-5. 174	-5. 100
7	480. 203	0. 858	1	0. 354	0. 000	-5. 218	-5. 160	-5. 076
8	481. 994	3. 582	1	0. 058	0. 000	-5. 226	-5. 162	-5. 067
lnNEER^{TRI}								
0	277. 488				0. 003	-3. 055	-3. 048	-3. 037
1	473. 887	392. 800	1	0. 000	0. 000 *	-5. 214 *	-5. 200 *	-5. 179 *
2	473. 991	0. 208	1	0. 649	0. 000	-5. 204	-5. 183	-5. 151
3	474. 033	0. 084	1	0. 771	0. 000	-5. 194	-5. 165	-5. 123
4	476. 618	5. 169	1	0. 023	0. 000	-5. 211	-5. 175	-5. 123
5	476. 975	0. 713	1	0. 398	0. 000	-5. 204	-5. 161	-5. 098
6	477. 543	1. 137	1	0. 286	0. 000	-5. 199	-5. 149	-5. 076

续表

lag	LL	LR	df	p	FPE	AIC	HQIC	SBIC
7	477.852	0.618	1	0.432	0.000	−5.192	−5.134	−5.050
8	480.141	4.578 *	1	0.032	0.000	−5.206	−5.142	−5.047
lnNEER^{BIS}								
0	120.036				0.016	−1.315	−1.308	−1.298
1	545.085	850.1	1	0.000	0.000	−6.001	−5.987	−5.966
2	561.296	32.422	1	0.000	0.000	−6.169	−6.148 *	−6.116 *
3	562.551	2.5106	1	0.113	0.000	−6.172	−6.143	−6.101
4	564.294	3.485	1	0.062	0.000	−6.180	−6.144	−6.092
5	566.154	3.7192	1	0.054	0.000	−6.190	−6.147	−6.084
6	567.125	1.9428	1	0.163	0.000	−6.189	−6.139	−6.066
7	567.254	0.25893	1	0.611	0.000	−6.180	−6.122	−6.038
8	569.272	4.034 *	1	0.045	0.000 *	−6.191 *	−6.126	−6.032
lnNEER^{IMF}								
0	138.079				0.013	−1.515	−1.508	−1.497
1	554.681	833.200	1	0.000	0.000	−6.107	−6.093	−6.072
2	572.450	35.538	1	0.000	0.000	−6.292	−6.271	−6.239 *
3	574.065	3.230	1	0.072	0.000	−6.299	−6.270	−6.228
4	576.101	4.071	1	0.044	0.000	−6.311	−6.275	−6.222
5	579.228	6.254	1	0.012	0.000	−6.334	−6.291 *	−6.228
6	580.405	2.355	1	0.125	0.000	−6.336	−6.286	−6.212
7	580.445	0.079	1	0.779	0.000	−6.325	−6.268	−6.184
8	582.456	4.023 *	1	0.045	0.000 *	−6.337 *	−6.272	−6.177

注："FPE"表示"Final Prediction Error"，而"SBIC"就是BIC。

根据滞后阶数，分别对四种人民币名义有效汇率指数构建 GARCH 模型。具体而言，针对 lnNEER^{TR} 考虑 GARCH（2，1），针对 lnNEER^{TRI} 考虑 ARCH（1），针对 lnNEER^{BIS} 和 lnNEER^{IMF} 考虑 GARCH（1，1）。模型结果见表 6.4。

对于 lnNEER^{TR}，ARCH（1）的系数为 0.203，ARCH（2）的系数为 0.216，两个系数都显著，表明外部市场冲击对双边贸易权重人民币有效汇率的波动有明显的影响。而 ARCH（1）的系数为 -0.993，在 1% 水平上显著，表明双边贸易权重人民币有效汇率的波动具有明显的记忆性。由于 $\alpha+\gamma<1$（0.203+0.216-0.993 = -0.574<1），表明条件方差模型是稳定可测的，市场对外部冲击的反应函数将以一个较慢的速度递减，对汇率波动产生持续性影响。

对于 $lnNEER^{TRI}$，ARCH（1）的系数为 0.467，在 1% 水平上显著，表明外部市场冲击对双边贸易与投资权重人民币有效汇率的波动有明显影响，该模型稳定可测。

对于 $lnNEER^{BIS}$，ARCH（1）的系数为 0.078，但并不显著。GARCH（1）的系数为 0.75，在 1% 水平上显著，表明 BIS 公布的人民币有效汇率的波动具有明显的记忆性。对于 $lnNEER^{IMF}$，ARCH（1）的系数为 0.088，但并不显著。GARCH（1）的系数为 0.734，在 1% 水平上显著，表明 IMF 公布的人民币有效汇率的波动具有明显的记忆性。

表 6.4　人民币名义有效汇率 ARCH 模型检验结果

	$lnNEER^{TR}$	$lnNEER^{TRI}$	$lnNEER^{BIS}$	$lnNEER^{IMF}$
L1.	0.954 *** （0.083）	0.943 *** （0.021）	1.393 *** （0.072）	1.410 *** （0.074）
L2.	0.001 （0.099）	——	-0.397 *** （0.073）	-0.417 *** （0.075）
L3.	0.100 （0.102）	——	——	——
L4.	-0.136 （0.071）	——	——	——
常数项	0.388 *** （0.133）	0.263 *** （0.097）	0.021 （0.030）	0.034 （0.030）
L1. arch	0.203 ** （0.087）	0.467 *** （0.149）	0.078 （0.058）	0.088 （0.073）
L2. arch	0.216 ** （0.085）	——	——	——

续表

	lnNEER^TR	lnNEER^TRI	lnNEER^BIS	lnNEER^IMF
L1. garch	−0. 993 *** (0. 008)	——	0. 750 *** (0. 288)	0. 734 ** (0. 303)
Wald chi2	1734. 74	2073. 52	24185. 34	25455. 01
Log likelihood	503. 904	501. 918	581. 631	593. 602

***、**和*分别表示在 1%、5%和 10%水平上显著。

图 6.6 是结合四种名义有效汇率的 GARCH（或 ARCH）模型的条件方差进行预测，所形成的条件方差的时间趋势。由于 lnNEER^TR 和 lnNEER^TRI 的 ARCH 项系数显著，所以，外部条件变化会增强两类指数的波动；而 lnNEER^BIS 和 lnNEER^IMF 的 ARCH 项系数不显著，外部条件变化不会加剧这两类指数的波动。从图中可以看出，相较于 lnNEER^BIS 和 lnNEER^IMF，lnNEER^TR 和 lnNEER^TRI 的条件方差较大。

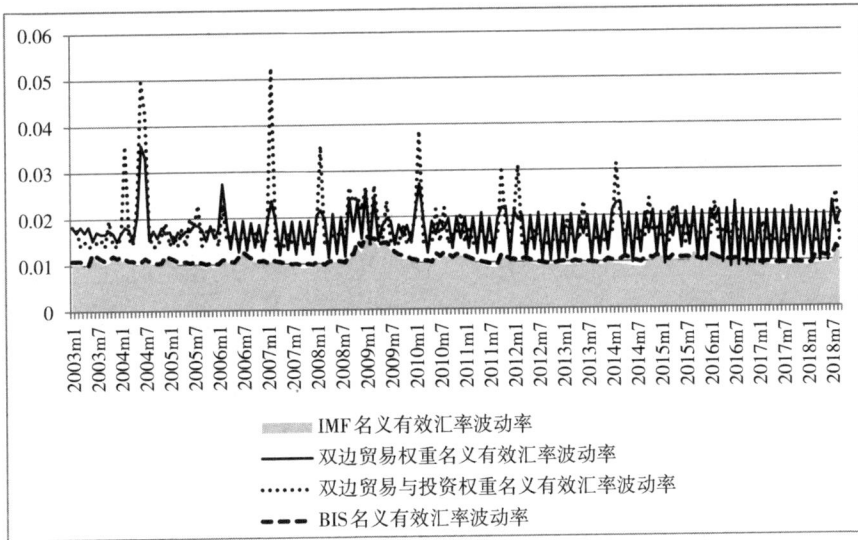

图 6.6 人民币名义有效汇率 ARCH 波动率比较

二、新人民币实际有效汇率指数波动性分析

实际有效汇率剔除了价格因素对汇率的影响，更能从实际层面反应汇率变化模式。采用与上面同样的思路，对四种人民币实际有效汇率指数的波动性进行分析。根据表 6.5 的结果，大多数准则选择 $lnREER^{TR}$ 滞后 1 阶，选择 $lnREER^{TRI}$ 滞后 1 阶，根据效果，选择 $lnREER^{BIS}$ 和 $lnREER^{IMF}$ 滞后 2 阶。

根据滞后阶数，分别对四种人民币实际有效汇率指数构建 GARCH 模型。具体而言，针对 $lnREER^{TR}$ 和 $lnREER^{TRI}$ 考虑 ARCH（1），针对 $lnREER^{BIS}$ 和 $lnREER^{IMF}$ 考虑 GARCH（2，1）。模型结果见表 6.6。

表 6.5　人民币实际有效汇率滞后阶数检测

lag	LL	LR	df	p	FPE	AIC	HQIC	SBIC
$lnREER^{TR}$								
0	328.611				0.002	-3.620	-3.613	-3.602
1	477.131	297.040	1	0.000	0.000	-5.250	-5.236 *	-5.215 *
2	477.531	0.800	1	0.371	0.000	-5.243	-5.222	-5.190
3	477.737	0.412	1	0.521	0.000	-5.235	-5.206	-5.164
4	481.745	8.015	1	0.005	0.000	-5.268	-5.232	-5.180
5	483.462	3.434	1	0.064	0.000 *	-5.276 *	-5.233	-5.170
6	483.486	0.048	1	0.827	0.000	-5.265	-5.215	-5.141
7	484.017	1.063	1	0.302	0.000	-5.260	-5.203	-5.118
8	485.999	3.965 *	1	0.046	0.000	-5.271	-5.206	-5.112
$lnREER^{TRI}$								
0	327.135				0.002	-3.604	-3.597	-3.586
1	475.275	296.280	1	0.000	0.000	-5.230	-5.215 *	-5.194 *
2	475.728	0.908	1	0.341	0.000	-5.224	-5.202	-5.171
3	475.799	0.141	1	0.707	0.000	-5.213	-5.185	-5.143
4	479.661	7.724	1	0.005	0.000	-5.245	-5.209	-5.157
5	481.501	3.681	1	0.055	0.000	-5.254	-5.211	-5.148
6	481.935	0.867	1	0.352	0.000	-5.248	-5.198	-5.124

lag	LL	LR	df	p	FPE	AIC	HQIC	SBIC
7	482.319	0.767	1	0.381	0.000	-5.241	-5.184	-5.100
8	484.887	5.137 *	1	0.023	0.000 *	-5.258 *	-5.194	-5.099
lnREER^{BIS}								
0	89.3179				0.022	-0.976	-0.969	-0.958
1	520.612	862.59	1	0.000	0.000	-5.731	-5.716	-5.695
2	529.143	17.062 *	1	0.000	0.000 *	-5.814 *	-5.792 *	-5.761 *
3	529.698	1.1094	1	0.292	0.000	-5.809	-5.780	-5.738
4	529.761	0.12766	1	0.721	0.000	-5.798	-5.763	-5.710
5	530.385	1.2464	1	0.264	0.000	-5.794	-5.751	-5.688
6	530.445	0.12137	1	0.728	0.000	-5.784	-5.734	-5.660
7	531.403	1.9154	1	0.166	0.000	-5.783	-5.726	-5.642
8	532.084	1.3615	1	0.243	0.000	-5.780	-5.715	-5.621
lnREER^{IMF}								
0	87.818				0.022	-0.959	-0.952	-0.942
1	548.010	920.380	1	0.000	0.000	-6.033	-6.019	-5.998
2	558.412	20.804	1	0.000	0.000	-6.137	-6.116	-6.084 *
3	558.650	0.475	1	0.491	0.000	-6.129	-6.100	-6.058
4	558.657	0.015	1	0.902	0.000	-6.118	-6.082	-6.029
5	563.369	9.423 *	1	0.002	0.000 *	-6.159 *	-6.116 *	-6.053
6	563.823	0.909	1	0.340	0.000	-6.153	-6.103	-6.029
7	563.911	0.176	1	0.675	0.000	-6.143	-6.085	-6.001
8	565.453	3.084	1	0.079	0.000	-6.149	-6.084	-5.990

对于 lnREER^{TR1}，ARCH（1）的系数为 0.416，在 1% 水平上显著，表明外部市场冲击对双边贸易权重人民币实际有效汇率的波动具有明显影响。α<1，表明条件方差模型稳定可测。

对于 lnREER^{TRI}，ARCH（1）的系数为 0.467，在 1% 水平上显著，表明外部市场冲击对双边贸易与投资权重人民币实际有效汇率的波动具有明显影响。α<1，表明条件方差模型稳定可测。

表 6.6 人民币实际有效汇率 ARCH 模型检验结果

	lnREER^TR	lnREER^TRI	lnREER^BIS	lnREER^IMF
L1.	0.918 *** (0.027)	0.926 *** (0.026)	1.310 *** (0.074)	1.324 *** (0.074)
L2.	——	——	-0.317 *** (0.074)	-0.328 *** (0.074)
常数项	0.382 *** (0.127)	0.346 *** (0.123)	0.031 (0.030)	0.020 (0.027)
L1. arch	0.416 *** (0.122)	0.591 *** (0.151)	0.155 (0.114)	0.064 (0.100)
L2. arch	——	——	0.259 ** (0.114)	0.084 (0.099)
L1. garch	——	——	-0.426 (0.354)	-0.838 ** (0.404)
Wald chi2	1135.0	1224.7	23215.6	29834.3
Log likelihood	510.1	509.7	547.6	577.3

***、**和*分别表示在1%、5%和10%水平上显著。

对于 lnREER^BIS，ARCH（1）的系数为 0.155，但在 10%水平上不显著，ARCH（2）的系数为 0.259，在 5%水平上不显著，表明仅滞后 2 期的外部市场冲击对 BIS 人民币实际有效汇率的波动具有明显影响。GARCH（1）系数在 10%水平上不显著，α<1，表明条件方差模型稳定可测。

对于 lnREER^IMF，ARCH（1）和 ARCH（2）的系数在 10%的水平上都不显著。GARCH（1）的系数为-0.838，在 1%水平上显著，表明 IMF 人民币实际有效汇率的波动具有明显的记忆性。由于 γ<1，表明条件方差模型是稳定可测。

图 6.7 是结合四种实际有效汇率的 GARCH（或 ARCH）模型的条件方差进行预测，所形成的条件方差的时间趋势。由于 lnREER^TR 和 lnREER^TRI 的 ARCH（1）项系数显著，所以，外部条件变化会使两类指数的波动性较大，

lnREER^{BIS}的 ARCH（1）项系数不显著但 ARCH（2）项系数显著，因此，外部条件冲击也会使其波动性提高。lnREER^{IMF}的 ARCH（1）项不显著，故在四种实际有效汇率中，条件方差变化最小。

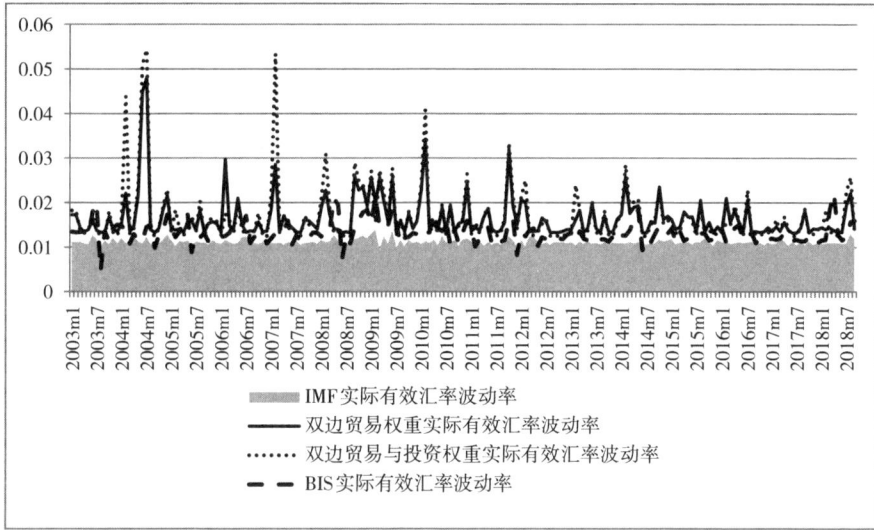

图 6.7　人民币实际有效汇率 ARCH 波动率比较

第三节　新人民币有效汇率指数的适用性检验
——基于出口方程

为了测试新的有效汇率指数，参照 Ho（2012）方法，使用出口函数方程。该方程将出口额视为贸易伙伴的国内生产总值和有效汇率指数的函数。实证研究中，贸易伙伴的国内生产总值通过加总 24 个篮子货币经济体名义国内生产总值得到。出口总额通过加总中国向 24 个篮子货币经济体的出口额得到。为了对比本章所设计的人民币有效汇率的适用性，还用 BIS 和 IMF 公布的人民币有效汇率指数作为汇率代理变量对出口方程做估计。先是比较协整方程的系数结果是否显著以及是否符合理论预测，在回归结果符合理论的条件下，再比较各协整方程的解释度，根据解释度判断协整方程所采用的有效汇率的性能，解释度越高，表示该有效汇率的性能越好（Ho，2012）。样本期从 2003 年第 1 季度到 2017 年第 4 季度，共 60 个样本点。人民币有效汇率、样本经济体 GDP 和中国内地对样本经济体出口的数据都采用名义值。数据来自 WIND 数据库和同花顺数据库。

姜波克等（2004）认为，汇率首先是一个货币现象，脱离了货币的汇率不是真正意义上的汇率，而仅仅是国内外产品的比价。如果汇率完全脱离货币，那么它只能是一个被决定的变量。名义汇率则不同，它不单纯是一个比价，更是一个杠杆，能对经济增长以及内外均衡的实现发挥重要的作用。从名义汇率而非实际汇率的角度研究均衡汇率的实现及其作用，这是理解汇率杠杆作用的关键。本章采用名义有效汇率构建出口方程，出口总额和 GDP 也都采用名义值。

一、单位根检验

协整分析之前，为避免产生"伪回归"现象，需要对各时间序列变量进行单位根检验。从图 6.8 可以大致看出，GDP 加总额、出口加总额、四种人民币名义有效汇率指数应该有常数项，但没有明显的时间趋势项。为此，考虑带常数项但不带趋势项的单位根检验。

同时考虑到扰动项可能存在自相关，需要采用更高阶 ADF 检验。根据 Schwert（1989）建议的最大滞后阶数 $P_{max} = 12 \times \left(\dfrac{T}{100}\right)^{1/4}$，T=60，故 $P_{max} =$ 10.69，取 $P = 10$。原假设是变量含有单位根。依次令 $P = 10$，9，8……，进行 ADF 检验，直到最后一阶滞后项在 10% 水平上显著，根据该阶数上 ADF 检验得到 z 值及其 p 值，判断是否拒绝原假设。表 6.7 的单位根检验结果表明，$lnNEER^{TR}$ 为 I（0），$lnEXPORT^{24}$ 属于 I（2），其余变量都为 I（1），为进一步做协整检验提供了基础。

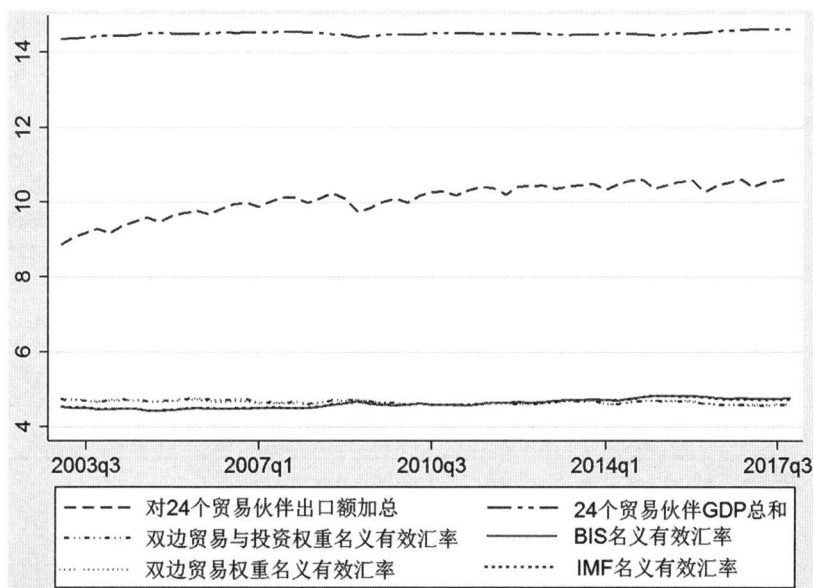

图 6.8　出口、GDP 和四种名义有效汇率对数值的变动趋势

表 6.7　人民币名义有效汇率单位根检验

变量（C，T，L）	Z（t）	P 值	变量（C，T，L）	Z（t）	P 值
lnEXPORT[24]（1，0，9）	−2.352	0.1557	ΔlnEXPORT[24]（1，0，8）	−2.560	0.1016
lnGDP[24]（1，0，1）	−2.408	0.1394	ΔlnGDP[24]（1，0，1）	−5.689	0.0000
lnNEER[BIS]（1，0，1）	−0.994	0.7555	ΔlnNEER[BIS]（1，0，0）	−5.465	0.0000
lnNEER[IMF]（1，0，9）	−0.547	0.8824	ΔlnNEER[IMF]（1，0，8）	−3.484	0.0084
lnNEER[TRI]（1，0，1）	−2.460	0.1255	ΔlnNEER[TRI]（1，0，0）	−7.502	0.0000
lnNEER[TR]（1，0，1）	−3.234	0.0181			

注：变量后面括号内的 C 表示常数项，取 1 表示带常数项，取 0 表示不带常数项；T 表示趋势项，取 1 表示带趋势项，取 0 表示不带趋势项；L 表示滞后阶数。

二、协整秩迹检验和滞后阶数检验

根据图 6.8，可以看出各种人民币有效汇率与出口总额和 GDP 加总额之间可能存在长期均衡关系，即协整关系。同时也能看出四个协整方程都采用包含常数项但不包含趋势项的方法。使用 Johansen 方法进行协整秩迹检验（trace statistic），检验结果表明，只有一个线性无关的协整向量（表 6.8 中带 ∗ 的数据）。

表 6.8 出口模型协整秩迹检验

最大秩	参数	LL	特征值	迹检验值	5%置信值
出口方程 I：（内生变量为 $lnEXPORT^{24}$，$lnNEER^{TR}$，$lnGDP^{24}$；外生变量为常数项）					
0	9	351.254		24.458	24.31
1	14	358.669	0.226	9.630 ∗	12.53
2	17	363.480	0.153	0.007	3.84
3	18	363.483	0.000		
出口方程 II：（内生变量为 $lnEXPORT^{24}$，$lnNEER^{TRI}$，$lnGDP^{24}$；外生变量为常数项）					
0	9	342.278		41.497	34.55
1	14	356.212	0.382	13.629 ∗	18.17
2	17	362.446	0.193	1.162	3.74
3	18	363.027	0.020		
出口方程 III：（内生变量为 $lnEXPORT^{24}$，$lnNEER^{BIS}$，$lnGDP^{24}$；外生变量为常数项）					
0	9	350.078		46.017	34.91
1	14	365.043	0.403	16.087 ∗	19.96
2	17	370.358	0.167	5.456	9.42
3	18	373.086	0.090		
出口方程 IV：（内生变量为 $lnEXPORT^{24}$，$lnNEER^{IMF}$，$lnGDP^{24}$；外生变量为常数项）					
0	9	350.219		43.245	34.91
1	14	363.481	0.367	16.719 ∗	19.96
2	17	369.377	0.184	4.929	9.42
3	18	371.841	0.081		

采用 VAR 表示法检验出口模型协整方程对应的滞后阶数。表 6.9 中大多数准则表明，应选择滞后 4 阶（带 * 的数据）。

表 6.9 出口模型协整方程滞后阶数检验

lag	LL	LR	df	p	FPE	AIC	HQIC	SBIC
出口方程 I ：（内生变量为 lnEXPORT^{24}，lnNEER^{TR}，lnGDP^{24}；外生变量为常数项）								
0	429.848				0.000	−14.334	−14.238	−14.087
1	765.671	671.650	9.000	0.000	0.000	−24.057	−23.287	−22.085 *
2	803.746	76.149	9.000	0.008	0.000	−23.686	−22.243	−19.989
3	921.117	234.740	9.000	0.000	0.000	−26.004	−23.887	−20.581
4	1040.730	239.230 *	9.000	0.000	0.000 *	−28.398 *	−25.607 *	−21.250
出口方程 II ：（内生变量为 lnEXPORT^{24}，lnNEER^{TRI}，lnGDP^{24}；外生变量为常数项）								
0	182.610				0.000	−6.415	−6.373	−6.306
1	332.334	299.450	9.000	0.000	0.000	−11.441	−11.272	−11.007 *
2	338.921	13.173	9.000	0.155	0.000	−11.354	−11.060	−10.595
3	348.072	18.302	9.000	0.032	0.000	−11.360	−10.939	−10.275
4	372.234	48.325 *	9.000	0.000	0.000 *	−11.901 *	−11.354 *	−10.491
出口方程 III ：（内生变量为 lnEXPORT^{24}，lnNEER^{BIS}，lnGDP^{24}；外生变量为常数项）								
0	151.543				0.000	−5.305	−5.263	−5.197
1	352.997	402.910	9.000	0.000	0.000	−12.179	−12.010	−11.745 *
2	359.133	12.272	9.000	0.198	0.000	−12.076	−11.782	−11.317
3	368.509	18.751	9.000	0.027	0.000	−12.090	−11.669	−11.005
4	402.714	68.410 *	9.000	0.000	0.000 *	−12.990 *	−12.443 *	−11.579
出口方程 IV ：（内生变量为 lnEXPORT^{24}，lnNEER^{IMF}，lnGDP^{24}；外生变量为常数项）								
0	157.443				0.000	−5.516	−5.474	−5.407
1	352.402	389.920	9.000	0.000	0.000	−12.157	−11.989	−11.723 *
2	357.744	10.684	9.000	0.298	0.000	−12.027	−11.732	−11.267
3	366.565	17.643	9.000	0.040	0.000	−12.020	−11.600	−10.935
4	406.132	79.134 *	9.000	0.000	0.000 *	−13.112 *	−12.565 *	−11.701

三、出口方程协整实证结果及分析

表6.10给出了出口方程的协整估计系数和各种人民币有效汇率指数的误差修正模型估计结果。

表 6.10   出口模型协整关系检验

	lnNEER^TR	lnNEER^TRI	lnNEER^BIS	lnNEER^IMF
lnEXPORT^{24}	1	1	1	1
lnNEER	3.229 ***	2.012 *	19.525 ***	−278.356 ***
	1.213	1.184	2.976	54.347
lnGDP^{24}	−1.757 ***	−1.369 ***	8.618 ***	−130.433 ***
	0.389	0.381	2.503	47.106
VECM (−1)	−0.189 ***	−0.181 ***	−0.130 ***	0.007 ***
	0.028	0.027	0.007	0.000
R^2	0.736	0.724	0.823	0.823
chi2	128.327 ***	120.897 ***	205.106 ***	204.678 ***
趋势项	无	无	−0.139	1.353
常数项	无	无	−221.836	3136.44

注：根据图6.8、协整关系秩迹检验以及拟合效果，确定是否含有趋势项和常数项。***、**和*分别表示在1%、5%和10%水平上显著。

第2列列出了出口方程I的结果，表明出口与汇率、GDP之间存在显著的长期协整关系，即

$$ln\,EXPORT^{24} = -3.229 \times ln\,NEER^{TR} + 1.757 \times ln\,GDP^{24} + \varepsilon \quad (6.6)$$

根据方程（6.6），双边贸易加权人民币有效汇率升值1%，会引起中国内地对贸易伙伴出口下降3.229%；贸易伙伴GDP增长1%，会促进中国内地对贸易伙伴出口提高1.757%。两个系数在1%水平上统计显著，模型解释度为73.6%。

第3列显示出口方程II的结果，表明出口与汇率、GDP之间存在显著的长期协整关系，即

$$ln\,EXPORT^{24} = -2.012 \times ln\,NEER^{TRI} + 1.369 \times ln\,GDP^{24} + \varepsilon \quad (6.7)$$

根据方程（6.7），双边贸易与投资加权人民币有效汇率升值1%，会引起中国内地对贸易伙伴出口下降2.012%；贸易伙伴 GDP 增长1%，会促进中国内地对贸易伙伴出口提高1.369%。两个系数在1%水平上统计显著，模型解释度为72.4%。

第4列显示出口方程 III 的结果，表明出口与汇率、GDP 之间存在显著的长期协整关系，即

$$\ln \text{EXPORT}^{24} = -19.525 \times \ln \text{NEER}^{BIS} - 8.618 \times \ln \text{GDP}^{24} + \varepsilon \quad (6.8)$$

根据方程（6.8），双边贸易与投资加权人民币有效汇率升值1%，会引起中国内地对贸易伙伴出口下降19.525%；贸易伙伴 GDP 增长1%，会促进中国内地对贸易伙伴出口下降8.618%。两个系数在1%水平上统计显著，模型解释度为82.3%。

第5列显示出口方程 IV 的结果，表明出口与汇率、GDP 之间存在显著的长期协整关系，即

$$ln\, \text{EXPORT}^{24} = 278.356 \times \ln \text{NEER}^{IMF} + 130.433 \times \ln \text{GDP}^{24} + \varepsilon \,(6.9)$$

根据方程（6.9），双边贸易与投资加权人民币有效汇率升值1%，会引起中国内地对贸易伙伴出口上升278.356%；贸易伙伴 GDP 增长1%，会促进中国内地对贸易伙伴出口上升130.433%。两个系数在1%水平上统计显著，模型解释度为82.3%。

比较方程（6.5）～（6.9）的结果后可以看出：

第一，利用 lnNEER^{TR} 和 lnNEER^{TRI} 构建的出口方程，系数符合理论预测，利用 lnNEER^{BIS} 和 lnNEER^{IMF} 构建的出口方程，有个别系数与理论预测不一致。

第二，从估计结果的解释度看，lnNEER^{TRI} 的系数最小（为2.012），当标准误为1.184时，仅在10%水平上具有统计显著性。利用 lnNEER^{TR} 和 lnNEER^{TRI} 构建的出口方程整体解释度比利用 lnNEER^{BIS} 和 lnNEER^{IMF} 构建的出口方程低12%。

第三，lnNEER^{IMF} 的系数异常大，且与理论预期不符。一种可能的解释为，IMF 编制各国货币有效汇率指数时，仅将特别提款权篮子货币作为参照，

使得人民币兑美元、欧元、日元和英镑的加权汇率不能完全反映中国对外贸易和投资地理方向的多元化，无法准确体现人民币对外竞争力，正因为如此，从新的角度探讨人民币有效汇率指数设计对现实是极其必要的。

综合理论预测吻合度和解释度可以看出，本章所构建人民币有效汇率指数具有良好的稳定性，适用于宏观经济模型的预测。

本章小结

本章采用 CFETS 确定的 24 种货币为参照篮子，根据中国内地与 24 个经济体双边贸易和双边投资数据以及中国整体进出口贸易、对外直接投资、实际利用外资、国际收支平衡表信息，构建双边贸易权重人民币有效汇率指数和双边贸易与投资权重人民币有效汇率指数。与 CFETS 相比，双边贸易权重人民币有效汇率指数具有逐年更新权重的优势，双边贸易与投资权重人民币有效汇率指数更能结合中国内地与贸易伙伴双边投资的信息。利用 GARCH（或 ARCH）模型对人民币有效汇率指数的变动特征及其与 BIS 和 IMF 公布的人民币有效汇率指数进行深入比较，再根据出口方程，通过协整模型估计不同人民币有效汇率与中国内地对贸易伙伴出口额、贸易伙伴 GDP 之间的长期关系，得出以下结论：

第一，无论从名义视角还是实际视角，双边贸易权重人民币有效汇率指数和双边贸易与投资权重人民币有效汇率指数在考察期内的变化幅度和变异系数都要小于 BIS 和 IMF 公布的人民币有效汇率指数，表明本章所构建的人民币有效汇率具有良好的稳定性。

第二，利用 GARCH（或 ARCH）模型，捕捉到外部条件对双边贸易权重人民币有效汇率指数和对双边贸易与投资权重人民币有效汇率指数的冲击，新构建的人民币汇率对外部条件反应更为敏感，也使其条件波动比 BIS 和 IMF 的汇率指数大。

第三，新构建的两种人民币汇率指数能很好应用在出口方程中，与贸易伙伴国 GDP、中国内地向贸易伙伴国出口额之间形成显著的、符合理论预测的长期关系。

　　鉴于双边贸易权重人民币有效汇率和双边贸易与投资权重人民币有效汇率的稳定性能，下章将应用新编人民币有效汇率指数测算人民币均衡汇率和汇率失调程度。

第七章

人民币均衡汇率实证研究

人民币是被高估还是低估的问题不仅是学术热点，也时常被部分发达国家政客用作向中国施加压力的借口。判断人民币是否被低估可以借助均衡汇率，通过比较现实汇率与均衡汇率来判断人民币汇率的状态。本章分别将双边贸易权重人民币有效汇率和双边贸易与投资权重人民币有效汇率作为汇率的代理变量，应用行为均衡汇率（BEER）模型，估计新人民币有效汇率与相关宏观经济变量的协整关系，利用 HP 方法获取各宏观经济变量的趋势值后，代入协整方程计算均衡汇率，通过比较现实汇率与均衡汇率的差，判断人民币失调（低估或高估）情况。进一步利用门限回归模型，分析人民币有效汇率处于不同区间时，人民币汇率失调程度和波动程度对中国经济增长的影响，发现人民币汇率失调对经济增长有着显著的负面影响，而人民币汇率波动对经济增长可能有正面效果。

第一节　基于行为均衡模型的人民币均衡汇率测算

当前学术界对均衡汇率的研究广泛采用了行为均衡汇率模型，该方法估计均衡汇率时强调基本经济变量的选择，通过对影响汇率的基本经济因素进行考察，建立汇率与基本经济因素之间的协整模型，以获得均衡汇率。Clark 和 MacDonald（1999）指出，贸易条件、开放度、财政政策、货币政策、技术进步等因素能够成为影响有效汇率的基本变量集。

一、关于选择名义变量还是实际变量做研究的思考

对于采用名义有效汇率指数还是采用实际有效汇率指数,需要做进一步说明。现有文献中利用名义有效汇率开展实证研究的案例相对较少,大部分研究都选择实际有效汇率。笔者对此也有不同的思考。一是建模时需要考虑等式两边变量的属性,如果等式左边的被解释变量采用实际有效汇率,等式右边的解释变量应该为实际变量,如果等式右边的变量或代理变量有价格指标,就会产生逻辑矛盾。二是应该根据建模的目的确定用实际值或是名义值,如果仅仅开展理论层面分析,等式两端考虑实际值可能更符合主流范式。如果出于政策操作考虑,实际变量很难直接用作政府干预目标或工具,毕竟用某些物价指数过滤名义变量中的通货膨胀因素,属于一种近似操作,不同的物价指数会带来不同效果。也有学者采用名义汇率测算双边均衡汇率,例如,Melecky(2005)测算澳元兑美元的名义均衡汇率,Giannellis 和 Koukouritakis(2011)测算了欧元兑人民币、日元、英镑、美元的名义均衡汇率。本章将利用名义有效汇率测算均衡汇率。

二、主要经济变量选择与机理分析

人民币汇率的代理变量分别为双边贸易权重名义有效汇率(记为 $NEER^{TR}$)和双边贸易与投资权重名义有效汇率(记为 $NEER^{TRI}$)。由于有效汇率指数采用间接标价法,当汇率值上升时,人民币升值;当汇率值下降时,人民币贬值。有效汇率取对数值后记为变量 $lnNEER^{TR}$ 和 $lnNEER^{TRI}$。

对于主要经济变量的选择,国内外学者进行了深入的机理分析。Williamson(1983)认为,影响实际汇率的基本因素包括三个方面:不同国家的生产率增长差异、自然资源的发现以及永久性的外生因素导致的贸易条件变动。Edwards(1989)指出,关税上升一般会导致均衡汇率升值;贸易条件通过收入效应和替代效应影响均衡汇率;政府支出对汇率影响取决于政府支出结构,当主要消费的是非贸易品时,会推动升值,当主要消费贸易品时会促发贬值;部门间生产率差异会派生出 Balassa-Samuelson 效应;货币变

动通过影响总需求再对实际均衡汇率短期波动带来影响。

　　根据现有国内外文献建议的主要变量和数据的可获得性，本章选择了反映部门间的生产率差异的 Balassa-Samuelson 效应、相对贸易条件、对外净资产占 GDP 比重、对外贸易政策、财政政策变量和广义货币供应量这 6 个变量。

　　在均衡实际汇率的实证研究中，不同部门劳动生产率的差异被视为 Balassa- Samuelson 效应。传统的 Balassa-Samuelson 效应是指经济高速增长的国家之贸易品生产部门相对于非贸易品生产部门的劳动生产率提高更快，从而使得贸易品部门工资水平提高更快，在要素可以自由流动的情形下，会带动非贸易品部门工资水平的提高。高劳动力成本必然推高非贸易品价格，促使内部实际汇率升值。同时，贸易品部门生产率的提高会促使产品国际竞争力增强，有利于改善国际收支并促使本国汇率升值。综合两方面因素，较高的劳动生产率会带来汇率升值。张斌（2003）使用中国和外国实际 GDP 与人口比值（即人均实际 GDP）衡量两国间劳动生产率差异。潘锡泉（2016）采用非贸易品与贸易品相对价格比作为 Balassa-Samuelson 效应的替代变量，用消费价格指数（CPI）描述非贸易品价格变化，用生产价格指数（PPI）描述贸易品价格变化，CPI 与 PPI 之比反应贸易品部门相对于非贸易品部门的技术进步率。本章利用 24 个样本经济体的 CPI 与 PPI 之比，结合各国经济体贸易与投资权重，计算 24 个样本经济体的加权 CPI 与 PPI 之比，作为世界其他地区贸易品部门相对于非贸易品部门的技术进步率。用中国的 CPI 与 PPI 之比除以 24 个样本经济体加权 CPI 与 PPI 之比，得到中国内地相对于其他经济体的技术进步率，取对数值后记为 lnBS。

　　贸易条件是指一国单位出口商品换取进口商品数量的比率，可以用出口商品价格指数与进口商品价格指数之比衡量。贸易条件提高意味着单位出口品可换得更多的进口品，即该国贸易条件改善了。当贸易条件改善后，经常账户随之改善，会促使汇率升值。反之，贸易条件恶化，会促使汇率贬值。Edwards（1989）分析贸易条件对均衡汇率影响时认为，贸易条件改善会产生收入和替代两种效应，收入效应是指单位出口商品能够换回来的进口商品增加，出口额增加，贸易收支改善。替代效应是指出口商品价格相对上升，国外对本国出口商品的需求减少，贸易收支恶化。如果收入效应超过替代效应，会引起本币升值，否则会引起本币贬值。Hinkle 和 Montiel（1999）对贸易条件与实际汇率的关系则给出了不确定的判断：贸易条件的改善通过改善贸易收支状况及促使对非贸易品需求的增加而倾向于使进口品的实际汇率升值，理论模型没有给出贸易条件改善对出口品实际汇率的变动方向的影响。本章以中国出口商品价格指数与进口商品价格指数之比作为贸易条件变量，变量取对数值后记为 lnTOT。

对外净资产水平通过两个方面影响经常账户，进而影响到汇率水平。对外净资产较高的经济体有足够的对外偿付能力，能够容忍更多的经常账户赤字，同时，拥有较多对外净资产的经济体能够从外部获得较多投资收益，从而可能改善经常账户。标准的宏观经济均衡模型认为，正效应的作用更强。可以将对外净资产定义为总对外资产（减去官方黄金储蓄）减去总对外负债，再计算对外净资产占 GDP 的比重，取对数值后记为 lnNFA。

贸易自由化对于解释新兴市场经济的实际汇率演变过程非常重要。贸易保护有可能导致较高的国内价格和汇率升值。关税的取消或降低以及多重汇率安排的消除都与显著的汇率贬值相关。本章拟采用贸易开放度来衡量中国贸易自由化的程度，以中国进出口总额占 GDP 的比重，即贸易依存度指标作为替代变量，取对数后记为 lnOPEN。随着开放度提高，对人民币需求增加，会推动人民币有效汇率指数上升。

政府支出对汇率的影响取决于政府支出结构，如果主要消费非贸易品则会引起汇率升值，而如果主要消费贸易品则会引起汇率贬值。在蒙代尔—弗莱明模型中，紧缩的财政政策将增加一国储蓄，降低实际利率，从而产生实际汇率永久性贬值，后者又会导致经常账户盈余的增加。因此，政府支出的增加会促进汇率升值。本章以政府支出占 GDP 比重作为代理变量，取对数后记为 lnGEX。

货币主义汇率决定理论认为，本国货币供应量的一次性增加会造成相对现有价格水平的超额货币供给，刺激居民增加支出。当产出不变时，会推动价格水平同比例上升。购买力平价条件下，本国物价水平的上升将引起本币同幅度的贬值。另外，超额货币供给还会增加对进口品的需求，使经常账户趋于恶化，迫切需要汇率贬值以恢复经常账户平衡。因此，货币供应量倾向于使汇率贬值。本章选择广义货币供应量 M_2 与 GDP 的比值作为代理变量，取对数后记为 lnM_2。

将上述 6 个变量作为影响均衡汇率的中长期主要经济变量，构造人民币行为均衡汇率模型：$lnNEER = f(lnBS, lnTOT, lnNFA, lnOPEN, lnGEX, ln M_2)$。

三、变量描述与单位根检验

实证分析的样本区间为 2003 年至 2018 年第 3 季度数据，共 63 个季度。数据来源于 IMF 数据库和 WIND 数据库。

表 7.1　显示解释变量和被解释变量的统计描述

变量	观察数	均值	标准差	最小值	最大值
$NEER^{TR}$	63	105.482	3.991	99.052	114.007
$NEER^{TRI}$	63	105.572	4.053	98.899	113.383
BS	63	0.991	0.048	0.898	1.071
TOT	63	0.996	0.069	0.862	1.168
NFA	63	1.512	0.403	0.771	2.234
OPEN	63	0.477	0.104	0.314	0.673
GEX	63	0.214	0.051	0.128	0.304
M_2	63	6.830	0.985	5.128	8.984

对所有考察变量进行稳定性检验，使用 ADF 检验方法。从图 7.1 大致可以看出，各变量应该有常数项，但没有明显的时间趋势，考虑带常数项但不带趋势项的 ADF 检验。

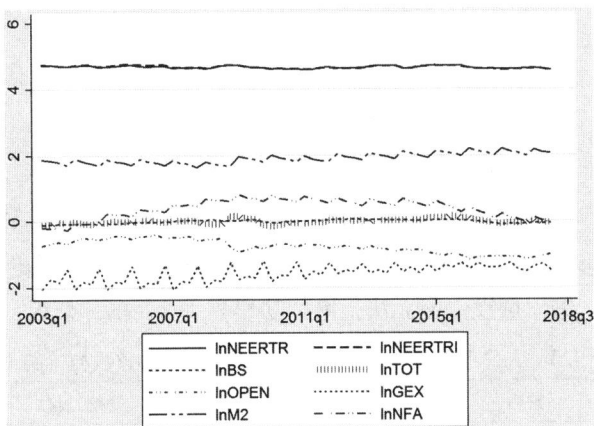

图 7.1 变量常数项和趋势项判断

表7.2 显示，ln NEER^{TR} 和 lnTOT 分别在 1% 和 5% 的显著性水平拒绝存在单位根的原假设，即 I（0），其余变量即使在 10% 的显著性水平下都不能拒绝存在单位根的原假设，说明原序列是不稳定的，变量的一阶差分项在 1% 的显著性水平能够拒绝存在单位根的原假设，表明所考察变量都是 I（1）过程，即一阶单整。

表 7.2 BEER 均衡汇率决定方程的 ADF 检验结果

变量	(C, T, L)	ADF 统计量	变量	(C, T, L)	ADF 统计量
lnNEER^{TR}	(C, N, 1)	−2.999**	lnTOT	(C, N, 1)	−3.719***
lnNEER^{TRI}	(C, N, 1)	−2.232	lnOPEN	(C, N, 1)	−0.939
ΔlnNEER^{TRI}	(C, N, 0)	−7.592***	ΔlnOPEN	(C, N, 0)	−8.474***
lnBS	(C, N, 2)	−1.947	lnGEX	(C, N, 4)	−0.844
ΔlnBS	(C, N, 1)	−5.086***	ΔlnGEX	(C, N, 3)	−5.521***
lnNFA	(C, N, 3)	−1.825	lnM$_2$	(C, N, 6)	−0.391
ΔlnNFA	(C, N, 2)	−7.832***	ΔlnM$_2$	(C, N, 5)	−3.698***

注：C、T、L 分别表示常数项、趋势项和滞后阶数。根据图 7.1，上述变量都不考虑趋势项。根据信息准则确定 VAR 模型阶数。ADF 统计量的 1%、5% 和 10% 显著性临界值分别为 −3.565、−2.921 和 −2.596。***和**分别表示在 1% 和 5% 水平上显著。

四、人民币名义均衡汇率（双边贸易权重）的协整检验与失调估计

从图 7.1 可以看出，$lnNEER^{TR}$ 与 lnBS、lnTOT、lnNFA、lnOPEN、lnGEX 和 lnM_2 可能存在长期均衡关系，即协整关系。首先确定协整秩，判断线性无关的协整向量。包含常数项但不包括时间趋势项的协整迹检验结果表明，只有一个线性无关的协整向量（表 7.3 中带 * 的数据），可在 5% 的水平上拒绝"协整秩为 0"的原假设，但无法拒绝"协整秩为 1"的原假设。

表 7.3　人民币名义均衡汇率（$lnNEER^{TR}$）协整秩检验结果

最大秩	参数	LL	特征值	迹统计量	5%置信值
0	49	739. 185		62. 139	46. 45
1	63	770. 255	0. 639	34. 697 *	40. 3
2	75	787. 603	0. 434	28. 490	34. 4
3	85	801. 848	0. 373	21. 917	28. 14
4	93	812. 807	0. 302	14. 033	22
5	99	819. 823	0. 206	9. 481	15. 67
6	103	824. 564	0. 144	4. 442	9. 24
7	105	826. 785	0. 070		

表 7.4 显示，大多数准则表明应该选择滞后四阶（带 * 的数据），该系统对应的 VAR 法滞后阶数为 4 阶。

表 7.4　人民币名义均衡汇率（$lnNEER^{TR}$）协整滞后阶数检测

lag	LL	LR	df	p	FPE	AIC	HQIC	SBIC
0	429. 848				0. 000	−14. 334	−14. 238	−14. 087
1	765. 671	671. 650	49. 000	0. 000	0. 000	−24. 057	−23. 287	−22. 085 *
2	803. 746	76. 149	49. 000	0. 008	0. 000	−23. 686	−22. 243	−19. 989
3	921. 117	234. 740	49. 000	0. 000	0. 000	−26. 004	−23. 887	−20. 581
4	1040. 730	239. 230 *	49. 000	0. 000	0. 000 *	−28. 398 *	−25. 607 *	−21. 250

注：FPE 表示"Final Prediction Error"。

根据 Johansen 的 MLE 方法估计系统的误差修正模型，得到代表长期均衡关系的协整方程。协整方程结果见表 7.5。表 7.5 第二行是 lnNEER^{TR} 对 6 个解释变量进行的协整回归，模型的 chi2 统计量为 792678.7，R^2 值为 0.42。变量 lnNFA 的系数估计并不显著，其他变量系数估计至少在 10% 水平上显著。为了估计更精准的长期均衡汇率方程，剔除了不显著的 lnNFA 后进行第二次协整回归分析，得到的系数为表 7.5 第三行数据，模型的 chi2 统计量为 1275941，R^2 值为 0.41，lnNEER^{TR} 与 5 个变量的协整方程为：

$$\ln NEER^{TR} = 0.346 \times \ln BS - 0.467 \times \ln TOT + 0.224 \times \ln OPEN -$$
$$1.069 \times \ln GEX + 1.636 \times \ln M_2 + \varepsilon \qquad (7.1)$$

表 7.5　人民币名义均衡汇率（lnNEER^{TR}）协整关系

变量	汇率	lnBS	lnTOT	lnNFA	lnOPEN	lnGEX	lnM$_2$
实证一系数	1	−0.543 * (0.289)	0.627 *** (0.165)	0.057 (0.045)	−0.259 ** (0.113)	0.934 *** (0.068)	−1.767 *** (0.093)
实证二系数	1	−0.346 *** (0.130)	0.467 *** (0.106)	——	−0.224 *** (0.079)	1.069 *** (0.050)	−1.636 *** (0.071)

注：括号内为标准误。***、**、* 分别表示显著性水平为 1%、5% 和 10%。

根据方程（7.1），Balassa-Samuelson 效应的系数为 0.346，与理论预测一致，Balassa（1964）和 Samuelson（1964）的理论模型表明 Balassa-Samuelson 效应会引起汇率升值，而我们的实证结果表明，非贸易品与贸易品价格之比每上升 1%，基于双边贸易权重的人民币有效汇率升值 0.346%。贸易条件改善引起人民币实际汇率贬值，具体而言，贸易条件改善 1%，人民币有效汇率贬值 0.467%，说明贸易条件改善引起的替代效应（促进汇率贬值）超过了收入效应（促进汇率升值）。一般情况下，贸易条件的替代效应大于收入效应，贸易条件改善并没有明显改善经常项目收支状况，均衡汇率下降了。外贸政策更加自由宽松，引起人民币有效汇率升值，进出口额占 GDP 的比重提高1%，引起人民币有效汇率升值0.224%。政府支出占GDP的比重提高1%会促使人民币有效汇率贬值1.069%，由于中国政府支出主要面向贸易品，大量采购贸易品，特别是国外商品，会引起人民币有效汇率的贬值。货币供应量占GDP比重每提高1%，引起人民币有效汇率升值1.636%。

图7.2显示方程（7.1）结果的稳定性，伴随均值的所有特征值均落在单位圆之内，说明结果是稳定的。利用双边贸易权重构建的人民币有效汇率指数测算的BEER均衡汇率结果显示：Balassa-Samuelson效应的系数与理论一致；贸易条件改善的系数为负，表明替代效应超过了收入效应；贸易开放度提高的系数与理论一致，说明随着中国对外贸易往来的活跃，用人民币结算的情况逐渐增加，对人民币需求增加，促进人民币有效汇率指数上升；政府支出效应与理论预测一致；货币供应量增加的效果与理论预测不一致。

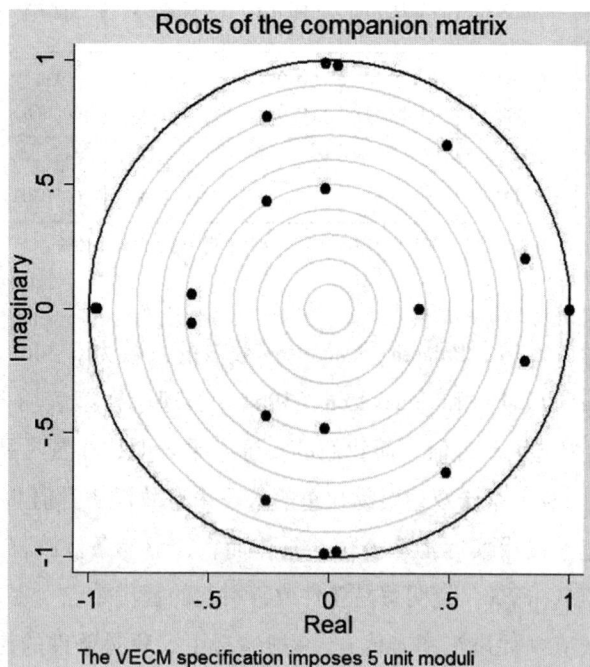

图7.2 人民币名义均衡汇率（lnNEER^{TR}）协整方程稳定性

图 7.3 给出了向前 8 期的脉冲响应。第四列显示了 5 个解释变量和 ln-NEER^{TR} 一个单位正向冲击对 lnNEER^{TR} 在未来 8 个时期的影响。lnBS 一个单位冲击会引起有效汇率在未来轻微升值；lnGEX 一个单位冲击会引起有效汇率未来轻微波动；lnM$_2$ 一个单位冲击会引起有效汇率在未来轻微升值；ln-NEER^{TR} 一个单位正向冲击引起自身未来较为明显的贬值；lnOPEN 一个单位冲击会引起有效汇率在未来升值；lnTOT 一个单位冲击先引起有效汇率明显升值，随后恢复到初始水平。

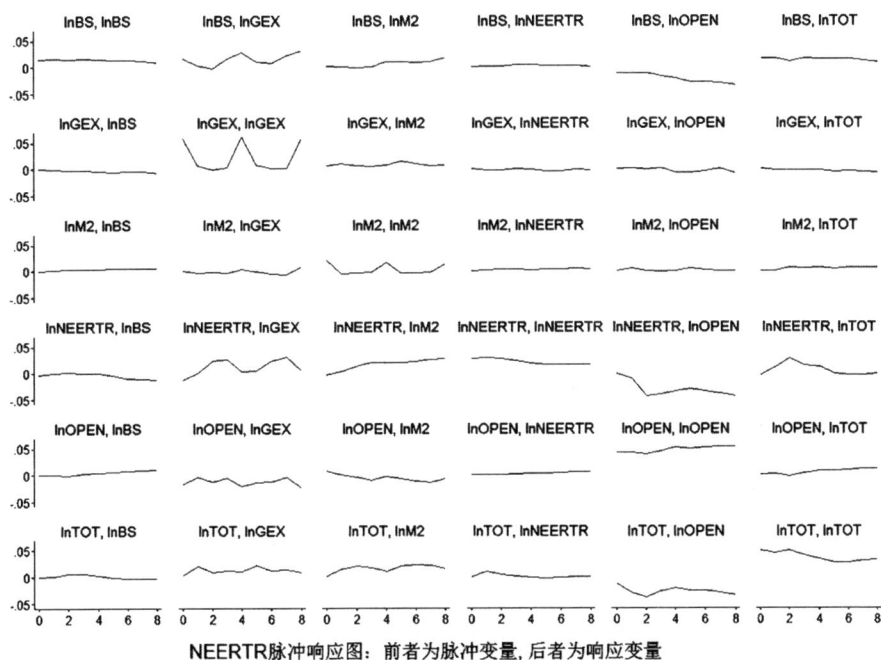

NEERTR脉冲响应图：前者为脉冲变量，后者为响应变量

图 7.3 人民币名义均衡汇率（lnNEER^{TR}）协整方程的脉冲响应图

表 7.6 对 lnNEER^{TR} 进行向前 1 个季度预测，期预测方差完全来自 ln-NEER^{TR} 本身，向前 8 个季度预测，89.68% 的预测方差来自自身，2.42% 来自 lnBS、3.31% 来自 lnTOT、2.24% 来自 lnOPEN、0.75% 来自 lnGEX 以及 1.61% 来自 lnM$_2$。

表7.6 人民币名义均衡汇率（lnNEER^TR）预测误差方差分解

步数	lnNEER^TR	lnBS	lnTOT	lnOPEN	lnGEX	lnM₂
0	0	0	0	0	0	0
1	1	0	0	0	0	0
2	0.9262	0.0040	0.0646	0.0002	0.0025	0.0025
3	0.9314	0.0045	0.0549	0.0001	0.0037	0.0053
4	0.9276	0.0125	0.0451	0.0020	0.0031	0.0098
5	0.9216	0.0194	0.0408	0.0059	0.0027	0.0096
6	0.9146	0.0211	0.0385	0.0093	0.0056	0.0109
7	0.9065	0.0230	0.0358	0.0145	0.0078	0.0125
8	0.8968	0.0242	0.0331	0.0224	0.0075	0.0161

将基本经济因素长期均衡值代入协整方程（7.2），可得长期名义均衡有效汇率（Long‑term Nominal Equilibrium Effective Exchange Rate），记为LNEEER^TR。协整方程估计得到的值也为长期均衡汇率的自然对数形式，经换算可得长期均衡汇率。本章采用 BP 滤波方法确定基本经济变量的长期均衡值，见图7.4。

$$ln\ LNEEER^{TR} = 0.543 \times ln\ BS^{HP} - 0.627 \times ln\ TOT^{HP} + 0.259 \times$$

$$ln\ OPEN^{HP} - 0.934 \times ln\ GEX^{HP} + 1.767 \times ln\ M_2^{HP} + \varepsilon \qquad (7.2)$$

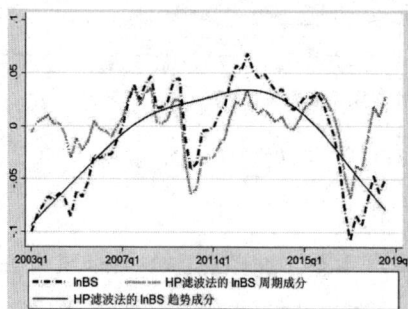

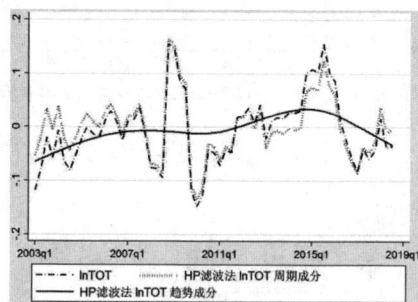

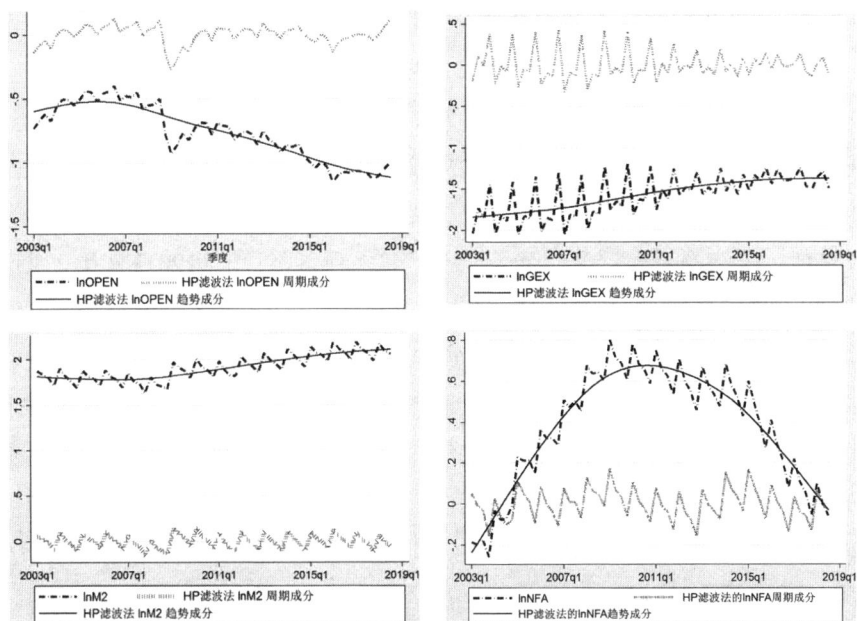

图 7.4 基本经济变量观察值、HP 滤波周期成分和趋势成分

对应的长期汇率失调是将名义有效汇率观测值 NEER 与由基本经济因素的长期值所确定的长期均衡汇率 LNEEER^{TR} 之差，称为总汇率失调水平（Total Misalignment，TMT），由方程（7.3）计算得到。

$$TMT = \frac{NEER^{TR} - LNEEER^{TR}}{LNEEER^{TR}} \times 100 \qquad (7.3)$$

当 TMT>0，表示实际汇率的现实值大于均衡值，即实际汇率高估；相反，实际汇率低估。长期名义均衡有效汇率、名义有效汇率和汇率失调（双边贸易权重）见图 7.5。

从图 7.5 可以看出，2003 年第 1 季度至 2005 年第 2 季度，人民币有效汇率存在着低估现象，2003 年第 4 季度低估程度最大，为 7.99%。2005 年第 3 季度和第 4 季度人民币有效汇率表现出高估态势。2006 年第 1 季度和第 2 季度可以视为处于均衡水平，人民币失调仅为 0.65% 和 -0.08%。2006 年第 3

季度和第 4 季度人民币有效汇率又表现出高估态势。2007 年第 1 季度人民币低估 1.47%。2007 年第 2 季度和第 3 季度可视为处于均衡，失调仅为 0.77% 和 0.32%。2007 年第 4 季度高估 2.77%。2008 年第 1 季度接近均衡状态。2008 年第 2 季度至 2016 年第 1 季度的 32 个考察期，人民币有效汇率始终保持高估状态，其中，2008 年第 3 季度至 2009 年第 1 季度，高估值分别高达 11.65%、12.29% 和 14.10%，此后高估程度有所下降，但到 2013 年第 2 季度高估程度又上升到 11.49%，随后逐渐下降，到 2015 年第 1 季度至第 3 季度再次上升到 10% 以上。值得注意，在 2010 年第 3 季度、2011 年第 1 季度和第 2 季度 3 个时期，可视为接近均衡状态。2016 年第 2 季度起，人民币进入低估状态，并且到 2018 年第 3 季度低估值高达 7.93%，这一季度，美元指数升值势头放缓，日元、欧元和英镑对美元贬值，部分新兴市场经济体货币延续贬值势头。

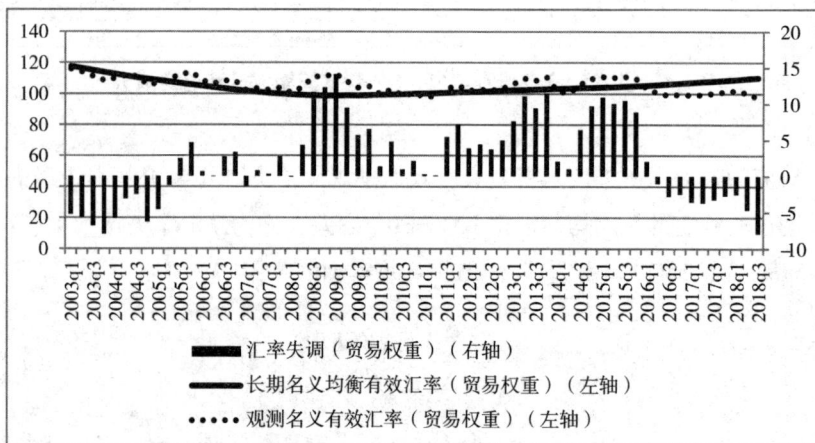

图 7.5　长期名义均衡汇率、观测名义汇率和汇率失调（$\ln NEER^{TR}$）

五、人民币名义均衡汇率（双边贸易与投资权重）的协整检验与失调估计

从图 7.1 可以看出，$\ln NEER^{TRI}$ 与 $\ln BS$、$\ln TOT$、$\ln NFA$、$\ln OPEN$、 lnGEX 和 lnM$_2$也有可能存在协整关系。包含常数项但不包括时间趋势项的协整迹检验结果表明，只有一个线性无关的协整向量（表 7.7 中带 ∗ 的数据），可在 5% 的水平上拒绝"协整秩为 0"的原假设，但无法拒绝"协整秩为 1"的原假设。

表 7.7　人民币名义均衡汇率（lnNEER^{TRI}）协整秩检验结果

最大秩	参数	LL	特征值	迹统计量	5%置信值
0	49	734.312		62.460	46.450
1	63	765.54237	0.64082	38.855 ∗	40.3
2	75	784.96998	0.47111	25.9627	34.4
3	85	797.95132	0.34663	23.3727	28.14
4	93	809.63769	0.3183	12.0494	22
5	99	815.66238	0.17924	9.6669	15.67
6	103	820.49582	0.14655	4.4977	9.24
7	105	822.74466	0.07108		

表 7.8 显示，大多数准则表明应该选择滞后四阶（带 ∗ 的数据），该系统对应的 VAR 法滞后阶数为 4 阶。

表 7.8　人民币名义均衡汇率（lnNEER^{TRI}）协整滞后阶数检测

lag	LL	LR	df	p	FPE	AIC	HQIC	SBIC
0	428.974				0.000	−14.304	−14.208	−14.058
1	765.532	673.120	49.000	0.000	0.000	−24.052	−23.282	−22.080 ∗
2	800.474	69.885	49.000	0.027	0.000	−23.575	−22.132	−19.878
3	918.583	236.220	49.000	0.000	0.000	−25.918	−23.801	−20.495
4	1039.500	241.830 ∗	49.000	0.000	0.000 ∗	−28.356 ∗	−25.566 ∗	−21.208

注：FPE 表示"Final Prediction Error"。

根据 Johansen 的 MLE 方法估计系统的误差修正模型，得到代表长期均衡关系的协整方程。协整方程结果见表 7.9。模型的 chi2 统计量为 792678.7，

R^2 值为 0.42。可以得到长期均衡汇率方程：

$$ln\,NEER^{TRI} = -3.715 + 1.408 \times lnBS - 1.477 \times lnTOT - 0.096lnNFA +$$
$$0.406 \times lnOPEN - 1.908 \times lnGEX + 2.964 \times ln\,M_2 + \varepsilon \qquad (7.4)$$

表 7.9　人民币名义均衡汇率（lnNEER^{TRI}）协整关系

变量	汇率	lnBS	lnTOT	lnNFA	lnOPEN	lnGEX	lnM$_2$	趋势	常数
系数	1	−1.408 *** (0.493)	1.477 *** (0.287)	0.096 * (0.056)	−0.406 *** (0.140)	1.908 *** (0.438)	−2.964 *** (0.422)	0	3.715

注：汇率是指 lnNEER^{TRI}。括号内为标准误。***、**、* 分别表示显著性水平为 1%、5% 和 10%。

根据方程（7.4），Balassa-Samuelson 效应的系数为 1.408，与理论预测一致，Balassa（1964）和 Samuelson（1964）的理论模型表明 Balassa-Samuelson 效应会引起汇率升值，而我们的实证结果表明，非贸易品与贸易品价格之比每上升 1%，基于双边贸易与投资权重的人民币有效汇率升值 1.408%。贸易条件改善引起人民币有效汇率贬值，具体而言，贸易条件改善 1%，人民币有效汇率贬值 1.477%，说明贸易条件改善引起的替代效应超过了收入效应。净对外资产提高 1%，使人民币有效汇率贬值 0.096%。外贸政策更加自由宽松，引起人民币有效汇率升值，进出口额占 GDP 的比重提高 1%，引起人民币有效汇率升值 0.406%。政府支出占 GDP 的比重提高 1%，会促使人民币有效汇率贬值 1.908%。货币供应量占 GDP 比重每提高 1%，引起人民币有效汇率升值 2.964%。

图 7.6 显示方程（7.4）结果的稳定性，伴随均值的所有特征值均落在单位圆之内，说明结果是稳定的。利用双边贸易与投资权重构建的人民币有效汇率指数测算的 BEER 均衡汇率结果显示：Balassa-Samuelson 效应的系数与理论一致；贸易条件改善的系数为负，表明替代效应超过了收入效应；贸易开放度提高的系数与理论一致，说明随着中国对外贸易往来的活跃，用人民币结算的情况逐渐增加，对人民币需求增加，促进人民币有效汇率指数上

升；政府支出效应与理论预测一致；货币供应量增加的效果与理论预测不一致。

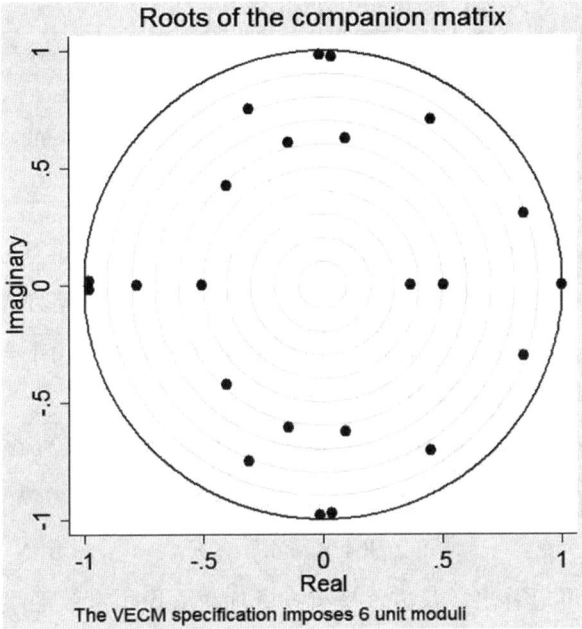

Roots of the companion matrix

The VECM specification imposes 6 unit moduli

图 7.6 人民币名义均衡汇率（lnNEER^{TRI}）协整方程稳定性

表 7.10 对 lnNEER^{TRI}进行向前 1 个季度预测，期预测方差完全来自 ln-NEER^{TRI}本身，向前 8 个季度预测，80.9%的预测方差来自自身，7.9%来自 lnOPEN、4.9%来自 lnTOT、4.1%来自 lnNFA、0.9%来自 lnGEX 、0.7%来自 lnBS 以及 0.6%来自 lnM$_2$。

表 7.10 人民币名义均衡汇率（**lnNEER^{TRI}**）预测误差方差分解

步数	lnNEER^{TRI}	lnBS	lnNFA	lnTOT	lnOPEN	lnGEX	lnM$_2$
0	0	0	0	0	0	0	0
1	1	0	0	0	0	0	0
2	0.931	0.005	0.006	0.045	0.011	0.000	0.001
3	0.929	0.004	0.015	0.034	0.013	0.001	0.004

步数	lnNEER^{TRI}	lnBS	lnNFA	lnTOT	lnOPEN	lnGEX	lnM$_2$
4	0.901	0.005	0.028	0.030	0.030	0.001	0.006
5	0.875	0.007	0.030	0.037	0.044	0.001	0.007
6	0.851	0.006	0.033	0.044	0.052	0.007	0.006
7	0.835	0.006	0.037	0.047	0.060	0.010	0.006
8	0.809	0.007	0.041	0.049	0.079	0.009	0.006

将基本经济因素长期均衡值代入协整方程（7.5），可得双边贸易与投资加权人民币长期名义均衡有效汇率，记为 LNEEER^{TRI}。协整方程估计得到的值也为长期均衡汇率的自然对数形式，经换算可得长期均衡汇率。本章采用 HP 滤波方法确定基本经济变量的长期均衡值，见图 7.7。

$$ln\ LNEEER^{TRI} = -3.715 + 1.408 \times ln\ BS^{HP} - 1.477 \times ln\ TOT^{HP} -$$
$$0.096 ln\ NFA^{HP} + 0.406 \times ln\ OPEN^{HP} - 1.908 \times ln\ GEX^{HP} +$$
$$2.964 \times ln\ M_2^{HP} + \varepsilon \tag{7.5}$$

从图 7.7 可以看出，双边贸易与投资加权人民币有效汇率的失调可以分为三个时期，2003 年第 1 季度至 2005 年第 2 季度，人民币有效汇率存在着低估，但 2005 年第 2 季度低估值仅为 0.88%，可以视为处于均衡水平。

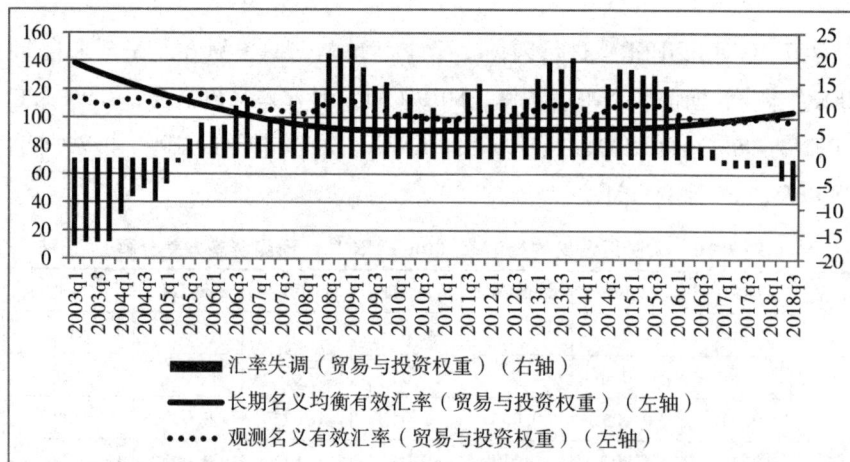

图 7.7　长期名义均衡有效汇率、名义有效汇率和汇率失调（lnNEER^{TRI}）

2005 年第 3 季度至 2016 年第 4 季度，人民币有效汇率始终保持高估，其中，2008 年第 3 季度至 2009 年第 1 季度，高估值分别高达 20.85%、21.86% 和 22.71%，2013 年第 4 季度，高估值达到 20%。2017 年第 1 季度至 2018 年第 3 季度，人民币有效汇率始终保持低估，2018 年第 3 季度低估值为 8%。

2005 年开始，中国经济进入快速增长通道，2005 年第 1 季度至 2008 年第 2 季度，GDP 增长率保持在 10% 以上，为应对国际金融危机冲击，中国政府出台 4 万亿元经济刺激政策，2009 年第 3 季度至 2011 年第 2 季度，GDP 增长率重新保持在 10% 水平。2005 年以来，我国对外贸易保持顺差，外汇储备不断积累。上述因素都对人民币均衡汇率起到了拉升作用。当外贸顺差持续积累时，会引起本国货币需求的增加和本币升值压力。但同时也可以看到，2005 年以来 M_2 同比增速较快，在 2005 年第 1 季度至 2008 年第 4 季度保持在 17%，2009 年第 1 季度至 2010 年第 1 季度超过 20%，此后保持在 15%，大部分时期，月度 CPI 较高，这些因素拉低了人民币均衡汇率（见图 7.8）。综合两方面因素可以看出，尽管人民币外汇储备较高，但由于经济刺激计划的推进，市场担心中国有可能产生通货膨胀的预期，形成人民币贬值的预期。本研究通过创新性设计人民币有效汇率指数并测算均衡汇率及汇率失衡度，发现这段时期人民币处于高估，具有一定合理性。

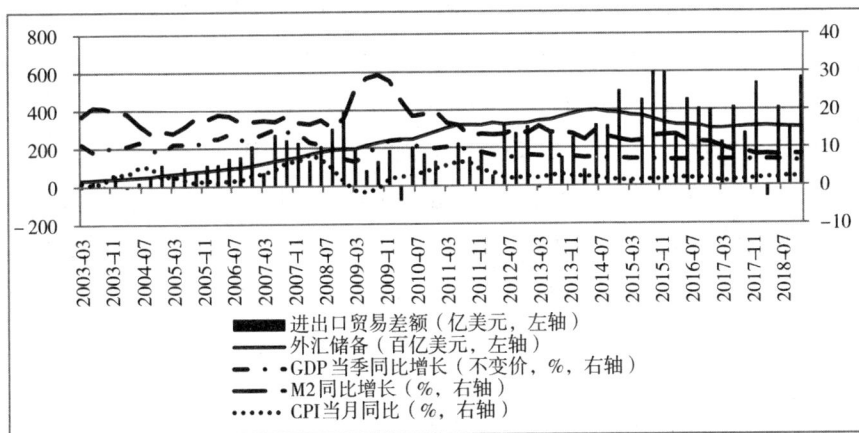

图 7.8 中国部分宏观经济数据（2003 年至 2018 年）

第二节　基于门限回归模型的汇率失调、
货币政策与经济增长分析

姜波克和李天栋（2006）提出，对均衡汇率研究应从国际收支平衡条件视角转变为实现经济增长目标视角，将均衡汇率视为短期经济增长速度和长期经济增长质量间权衡的结果。进一步，姜波克（2006）指出均衡汇率具有杠杆属性。杠杆属性是指均衡汇率不仅受其他经济变量决定，同时会对其他变量产生影响，政府需要对汇率加以调整，确保经济在增长速度和可持续性两者间实现平衡。

有效汇率失调对经济增长有直接影响。较大的汇率波动会给价格带来不确定性，造成投资行为短期化以及资源在贸易品部门和非贸易品部门之间转移时的巨大调整成本，由于汇率不稳定而造成的利率波动，会破坏金融系统稳定性，都对经济的发展产生不利影响。汇率失调对经济增长也是不利的，特别是汇率高估会对贸易行为造成影响，不利于经济增长。

Cottani 等（1990）认为，汇率稳定和汇率协调是发展中国家经济健康稳定发展的根本条件，运用 24 个发展中国家的截面数据进行实证分析，发现汇率不稳定和汇率失调都与经济增长之间存在着显著的负相关性。Razin 和 Collins（1997）发现汇率失调与经济增长之间具有重要的非线性关系，实际汇率严重高估时会阻碍经济增长，而适中的低估将有利于经济的快速增长。尽管较大的汇率低估对经济增长是不利的，但是相对较小或适中的低估却有利于经济增长。Aghion 等（2006）利用 83 个国家 1960—2000 年的数据对汇率波动性对经济绩效的影响进行了考察，发现对于金融发展水平相对较低的国家，汇率的波动性越大，经济增长率越低。而对于金融发展比较发达的国家，则影响不显著。

现有文献一般认为汇率高估不利于本国商品出口，会降低本国商品在国际市场上的竞争力，而汇率低估则会提高本国商品的出口竞争力。为了检验上述观点，以中国经济增长率为被解释变量，分析人民币有效汇率失调程度和波动程度对经济增长率的影响，同时，将货币供应量占 GDP 比重（$\ln M_2$）作为政府货币政策的代理变量，加入模型作为控制变量。考虑到汇率失调和汇率波动对经济增长的影响可能遵循非线性模式，采用 Hansen（1999）提出的门限回归模型。具体而言，选择将人民币有效汇率的水平值作为门限值，通过门限效应检验，找出人民币有效汇率的门限值，形成人民币有效汇率低于门限值和高于门限值两个区间，再分别考察不同区间内，汇率失调、汇率波动和货币供应量对经济增长的影响，旨在捕捉不同经济环境下，汇率失调等解释变量对经济增长的非线性影响方式。

GDP 的季度增长率（记为 GGDP）根据 GDP 当期值计算得到。由于第一季度包含春节，通常第一季度的 GDP 偏低，直接以第二季度 GDP 除以第一季度 GDP 来计算环比增长率，会高估第二季度的 GDP 增长率；同样，将第一季度 GDP 除以上年第四季度 GDP 则会低估第一季度的 GDP 增长率。本章采用季节调整的"移动平均比率法"。第一步是对季度数据进行 4 项中心化移动平均，得到趋势循环序列 TC_t。第二步利用乘法模型计算季节要素 S_t 和不规则要素 I_t 之和，$SI_t = S_t \times I_t = Y_t / TC_t$。第三步对季度数据的 SI，分别计算其第 j 季的季度平均值，得到季节因子 s_t。第四步调整季节因子，使得它们的和为 0，得到标准化季节因子 $S_t = \dfrac{s_t}{\sqrt[k]{s_1 \times s_2 \times s_3 \times s_4}}$。第五步计算季节调整最终结果 $TCI_t = Y_t / S_t$。

本章也采用了 X12 方法，利用南开大学王群勇老师撰写的 sax12 命令实现 X12-ARIMA，计算得到 X12 季节调整数据，与"移动平均比率法"得到数据相比，有微小差距，见图 7.8。本章采用"移动平均比率法"得到数据计算 GGDP，再用 X12 法算得的 GGDP 做稳健性检验，结论没有改变。

根据 ARCH 模型计算对数人民币名义有效汇率的条件波动率，贸易权重记为 $STD^{\ln NEERTR}$，贸易与投资权重记为 $STD^{\ln NEERTRI}$。因为 ARCH 条件标准差的计算过程中融合了现在和过去的所有信息，包括对外汇市场的预期。在汇率制度与外汇市场相对稳定国家的投资者，他们对外汇的预期相对稳定和可靠，可以减小外汇异常波动导致的损失（李丽玲，王曦，2016）。

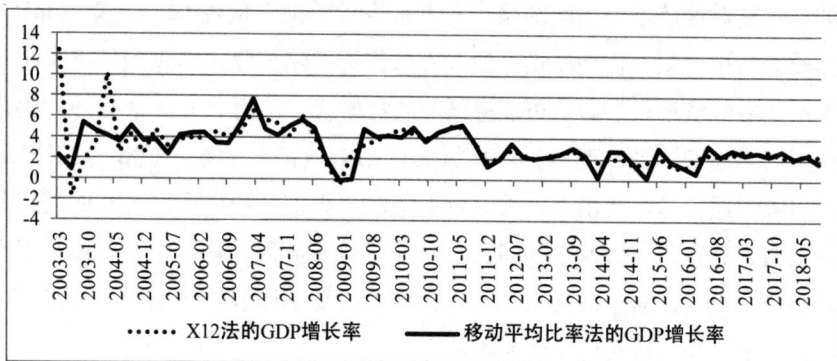

图 7.9 X12 法和移动平均比率法的 GDP 增长率

利用 Hansen（2000）提供的 STATA 程序计算门限回归模型。为反映名义有效汇率失调程度、名义有效汇率波动率以及代表货币政策的货币供应量对季度 GDP 增长率的非线性影响，构建模型（7.6），表示函数形式会依赖于某个变量（称为"门限变量"）而改变：

$$\begin{cases} y_i = \alpha_0^{'} + \alpha_1^{'} z_{1i} + \cdots + \alpha_k^{'} z_{ki}, \ \ 当 q_i \leqslant \gamma \\ y_i = \beta_0^{'} + \beta_1^{'} z_{1i} + \cdots + \beta_k^{'} z_{ki}, \ \ 当 q_i > \gamma \end{cases} \tag{7.6}$$

其中，y 是季度 GDP 增长率。γ 为待估计的门限值，本章首先选择人民币名义有效汇率水平值作为门限变量（即在贸易权重模型中选择 $NEER^{TR}$，在贸易投资权重模型中选择 $NEER^{TRI}$）。在稳健性检验中，再选用人民币兑美元双边名义汇率作为门限变量。z_{1i} 包含了三个解释变量。

一、双边贸易权重人民币有效汇率失调、货币政策与经济增长分析

从图 7.10 中可以看出，经济增长率、汇率失调程度、汇率波动率和货币供应量占 GDP 比重的对数值之间可能存在某些相关关系。

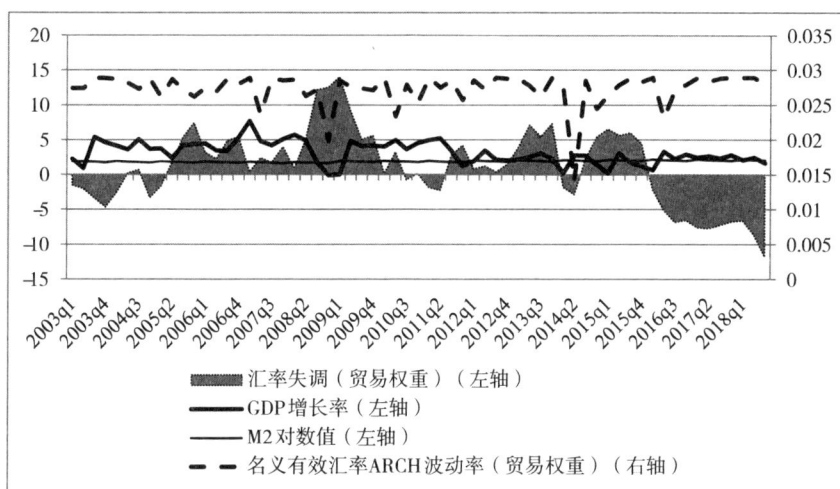

图 7.10 GDP 增长率与汇率失调（lnNEER^TR）的关系

表 7.11 呈现了门限回归模型的结果。表 7.11 中第 4 行考察贸易权重人民币均衡汇率失调对经济增长的影响。当人民币名义有效汇率低于 110.98 时，汇率失调每扩大 1%，会使经济增长率下降 0.065%，与理论预测一致，即汇率失调对经济增长带来负面影响。第 5 行考察汇率波动的影响，在低于阈值的区间，汇率波动对经济增长的影响不显著。第 6 行考察货币政策的影响，货币供应量占 GDP 比例每提高 1%，会引起经济增长率下降 6.791%，表明货币供应量增加并没有对经济增长率产生积极影响。翟春（2010）指出，反映货币供应量的指标 M_2 与反映经济增长的指标 GDP 不是简单的对应关系。M_2 是由流通中的现金和存款构成的在某一时点可供使用的货币量。由于存在货币沉淀现象，所以 M_2 不会全部用于国民经济活动。钱燕和万解秋（2014）的研究结果表示，货币增长短期内促进经济增长，但长期内对经济增长没有驱动效应。当人民币名义有效汇率高于 110.98 时，汇率失调对经济增长的影响不再显著。汇率波动率每提高 1 个单位，会促进名义经济增长 985.8%，由于汇率波动率的范围在 [0.014，0.029]，可以理解为，汇率波动率每提高 1 个百分点，促进名义经济增长 9.858%。汇率波动对经济增长有可能起

到正效应的结论乍一看会感到与通常理解不一致。事实上，汇率波动对经济有负面影响的观点主要基于国际贸易视角，汇率变化还会对投资产生影响。姜波克和李天栋（2006）提出，汇率变动对经济的促进作用可区分为投资推动型和技术促进型，当汇率贬值时，能够通过拉动投资实现促进经济增长目的；当汇率升值时，能够通过倒逼企业研发创新，通过技术提升实现促进经济增长目的。当经济增长处于初始阶段，投资是经济增长最基本的源泉，当经济增长持续了一段时期，经济已经具备一定的规模和技术、知识、管理等条件，汇率升值促进技术进步的作用有了实现的基础。这当然不能简单理解为：无论汇率贬值还是升值，都会对经济带来促进作用。汇率波动对经济增长的影响跟波动幅度和汇率状态有关系，正如傅梓航（2016）的观点，当人民币汇率小幅波动时，对中国经济增长的影响有限，但如果人民币大幅波动，乘数效应和反馈效应会联合国际投机资本、预期等其他途径冲击金融系统，从而严重影响经济增长。本章采用的是参照一篮子货币的汇率指数，波动区间并不大，上限为2.9%。因此，汇率波动并不必然对经济增长带来负面影响。

表7.11呈现出以人民币兑美元名义汇率为门限值的稳健性检验结果，主要结论没有改变。

表7.11　人民币汇率失调（lnNEER^{TR}）对经济增长的影响

汇率	NEER^{TR}		人民币兑美元	
门限值	≤110.98	>110.98	≤6.82	>6.82
截距	16.033 *** (2.165) [11.79, 20.98]	27.620 *** 4.343 [8.02, 36.13]	12.066 ** 4.875 [-14.44, 36.06]	7.222 6.579 [-69.59, 48.91]
LNEEER^{TR}	-0.077 *** 0.029 [-0.14, -0.01]	0.012 0.059 [-0.22, 0.12]	-0.137 *** 0.037 [-1.61, 0.30]	0.097 0.065 [-0.43, 15.59]
STD^{lnNEERTR}	-35.072 42.739 [-118.84, 49.34]	990.333 *** 163.782 [181, 1311]	35.312 70.587 [-205, 818]	183.014 212.803 [-812, 11848]

续表

汇率	NEER^{TR}		人民币兑美元	
lnM_2	-6.052^{***} 0.970 [-8.30, -4.15]	-28.409^{***} 4.869 [-37.95, -6.00]	-4.960^{***} 1.878 [-15.80, 4.55]	-4.451^{***} 1.049 [-144.28, 6.18]
标准误和	70.262	4.147	55.585	36.377
残差方差	1.488	0.830	1.635	1.732
R^2	0.401	0.890	0.257	0.279

注：（ ）内数值为标准误。[ ] 内数值为区间估计。***、**、* 分别表示在 0.01、0.05 和 0.1 水平显著。

二、双边贸易与投资权重人民币有效汇率失调、货币政策与经济增长分析

从图 7.11 中可以看出，经济增长率、汇率失调程度、汇率波动率和货币供应量占 GDP 比重的对数值之间也可能存在某些相关关系。以双边贸易与投资权重人民币有效汇率为门限变量，门限值为 111.55，说明当 NEER^{TRI} ≤ 111.55 和当 NEER^{TRI}>111.55 时，各解释变量对被解释变量的影响是不同的。

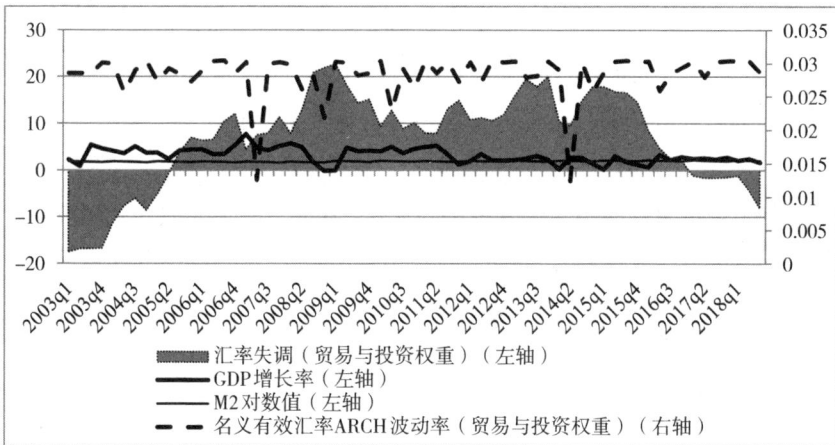

图 7.11　GDP 增长率与汇率失调（lnNEER^{TRI}）的关系

在稳健性检验中，我们将人民币兑美元双边名义汇率作为门限变量，门限值为6.84。结果见表7.12。

表7.12中第4行结果显示，当人民币名义有效汇率低于111.51时，汇率失调每扩大1%，会使经济增长率下降0.031%，与理论预测一致，即汇率失调对经济增长带来负面影响。第5行考察汇率波动的影响，在低于阈值的区间，汇率波动对经济增长的影响不显著。第6行考察货币政策的影响，货币供应量占GDP比例每提高1%，会引起经济增长率下降6.799%，再次表明，从长期看，增加货币供应量对经济增长会有负面影响。当人民币汇率高于111.51时，汇率失调对经济增长的影响不再显著。汇率波动率每提高1个单位，会促进名义经济增长458.99%，由于汇率波动率的范围在 [0.012, 0.030]，可以理解为，汇率波动率每提高1个百分点，促进名义经济增长4.589%。以人民币兑美元名义汇率为门限值，作稳健性检验，结果见表7.12的右侧部分，即第4列和第5列，上述结论没有太多改变，仅是汇率波动对经济增长的影响不再显著。

表7.12　人民币汇率失调（lnNEER^{TRI}）对经济增长的影响

汇率	NEER^{TRI}		人民币兑美元	
门限值	≤111.55	>111.55	≤6.84	>6.84
截距	17.477 *** (1.939) [12.20, 28.60]	14.919 * (7.201) [−5.00, 31.98]	13.018 ** (5.307) [−14.75, 27.30]	12.243 *** (2.304) [−16.44, 44.37]
LNEEER^{TRI}	−0.031 ** (0.014) [−0.16, 0.04]	−0.044 (0.031) [−0.11, 0.03]	−0.086 *** (0.029) [−0.17, 0.29]	0.045 (0.028) [−0.14, 0.33]
STD^{lnNEERTRI}	−28.333 (24.977) [−81.95, 35.06]	458.989 *** (159.171) [27, 912]	−0.336 (57.690) [−149, 704]	6.506 (33.859) [−422, 672]
lnM$_2$	−6.799 *** (1.034) [−12.29, −3.95]	−13.769 *** (4.848) [−25.17, −1.27]	−4.778 ** (2.140) [−15.85, 4.56]	−4.597 *** (1.096) [−17.70, 5.22]

续表

汇率	NEER^{TRI}		人民币兑美元	
门限值	≤111.55	>111.55	≤6.84	>6.84
标准误和	63.458	25.137	61.309	34.806
残差方差	1.410	2.514	1.803	1.657
R^2	0.438	0.402	0.180	0.311

注:( )内数值为标准误。[ ]内数值为区间估计。***,**,*分别表示在0.01、0.05和0.1水平显著。

从上述研究结果中可以得到几点启示:一是通过优化人民币指数,能捕捉到汇率失调与经济增长的关系。为纠正汇率失调,需要进一步推进人民币汇率形成机制的市场化改革,增强市场对人民币汇率的决定。二是利用人民币指数衡量人民币对外价值,既能确保人民币价值的稳定性,也能发挥人民币价值小幅波动对经济的促进作用,特别是通过激励市场主体的创新,推动经济持续发展。

通过本章研究,可以得出以下结论:

第一,比起盯住美元,参考一篮子货币的汇率管理方式更能反映人民币的真实价值。特别是在人民币国际化背景下,人民币汇率不仅要反映对外贸易状况,也要体现对外投资状况。参考一篮子货币的汇率管理,有利于汇率的稳定和引导市场对人民币价值做出合理预期。本章实证研究所发现的,当人民币汇率处于较高水平时,汇率小幅波动对经济没有不利影响,反映出美元在人民币对外价值中的重要性有所下降。

第二,本章所构建的两种人民币有效汇率与主要宏观经济变量直接存在着良好的长期关系,特别是本章采用名义汇率做实证分析,意味着决策者可以直接根据名义汇率指数开展相关政策操作或者投资决策。

第三,人民币有效汇率具有良好的稳定性,有利于其促进经济增长的杠杆属性的发挥(姜波克,2006)。例如,国际收支水平决定了汇率,汇率又对投资产生影响,投资所引发的国际资本流动会引起国际收支的变化。因此,探究中国人民银行如何利用人民币有效汇率指数开展宏观经济管理,实现内外平衡目标（即促进现实汇率向均衡汇率回归），具有重要现实意义。

本章小结

　　本章根据行为均衡汇率理论，采用协整方法分别研究双边贸易权重人民币有效汇率、双边贸易与投资权重人民币有效汇率与主要经济变量间的长期关系。将主要变量长期趋势值代入协整方程，计算出各自长期均衡汇率，并通过比较现实汇率与长期均衡汇率计算出汇率失调估计值。运用门限回归方法，分析不同汇率区间内汇率失调、汇率波动对中国经济增长的影响，发现汇率失调会对经济增长带来不利影响，但在人民币有效汇率升值通道，小幅度的汇率波动对经济增长有一定的促进作用。

　　汇率形成机制改革对提升货币政策效果具有积极作用。下章将汇率稳定纳入开放经济模型，分析各种货币政策规则在应对国内外各种冲击时的效果，为汇率形成机制改革和货币政策实施提供参考。

第八章

基于双边贸易与投资权重人民币指数的
汇率机制与货币政策协同效果评估

中国推出人民币指数，旨在转变市场以往盯住美元的习惯。前面几章的分析表明，设计良好的人民币指数具有稳定属性，小幅波动，受外界各种冲击的影响不大，这为进一步推动人民币汇率形成机制的市场化改革争取了宝贵的空间。汇率机制越完善，人民币汇率浮动和货币政策独立之间的摩擦就越小。当中国进入新常态后，稳增长目标的实现、扩大金融开放承诺的兑现以及防范金融风险的要求都意味着货币政策要能有效缓冲国内外各种冲击对经济增长带来的波动。伴随中国日益扩大对外开放，国内外各种冲击变得更加复杂，提高货币政策实施效果与完善人民币汇率形成机制之间该如何协同推进？本章尝试将双边贸易与投资权重人民币有效汇率纳入泰勒规则，对Gali（2010）的开放经济模型做出边际改变，分析不同规则下货币政策在应对国内外各种冲击后对宏观经济变量带来的影响，并借助福利损失函数评估不同规则的优越性，为同步推进汇率市场化改革和健全货币政策机制提供参考。

第一节 开放经济中货币政策及规则的文献研究

货币政策是进行宏观经济调控的重要政策手段之一，特别在当前国际金融萎靡不振的情况下，货币政策的作用受到了广泛关注（万解秋，徐涛，2014）。无论是面对国内冲击还是国外冲击，理论上都存在同一种最优货币政策，如果采用不同货币政策，福利效果会有差别（刘尧成，2018）。

一、开放条件下货币政策效果评估方法

按照决策方式的不同，可将货币政策分为基于特定规则和相机抉择两种。Dennis（2006）假定最优的货币政策为泰勒规则。Allsopp 等人（2006）支持消费者物价指数通胀目标。Kirsanova 等人（2006）主张以国内物价指数而非消费者物价指数作为通胀目标。Ilbas（2012）假定最优的货币政策是事先承诺型。朱孟楠和刘林（2011）考虑了资产价格和汇率对于货币政策最终目标的影响，认为我国最优的货币政策关注的次序首先应该是资产价格，其次是国内通胀和汇率，最后才是产出缺口。王胜和郭汝飞（2012）基于不完全汇率传递情形研究发现，最优货币政策不仅取决于汇率传递的程度，而且还受到经济开放度以及货币需求弹性等因素的影响。程贵和万解秋（2012）研究发现，通货膨胀目标制有助于降低通货膨胀，稳定产出，是一种比较成功的货币政策框架。卞志村和高洁超（2014）认为灵活通胀目标制和混合名义收入目标制均可成为我国最优货币政策的有效实现形式。陈师等（2015）发现目标区间利率规则有最优的经验表现。何国华和吴金鑫（2016）认为盯住国内通货膨胀规则在金融市场开放程度较低时适用，而传统的泰勒规则在金融市场开放程度较高时较为适用。田国强和尹航（2018）发现当人民币汇率进入升值通道时，中国人民银行是否愿意牺牲一定的货币政策效力而坚持推进人民币汇率市场化进程，将决定着未来人民币汇率弹性的变动。

从现有国内外研究成果可以看出，货币政策效果与政策操作规则有着一定的关系。现有研究肯定了将汇率纳入货币政策的意义，但考虑汇率的货币规则设计并不丰富，主要以盯住汇率为主。本章尝试将参照一篮子货币的可调整汇率机制纳入货币规则，预测货币政策在应对国内外各种冲击时的效果。

二、纳入汇率的泰勒规则研究

开放环境会给中央银行货币政策目标带来不确定性。泰勒规则已成为研

究汇率可预测性的主导理论模型，围绕开放经济体的泰勒规则的讨论存在一个问题，即货币政策是否需要对汇率做出响应。Taylor（2000）提出，对于既不采取货币局机制，也不采用共同货币或某种形式的美元化机制的国家，长期可行的货币政策可以选择基于某种货币政策规则的灵活汇率机制加上通货膨胀目标制。Taylor（2000）将汇率（当期及滞后一期）纳入其泰勒公式，发现汇率系数不显著，认为利率对汇率没有直接效应，但依然有间接效应。汇率升值会产生两种效果：一是通过支出转换降低实际国内生产总值，二是由于进口商品的价格不会随着货币升值而快速上涨，因此，会降低通货膨胀。通货膨胀也可能因产量下降而降低。由于数据滞后，通货膨胀和汇率变化的产出效应将出现滞后，货币传导机制存在惯性，导致今天的汇率升值将降低未来预期的产出和通胀水平。结合利率期限结构的理性预测模型，对未来较低短期利率的预期会倾向于降低长期利率。因此，汇率升值，通过汇率传导的惯性效应和政策规则的存在，会导致利率下降，即使汇率不是直接出现在政策规则中。

此后许多文献都支持这一观点，使得将汇率纳入简单利率规则的主张很微弱。一些早期模型暗示，开放经济中的最优货币政策与封闭经济中的政策同构（isomorphic），开放经济的泰勒规则可能不需要超越国内通胀和产出缺口，实际汇率仅通过对产出缺口的影响间接影响国内通货膨胀。Clarida 等（2001）发现，尽管汇率变动对消费者物价指数产生影响，但在一定程度上，中央银行应瞄准国内通货膨胀，允许汇率浮动。Gali 和 Monacelli（2005）提出了基于 Calvo 粘性价格的小型开放经济模型，将动态均衡嵌入国内通货膨胀和产出缺口方程，并分析基于国内通胀的泰勒规则、基于消费物价指数的泰勒规则和盯住汇率制度这 3 种货币政策规则对开放经济体宏观经济影响，指出不同机制间的关键区别在于它们所带来的汇率波动程度，根据福利损失函数的比较结果，得出结论：基于国内通胀目标构成的货币政策最优，该项研究将实际汇率纳入模型中，开启了利用新一代开放经济宏观模型研究货币政策与经济周期的范例。

Corsetti 等（2011）和 Monacelli（2013）分别探讨了开放经济中货币政

策与封闭经济中货币政策在本质上的差异，认为有必要重新审视开放经济泰勒规则。由于世界金融市场动荡加剧，小型开放经济体的中央银行可能会发现有必要在政策目标清单中增加汇率稳定性，将汇率稳定作为中央银行货币政策目标函数的一部分，在标准泰勒规则的双目标之外，再将汇率稳定目标包括其中。Kempa（2011）研究了泰勒规则框架下汇率波动的来源，发现供给冲击和名义冲击解释了实际汇率波动的主要部分。Galimberti（2012）研究了汇率决定与以泰勒规则为代表的内生货币政策之间的关系，并发现了一个能提升汇率可预测性的现值前瞻性指标。Chuanglian Chen（2014）在泰勒规则框架下，建立了资本管制与外汇干预相结合的动态汇率确定模型，发现需求冲击在实际汇率决定中起主导作用。Onur Ince（2016）使用 1973 年至 2014 年的数据来评估美元汇率，找到支持泰勒规则基本面模型替代随机游走的有力证据。通过研究其他灵活的通货膨胀目标战略，Froyen（2018）发现，实际汇率能提高泰勒规则相对于其他策略的优越性能。

　　本章尝试将双边贸易与投资权重人民币名义有效汇率纳入泰勒规则，形成基于国内通胀的泰勒规则与基于消费物价指数的泰勒规则，同时，将现有文献中考察的盯住汇率制度改变为中国实行的参照一篮子货币的汇率制度，对上述 3 种政策规则下货币政策的影响开展实证研究，为丰富汇率与货币政策的相关研究做出边际贡献。

第二节　兼顾汇率政策与货币政策的开放经济模型

　　为了分析开放经济条件下国内外各种冲击对经济带来的波动以及货币政策的稳定作用，首先参照 Gali 和 Monacelli（2010）的研究成果，构建一个动态随机一般均衡模型。在开放经济模型中，包括家庭部门、生产部门、制定货币政策的中央银行三个主体，并对均衡条件和国内外的冲击类型作出界定。

一、家庭部门行为

开放经济体中代表性家庭寻求效用最大化：

$$E_0 \sum_{t=0}^{\infty} \beta^t U(C_t, N_t; Z_t) \tag{8.1}$$

其中 N_t 是劳动时间，Z_t 是外生性偏好转移（preference shifter）指数，对数化为 $z_t = \log Z_t$，遵循 AR（1）过程：$z_t = \rho_z z_{t-1} + \varepsilon_t^z$，$\rho_z \in [0, 1)$。$C_t$ 是复合消费函数，定义为：

$$C_t \equiv \left((1-v)^{\frac{1}{\eta}} C_{H,t}^{1-\frac{1}{\eta}} + v^{\frac{1}{\eta}} C_{F,t}^{1-\frac{1}{\eta}}\right)^{\frac{\eta}{\eta-1}} \tag{8.2}$$

其中 $C_{H,t}$ 是国内家庭对本国产品的消费，$C_{F,t}$ 是国内家庭对外国进口产品的消费。参数 $v \in [0, 1]$ 是经济体开放度的测量指标。$\eta > 0$ 是国内产品和国外产品间的替代弹性。$C_{H,t}$ 是国内产品消费，可以使用常替代弹性函数表示：$C_{H,t} \equiv \left(\int_0^1 C_{H,t}(i)^{\frac{\varepsilon-1}{\varepsilon}} di\right)^{\frac{\varepsilon}{\varepsilon-1}}$。其中 $i \in [0, 1]$ 是指不同商品，可以理解为国家生产的一个连续统商品。参数 $\epsilon \in [0, 1]$ 代表国内生产的各种商品间的替代弹性。代表性家庭在最大化效用过程中需要服从预算约束：

$$\int_0^1 P_{H,t}(i) C_{H,t}(i) di + P_{F,t} C_{F,t} + E_t\{Q_{t,t+1} D_{t+1}\} \leqslant D_t + W_t N_t \tag{8.3}$$

对 $t = 0, 1, 2, \cdots$，$P_{H,t}(i)$ 是各种国内商品 $i \in [0, 1]$ 价格。$P_{F,t}$ 是进口商品价格。D_{t+1} 是第 t 期末持有的资产组合在 $t+1$ 期的名义回报，W_t 是名义工资。上述变量都用国内货币单位表示。$Q_{t,t+1}$ 是国内家庭对于未来一期名义回报的随机贴现因子。

当家庭将收入最优地配置于每类产品的消费后，得到需求函数：

$$C_{H,t}(i) = \left(\frac{P_{H,t}(i)}{P_{H,t}}\right)^{-\varepsilon} C_{H,t} \tag{8.4}$$

对于所有的 $i \in [0, 1]$，其中 $P_{H,t} \equiv \left(\int_0^1 P_{H,t}(i)^{1-\varepsilon} di\right)^{\frac{1}{1-\varepsilon}}$ 是国内价格指数。$P_{H,t}$、$C_{H,t}$ 和（7.4）结合，得到 $\int_0^1 P_{H,t}(i) C_{H,t}(i) di = P_{H,t} C_{H,t}$。

代表性家庭在国内产品和进口产品的最优选择为：

$$C_{H,t} = (1 - \upsilon) \left(\frac{P_{H,t}}{P_t} \right)^{-\eta} C_t; \quad C_{F,t} = \upsilon \left(\frac{P_{F,t}}{P_t} \right)^{-\eta} C_t \qquad (8.5)$$

在（8.5）中的 $P_t \equiv \left[(1 - \upsilon)(P_{H,t})^{1-\eta} + \upsilon(P_{F,t})^{1-\eta} \right]^{\frac{1}{1-\eta}}$ 为消费者价格指数（CPI）。当 $\eta = 1$ 时（或国内产品和国外产品价格指数相同时），参数 υ 对应于国内家庭支出配置于进口产品的份额。根据公式（8.5）以及消费品 C_t 和价格 P_t 的定义，国内家庭总消费支出为 $P_{H,t}C_{H,t} + P_{F,t}C_{F,t} = P_t C_t$，预算约束可以写作：

$$P_t C_t + E_t\{Q_{t,t+1} D_{t+1}\} \leqslant D_t + W_t N_t \qquad (8.6)$$

每个时期效用函数由如下形式给出：

$$U(C_t, N_t; Z_t) = \begin{cases} \left(\dfrac{C_t^{1-\sigma} - 1}{1 - \sigma} - \dfrac{N_t^{1+\varphi}}{1 + \varphi} \right) Z_t \ \text{对于} \ \sigma \neq 1 \\[4mm] \left(\log C_t - \dfrac{N_t^{1+\varphi}}{1 + \varphi} \right) Z_t \ \text{对于} \ \sigma = 1 \end{cases} \qquad (8.7)$$

在劳动力市场完全竞争的假设下，代表性家庭对劳动供给的最优决策条件为：

$$C_t^{\sigma} N_t^{\varphi} = \frac{W_t}{P_t} \qquad (8.8)$$

为了推导开放经济体中家庭的跨期最优化条件，有关系式：

$$\beta \left(\frac{C_{t+1}}{C_t} \right)^{-\sigma} \left(\frac{Z_{t+1}}{Z_t} \right) \left(\frac{P_t}{P_{t+1}} \right) = Q_{t,t+1} \qquad (8.9)$$

其中，$Q_t \equiv E_t\{Q_{t,t+1}\}$ 表示在 t+1 期支付一单位国内货币的单期贴现债券的价格。对（8.8）两边同时取条件期望，得到随机欧拉方程：

$$Q_t = \beta E_t \left\{ \left(\frac{C_{t+1}}{C_t} \right)^{-\sigma} \left(\frac{Z_{t+1}}{Z_t} \right) \left(\frac{P_t}{P_{t+1}} \right) \right\} \qquad (8.10)$$

公式（8.8）和（8.10）分别写为对数线性形式：

$$w_t - p_t = \sigma c_t + \varphi n_t \qquad (8.8')$$

$$c_t = E_t\{c_{t+1}\} - \frac{1}{\sigma}(i_t - E_t\{\pi_{t+1}\} - \rho) + \frac{1}{\sigma}(1 - \rho_z) z_t \qquad (8.10')$$

其中小写字母表示相关变量的对数值，$i_t \equiv -\log Q_t$ 表示短期名义利率，$\rho \equiv -\log\beta$ 是时间贴现率，$\pi_t \equiv p_t - p_{t-1}$ 是 CPI 通货膨胀（其中，$p_t \equiv \log P_t$）。

本国与外国的双边贸易条件可定义为 S_t，也就是以本国产品衡量的外国（i 国）产品的价格。有效贸易条件为 $S_t = \dfrac{P_{F,t}}{P_{H,t}}$，以对数形式表示为：

$$s_t = \log S_t = p_{F,t} - p_{H,t}$$

这个表达式在对称的稳态点（S=1）附近进行一阶近似为：

$$p_t = (1-v)p_{H,t} + vp_{F,t} = p_{H,t} + vs_t \tag{8.11}$$

国内通货膨胀定义为国内商品价格指数变化率，即 $\pi_{H,t} = p_{H,t} - p_{H,t-1}$，CPI 通货膨胀通过下式与国内通货膨胀相联系：

$$\pi_t = \pi_{H,t} + v\Delta s_t \tag{8.12}$$

这两种通货膨胀测量方式之间的缺口与贸易条件百分比变化率成正比。

在所有商品进出口价格符合一价定律的假设下，有 $P_{F,t} = ER_t^N P_t^*$，其中 ER_t^N 是名义汇率（用国内货币衡量的外国货币的价格），P_t^* 是用外国货币衡量的外国商品价格。P_t^* 可以理解为世界价格指数。在小国假设下，开放经济体规模对世界价格的影响可以忽略。当世界作为一个整体时，CPI 和国内价格水平之间没有区别。结合上述结果和贸易条件，有：

$$s_t = er_t^N + p_t^* - p_{H,t} \tag{8.13}$$

其中，er_t^N 为名义汇率的对数值。

实际汇率被定义为世界 CPI 和国内 CPI 的比例，都用本国货币表示：$ER_t^R \equiv \dfrac{P_{F,t}}{P_t}$，以对数形式表示为：$er_t^R = p_{F,t} - p_t = s_t + p_{H,t} - p_t = (1-v)s_t$

最后一个等式仅当 $\eta \neq 1$ 的时候，在一阶近似条件下成立。

假设国际证券交易市场为完全市场，对任何一个国家的代表性家庭有：

$$\beta \left(\frac{C_{t+1}^*}{C_t^*}\right)^{-\sigma} \left(\frac{ER_t^N}{ER_{t+1}^N}\right) \left(\frac{P_t^*}{P_{t+1}^*}\right) = ER_{t,t+1}^R \tag{8.14}$$

其中 C_t^* 是外国家庭的人均消费。结合（8.8）和（8.14），利用实际汇率的定义得到：

$$C_t = \vartheta\, C_t^{*}\, Z_t^{\frac{1}{\sigma}}\, (ER_t^{R})^{\frac{1}{\sigma}} \tag{8.15}$$

对于所有的 t 成立，其中 ϑ 是一个常数，依赖于相对净资产头寸的初始条件。对于所有 i，$\vartheta_i = \vartheta = 1$。对于小国经济体假设，世界其他地区消费就等于世界产出，有 $C_t^{*} = Y_t^{*}$，对所有 t 都成立，Y_t^{*} 代表世界产出。对（8.15）两边取对数，得到：

$$c_t = y_t^{*} + \frac{1}{\sigma}(z_t + er_t^{R}) = y_t^{*} + \frac{1}{\sigma}z_t + \left(\frac{1-\nu}{\sigma}\right) s_t \tag{8.16}$$

在国际金融市场中，用 i 国货币计价的无风险债券的均衡价格可表示为：$ER_{i,\,t}^{N}\, Q_t^{*} = E_t\{Q_{t,\,t+1}\, ER_{i,\,t+1}^{N}\}$，其中，$Q_t^{*}$ 是 i 国货币计量的债券价格。前面的定价方程可以与国内债券定价方程 $Q_t = E_t\{Q_{t,\,t+1}\}$ 相结合，得到非抵补利率平价条件：

$$E_t\{Q_{t,\,t+1}[\exp\{i_t\} - \exp\{i_t^{*}\}(ER_{i,\,t+1}^{N} / ER_{i,\,t}^{N})]\} = 0$$

在稳态点附近对数线性化，得到非抵补利率平价条件：

$$i_t = i_t^{*} + E_t\{er_{i,\,t+1}^{N}\} \tag{8.17}$$

（8.13）和（8.17）相结合，得到随机差分方程：

$$s_t = (i_t^{*} - E_t\{\pi_{t+1}^{*}\}) - (i_t - E_t\{\pi_{H,\,t+1}\}) + E_t\{s_{t+1}\} \tag{8.18}$$

对称稳态中，贸易条件取单位值，即 $S = 1$。结合模型的外生驱动力中的稳态性假设，意味着 $\lim_{t\to\infty} E_t\{s_t\} = 0$。（8.18）可以前向求解得到：

$$s_t = E_t\left\{\sum_{k=0}^{\infty}\left[(i_{t+k}^{*} - \pi_{t+k+1}^{*}) - (i_{t+k} - \pi_{H,\,t+k+1})\right]\right\} \tag{8.19}$$

表明，贸易条件是当前和预期的国外与国内实际利率差值函数。

二、厂商部门行为

国内经济中一个经典的厂商利用生产函数表示的线性技术生产有差异产品，生产函数表示如下：

$$Y_t(i) = A_t\, N_t(i)^{1-\alpha} \tag{8.20}$$

其中，$a_t = \log A_t$ 对国内厂商都相同，遵循 AR（1）过程，$a_t = \rho_a a_{t-1} + \varepsilon_t^{a}$。假设厂商交错定价，在每一期有 $1 - \theta$ 的厂商制定新的价格，在给定时

期，每个厂商重新定价的概率独立于其上次定价到现在所持续的时间。一个典型厂商在第 t 期重新定价时，最优定价策略遵循如下对数线性规则：

$$\bar{p}_{H,t} = \mu + (1 - \beta\theta) \sum_{k=0}^{\infty} (\beta\theta)^k E_t\{\psi_{t+k|t}\} \tag{8.21}$$

其中，$\bar{p}_{H,t}$ 指国内企业新设定的价格的对数，$\psi_{t+k|t}$ 是时期 t 重新设定价格的公司在时期 t+k 的对数名义边际成本，$\mu \equiv log \dfrac{\varepsilon}{1 - \varepsilon}$ 是稳态边际成本的对数。

上述最优定价条件可与描述国内价格演化的方程相结合，再结合条件边际成本与平均边际成本的关系，产生如下国内通胀方程：

$$\pi_{H,t} = \beta E_t\{\pi_{H,t+1}\} - \lambda \hat{\mu}_t \tag{8.22}$$

其中，$\hat{\mu}_t \equiv p_{H,t} - \psi_{t+k} - \mu$，指边际成本缺口"$markup\ gap$"，且 $\lambda \equiv (\dfrac{(1 - \theta)(1 - \beta\theta)}{\theta})\Theta$，$\Theta \equiv \dfrac{1 - \alpha}{1 - \alpha + \alpha\varepsilon} \in [0, 1]$。

可见，开放经济体中，国内通货膨胀与边际成本缺口间关系不受国内产品和外国产品替代性衡量的开放度影响。

三、出口部门行为

假设外国对本国第 i 种产品的出口需求为：$X_t(i) = \left(\dfrac{P_{H,t}(i)}{P_{H,t}}\right)^{-\varepsilon} X_t$，其中，$X_t \equiv (\int_0^1 X_t(i)^{\frac{\varepsilon-1}{\varepsilon}} di)^{\frac{\varepsilon}{\varepsilon-1}}$，指小国向世界其他地区的出口总和。总出口假设由下式给出：$X_t = \upsilon \left(\dfrac{P_{H,t}}{ER_t^N P_t^*}\right)^{-\eta} Y_t^* = \upsilon S^\eta Y_t^*$。

上述结果成立的前提是，世界其他地区家庭的选择与本国国内家庭的选择方式相同。同时，再考虑如下事实：全球市场出清意味着 $C_t^* = Y_t^*$。因此，对称稳态点上有 $S = 1$，$X(i) = X = \upsilon Y^*$，对于所有的 $i \in [0, 1]$。此外，给定在稳态条件下 $C_F = \upsilon C$ 以及 $C = Y^*$，相应地在对称的稳态点上贸易保持平衡。

四、一般均衡状态

国内经济体产品市场出清条件如下：

$$Y_t(i) = C_{H,t}(i) + X_t(i) = \left(\frac{P_{H,t}(i)}{P_{H,t}}\right)^{-\varepsilon}\left[(1-v)\left(\frac{P_{H,t}}{P_t}\right)^{-\eta}C_t + v\,S^\eta\,Y_t^*\right]$$

(8.23)

对于全部的 $i \in [0, 1]$ 和全部的 t。

将（8.23）代入国内生产总值定义式 $Y_t \equiv \int_0^1 (Y_t(i)^{\frac{\varepsilon-1}{\varepsilon}}di)^{\frac{\varepsilon}{\varepsilon-1}}$ 中，得到：

$$Y_t = (1-v)\left(\frac{P_{H,t}}{P_t}\right)^{-\eta}C_t + v\,S^\eta\,Y_t^*$$

(8.24)

该式在对称的稳态处可近似表达为：

$$y_t = (1-v)\,c_t + v(2-v)\,\eta\,s_t + vy_t^*$$

(8.25)

最后，将（8.13）与欧拉方程（8.11）结合，得到：

$$c_t = E_t\{c_{t+1}\} - \frac{1}{\sigma}(i_t - E_t\{\pi_{H,t+1}\} - \rho) + \frac{v}{\sigma}E_t\{\Delta s_{t+1}\} + \frac{1}{\sigma}(1-\rho_z)z_t$$

(8.26)

根据（8.17）和（8.25）可推导出贸易条件方程：

$$s_t = \sigma_v(y_t - y_t^*) - (1-v)\Phi z_t$$

(8.27)

其中，$\sigma_v \equiv \sigma\Phi$，$\Phi \equiv \dfrac{1}{1+v(\bar{\omega}-1)} > 0$，$\bar{\omega} \equiv \sigma\eta + (1-v)(\sigma\eta-1)$。

由（8.25）、（8.26）和（8.27）可构成小型开放经济体的动态 *IS* 方程：

$$y_t = E_t\{y_{t+1}\} - \frac{1}{\sigma_v}(i_t - E_t\{\pi_{H,t+1}\} - \rho) + v(\bar{\omega}-1)E_t\{\Delta y_{t+1}^*\} + \frac{1-v}{\sigma}(1-\rho_z)z_t$$

(8.28)

在世界产出给定情况下，开放程度会影响产出对于国内实际利率 $i_t - E_t\{\pi_{H,t+1}\}$ 变动的敏感程度，即通过 $\dfrac{1}{\sigma_v}$ 衡量。特别是当 $\sigma\eta > 1$，开放程度

上升将带动敏感度 $\dfrac{1}{\sigma_v}$ 上升，即 σ_v 下降。

根据产出和实际利率缺口的关系，可将（8.28）改写成：

$$\tilde{y}_t = E_t\{\tilde{y}_{t+1}\} - \frac{1}{\sigma_v}(i_t - E_t\{\pi_{H,\,t+1}\} - r_t^n) \qquad (8.29)$$

$$r_t^n = \rho + \sigma_v E_t\{\Delta\, y_{t+1}^n\} + \sigma_v v(\bar{\omega} - 1)\, E_t\{\Delta\, y_{t+1}^*\} + \Phi(1 - v)\,(1 - \rho_z)\, z_t \qquad (8.30)$$

r_t^n 是自然利率，表示 y_t^n 自然产出水平。可以看出，开放程度会影响产出缺口对利率变化的敏感性。

用 $nx_t \equiv \left(\dfrac{1}{Y}\right)\left(Y_t - \dfrac{P_t}{P_{H,\,t}} C_t\right)$ 描述由国内产出表示的净出口，即稳态时刻产出 Y 的一部分。一阶条件近似可得 $nx_t = y_t - c_t - v\, s_t$，结合（8.14）和（8.25），可得到净出口与贸易条件的关系：

$$nx_t = v\left(\frac{\bar{\omega}}{\sigma} - 1\right) s_t - \frac{v}{\sigma} z_t \qquad (8.31)$$

可以注意到，在既定贸易条件下，正的选择性冲击会造成小型经济体贸易赤字。在 $\sigma = \eta = 1$ 条件下，净出口不会因贸易条件的变化而变动，因为贸易条件改变生产的价格效应将恰好对冲数量效应。通常，贸易条件与净出口之间关系符号不确定，取决于 v、γ、η。如果 v 和（或）η 足够大，贸易条件的恶化（如 s_t 上升）将改善贸易平衡。

由国内总产出函数与总就业函数可引申出总生产函数：

$$N_t \equiv \int_0^1 N_t(i)\, di = \left(\frac{Y_t}{A_t}\right)^{\frac{1}{1-\alpha}} \int_0^1 \left(\frac{P_{H,\,t}(i)}{P_{H,\,t}}\right)^{-\frac{\varepsilon}{1-\alpha}} di$$

总产出（对数形式）和总就业（对数形式）的一阶近似关系成立：

$$y_t = a_t + (1 - \alpha)\, n_t \qquad (8.32)$$

开放经济中的边际成本和国内产出之间关系由下面模型给出：

$$\mu_t = p_{H,\,t} - (w_t - a_t + \alpha\, n_t)$$
$$= -(w_t - p_t) - (p_t - p_{H,\,t}) + a_t - \alpha\, n_t$$

$$= - (\sigma c_t - \varphi n_t) - \upsilon s_t + a_t - \alpha n_t$$

$$= - \left(\sigma + \frac{\varphi + \alpha}{1 - \alpha} \right) y_t + \upsilon(\varpi - 1) s_t + \left(1 + \frac{\varphi + \alpha}{1 - \alpha} \right) a_t - \upsilon z_t \qquad (8.33)$$

其中，最后一个等式用到了（8.18）、（8.25）和（8.32）。除了国内产出和技术外，平均边际成本是贸易条件和偏好转移（z_t）的函数。这两个变量对实际工资的影响都来源于其影响国内消费进而对劳动供给产生的财富效应。在给定任意消费工资情况下贸易条件的变化（$n_t^{ER} s_t$）对生产部门工资有直接影响。

由（8.33）与（8.22）可得到小型开放经济体的新凯恩斯—菲利普斯曲线：

$$\pi_{H, t} = \beta E_t \{\pi_{H, t+1}\} + \kappa y_t - \lambda \upsilon(\varpi - 1) s_t - \lambda \left(1 + \frac{\varphi + \alpha}{1 - \alpha} \right) a_t - \lambda \upsilon z_t$$

$$(8.34)$$

其中，$\kappa = \lambda \left(\sigma + \dfrac{\varphi + \alpha}{1 - \alpha} \right)$。

在弹性价格均衡处，有：$\hat{\mu}_t = - \left(\sigma + \dfrac{\varphi + \alpha}{1 - \alpha} \right) \hat{y}_t + \upsilon(\varpi - 1) \hat{s}_t$

其中，$\hat{y}_t \equiv y_t - y_t^n$，$\hat{s}_t \equiv s_t - s_t^n$ 分别代表产出缺口和贸易条件缺口，而潜在产出为：

$$y_t^n = \Gamma_a a_t + \Gamma_z z_t + \Gamma_* y_t^* \qquad (8.35)$$

其中，$\Gamma_a \equiv \dfrac{1 + \varphi}{\sigma_\upsilon(1 - \alpha) + \varphi + \alpha} > 0$，$\Gamma_* \equiv - \dfrac{\upsilon(\varpi - 1) \sigma_\upsilon(1 - \alpha)}{\sigma_\upsilon(1 - \alpha) + \varphi + \alpha}$，$\Gamma_z$

$\equiv - \dfrac{\upsilon \varpi \Phi(1 - \alpha)}{\sigma_\upsilon(1 - \alpha) + \varphi + \alpha}$，潜在贸易条件可由（8.27）表示：$s_t^n = (y_t^n - y_t^*) - (1 - \upsilon)\Phi z_t$。

根据（8.27）得到，$\hat{s}_t = \sigma_\upsilon \hat{y}$，可得到边际成本与产出缺口间的关系：

$$\hat{\mu}_t = - \left(\sigma_\upsilon + \frac{\varphi + \alpha}{1 - \alpha} \right) \hat{y}_t \qquad (8.36)$$

将（8.36）导入（8.22）得到新凯恩斯—菲利普斯曲线方程：

$$\pi_{H, t} = \beta E_t\{\pi_{H, t+1}\} + \kappa_v \hat{y}_t \tag{8.37}$$

其中，$\kappa_v \equiv \lambda(\sigma_v + \dfrac{\varphi + \alpha}{1 - \alpha})$。一般意义上，开放度（$\upsilon$）和国内外产品的替代弹性（$\eta$）通过影响斜率系数 κ_v（决定了通货膨胀对当前和未来产出缺口变化的反应），进而影响到通货膨胀的动态机制。由（8.30）和（8.35）可推导出自然利率的表达式：

$$r_t^n = \rho - \sigma_v \Gamma_a (1 - \rho_a) a_t + \Psi_* E_t\{\Delta \hat{y}_{t+1}^*\} + \Psi_z(1 - \rho_z) z_t \tag{8.38}$$

其中，r_t^n 为自然利率，$\Psi_* \equiv \sigma_v(\upsilon(\varpi - 1) + \Gamma_*)$ 以及 $\Psi_z \equiv (1 - \upsilon) \Phi - \sigma_v \Gamma_z$。可以注意到，$lim_{\sigma \to 0} \Psi_* = 0$ 以及 $lim_{\sigma \to 0} \Psi_z = 1$。

五、利率规则下的均衡动态

考虑货币政策的情形。假设中央银行遵照泰勒规则行事，即

$$i_t = \rho + \varphi_\pi \pi_{H, t} + \varphi_y \hat{y}_t + O_t \tag{8.39}$$

其中，φ_π 和 φ_y 是货币当局选择的非负系数，O_t 是外生性货币政策冲击，遵循 AR（1）过程：$O_t = \rho_O O_{t-1} + \varepsilon_t^O$，其中 $\rho_O \in [0, 1)$.

由（8.29）、（8.37）和（8.39）可推导出由差分方程组表示的产出缺口和国内通货膨胀的动态均衡：

$$\begin{bmatrix} \hat{y}_t \\ \pi_{H, t} \end{bmatrix} = A_O \begin{bmatrix} E_t\{\hat{y}_{t+1}\} \\ E_t\{\pi_{H, t+1}\} \end{bmatrix} + B_O U_t \tag{8.40}$$

其中，$U_t \equiv \hat{r}_t^n - \varphi_y \hat{y}_t^n - O_t$，$A_O \equiv \Omega_O \begin{bmatrix} \sigma_v & 1 - \beta \varphi_\pi \\ \sigma_v \kappa_v & \kappa_v + \beta(\sigma_v + \varphi_y) \end{bmatrix}$，$B_O \equiv$

$\Omega_O \begin{bmatrix} 1 \\ \kappa_v \end{bmatrix}$，$\Omega_O \equiv \dfrac{1}{\sigma_v + \varphi_y + \kappa_v \varphi_\pi}$。上述模型可用来检验经济体对于货币政策冲击（$O_t$）的反应。第一步是考虑冲击对 $\hat{r}_t^n$ 和 $\hat{y}_t^n$ 的影响，第二步是考虑产出缺口、国内通胀和汇率的均衡响应。

自然利率和潜在产出都不受货币政策冲击影响，因此，对于所有的 t，有 $\hat{r}_t^n = \hat{y}_t^n = 0$。使用利率规则（8.39），将中央银行考虑通货膨胀、产出缺口

变化和汇率波动的内生性反应，名义利率反应为：$i_t = \rho + [1 - \Lambda_0(\varphi_\pi \kappa_v + \varphi_y(1 - \beta\rho_0))] O_t$。

名义利率的全部反应可以是正的或负的，取决于参数值，实际利率的反应为：

$$r_t = i_t - E_t\{\pi_{H, t+1}\}$$
$$= \rho + [1 - \Lambda_0((\varphi_\pi - \rho_0) \kappa_v + \varphi_y(1 - \beta\rho_0))] O_t$$

因此，当 O_t 上升时，实际利率明显增加，方括号中的项始终为正。根据（8.27），可以描述出贸易条件对货币政策冲击的反应：$s_t = \sigma_v y_t = -\sigma_v(1 - \beta\rho_0) \Lambda_0 O_t$。

同时，名义汇率（对数形式）的变化为：

$$\Delta er_t^N = \Delta s_t - \pi_{H, t}$$
$$= -\Lambda_0[\sigma_v(1 - \beta\rho_0) + \kappa_v] O_t + \sigma_v(1 - \beta\rho_0) \Lambda_0 O_{t-1}$$

因此，无论是短期还是长期，紧缩性货币政策会导致贸易条件的持续改善（即外国商品的相对价格下降）以及名义汇率升值。在应对货币政策冲击时，汇率将超过其长期水平，当且仅当 $\sigma_v(1 - \beta\rho_0)(1 - \rho_0) > \kappa_v\rho_0$。这就要求冲击不能太持久。上述条件对应于货币政策一个单位的正冲击引起的名义利率的反应。

开放经济体中，由于国内商品和外国商品之间存在不完全替代性以及存在粘性价格（使得货币政策非中性），可通过影响贸易条件造福国内消费者，就产生了扭曲货币政策的动机。此外，偏离弹性价格均衡配置的激励受偏好冲击的影响。在一定程度上，中央银行有动机偏离弹性价格均衡配置以改善贸易条件。

六、货币政策规则与福利损失函数

当前国内外学者利用 DSGE 模型研究货币政策效果时，常用的规则类型包括以下几种：

第一条货币政策规则为"严格的国内通胀目标（Dtrict Domestic Inflation

Targeting，SDIT）"，它要求对所有的 t，有：$\pi_{H,t} = 0$。

第二条货币政策规则为"严格的消费物价通胀目标（Dtrict CPI Inflation Targeting，SCIT）"，消费物价通胀完全稳定，它要求对所有的 t，有：$\pi_t = 0$。

第三条货币政策规则为"盯住汇率制（PEG）"，它要求对所有的 t，有：$e_t = 0$。

遵循泰勒规则的货币政策有两种版本。一种是国内利率对国内通胀和产出有系统的反应灵活的国内通胀目标，构成第四条货币政策规则，对所有的 t，有：$i_t = \varphi_\pi \pi_{H,t} + \varphi_y \hat{y}_t$。

另一种是假定消费物价指数通胀是国内央行反应的变量（除了产出），即灵活的消费者价格通胀目标，构成了第五条货币政策规则，对所有的 t，有：$i_t = \varphi_\pi \pi_t + \varphi_y \hat{y}_t$。

本章旨在利用泰勒规则分析汇率波动对货币政策效果的影响。因此，主要分析三种情形下的货币政策规则：

情形一是对灵活的国内通胀目标制进行扩展（Flexible Domestic Inflation Targeting rule，FDIT），纳入有效汇率，即对于所有的 t，有：

$$i_t = \varphi_\pi \pi_{H,t} + \varphi_y \hat{y}_t + \varphi_{er} er_t^N \tag{8.41}$$

情形二是对灵活的消费者价格通胀目标制进行扩展（Flexible CPI Inflation Targeting rule，FCIT），纳入有效汇率，即对于所有的 t，有：

$$i_t = \varphi_\pi \pi_t + \varphi_y \hat{y}_t + \varphi_{er} er_t^N \tag{8.42}$$

情形一和情形二的规则设计与 Froyen（2018）相似，是对 Gali（2010）开放型 DSGE 模型的进一步扩展，用以分析中国人民银行如果依据扩展型泰勒规则行事，即根据通货膨胀缺口、产出缺口和汇率的变化来调整货币政策工具，会在应对国内外各种冲击时对主要宏观经济变量（如汇率、物价、通货膨胀、就业、产出等）带来怎样的影响，并整体评价不同扩展型泰勒规则的效果。

情形三是参照一篮子货币汇率（Reference for Basket-Based Foreign Exchange Rate，RBEX），对所有的 t，有：$er_t^N = \rho_{er}\, er_{t-1}^N + \sigma_0$　　　　　　（8.43）

该规则是指，当期人民币有效汇率将根据上一期人民币有效汇率进行调整，也会受到货币冲击影响。这是在 Gali（2010）和刘尧成（2018）采用的盯住汇率制 $er_t^N = 0$ 基础上，对汇率形成机制所做的修正，特别是考虑了货币冲击对汇率的影响。情形三是用于分析当中国人民银行要集中力量维持汇率稳定，即重点加强对汇率调控时，应对国内外各种冲击会对各种宏观经济变量带来怎样影响。

在以严格的国内通货膨胀目标制为最优政策的特殊情况下（即国内外产品的单元替代弹性，且没有偏好冲击），可以相对直观推导出偏离最优政策时，国内代表性消费者效用损失贴现的二阶近似。任何偏离严格国内通货膨胀目标制的政策，预期福利损失可写成通货膨胀、产出缺口和汇率指数波动项的函数：

$$\mathbb{V} = \frac{(1-\upsilon)}{2}\left[\left(\frac{\varphi+1}{1-\alpha}\right)var(\tilde{y}_t) + \frac{\varepsilon}{\lambda}var(\pi_t) + \delta var(er_t^N)\right]\quad（8.44）$$

上述福利损失最高不超过比例常数 $(1-\upsilon)$，其中，相关的通货膨胀变量是可以是国内通货膨胀，也可以是 CPI 通胀，公式（8.44）可用来衡量其他货币政策规则的福利损失，并基于福利函数对这些规则做比较。

第三节　模型的数值模拟分析

一、参数校准

本章主要参照现有国内外文献的参数选择。泰勒规则下名义有效汇率反应系数是选择第 6 章构建双边贸易与投资权重人民币名义有效汇率（2003 年1 月—2018 年 9 月），做 ARCH（4，1）回归，得到滞后一期的系数，该系数在 1% 的水平上显著，其他滞后期系数不显著。

二、模型动态数值模拟

在对模型的参数进行校准后，就可以探讨国内外冲击下对应于不同货币政策的经济波动情况以及不同货币政策在经济周期波动中的作用和表现。

图 8.1 展示了三种货币政策规则下国内经济变量对技术冲击做出的脉冲响应。首先需要强调的是，为符合建模习惯，上文模型中采用了直接标价法下的汇率，但由于本章设计的指数是间接标价法下的指数，因此，在实证分析时，我们将指数取倒数，从而符合直接标价法的汇率变动含义。

表 8.1　参数校准值

参数	含义	均值	文献来源
β	主观贴现系数	0.99	刘尧成（2018）
σ	消费跨期替代弹性的倒数	1	刘尧成（2018）
φ	劳动对实际工资的弹性的倒数	2	刘尧成（2018）
α	资本比重	0.407	刘尧成（2018）
ε	需求弹性	6	刘尧成（2018）
υ	经济开放的程度	0.4	刘尧成（2018）
θ	价格粘性系数	0.75	刘尧成（2018）
η	外国与本国产品替代弹性	1	刘尧成（2018）
δ	福利损失函数名义有效汇率条件波动系数	0.1	Froyen（2018）
ρ_O	货币政策冲击的一阶自回归系数	0.5	Gali（2010）
ρ_a	国内技术冲击的一阶自回归系数	0.9146	刘尧成（2018）
ρ_y^*	国外产出冲击的一阶自回归系数	0.8005	刘尧成（2018）
ρ_z	选择偏好冲击的一阶自回归系数	0.5	Gali（2010）
ρ_{er}	名义有效汇率冲击一阶自回归系数	0.9302	ARCH（4，1）估计
φ_y	泰勒规则的产出反应系数	0.5432	刘尧成（2018）
φ_π	泰勒规则的通货膨胀反应系数	1.5874	刘尧成（2018）
φ_{er}	泰勒规则的名义有效汇率反应系数	0.5	Froyen（2018）

　　在参照一篮子货币（RBEX）政策下，双边贸易与投资加权人民币名义有效汇率（$NEER^{TRI}$）对技术冲击的波动始终为0，在灵活的国内通胀目标制（FDIT）下，$NEER^{TRI}$在第1期下降，随后不断上升，在第8期达到最高点后，逐步缓慢回落。在灵活的消费者价格通胀目标制（FCIT）下，$NEER^{TRI}$从第1期开始升值，在第8期达到最高点后，逐步缓慢回落。可以看出，如果货币政策遵循FDIT或FCIT，则技术进步对汇率会带来明显的Balassa-Samuelson效应。

技术冲击对名义有效汇率的影响

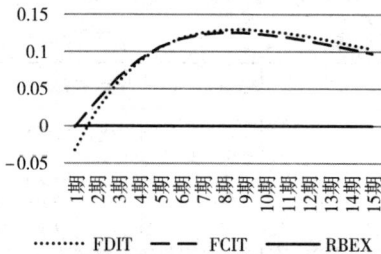

技术冲击对年化名义利率的影响

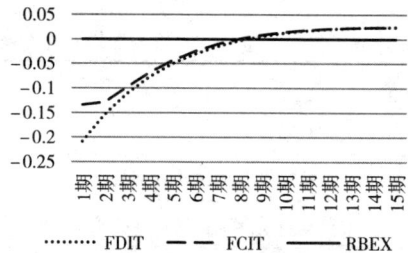

技术冲击对就业的影响

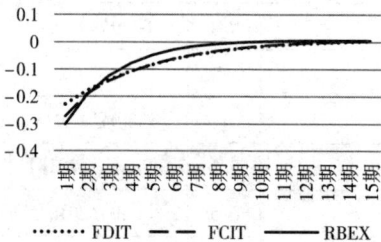

技术冲击对产出缺口的影响

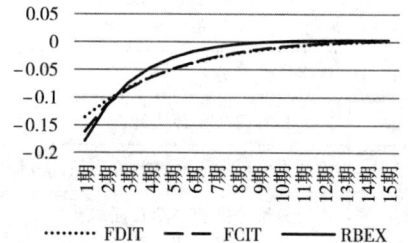

技术冲击对CPI的影响

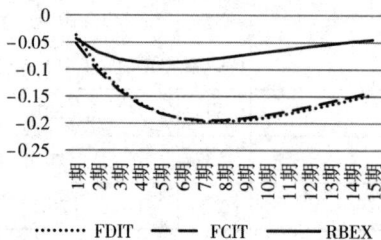

技术冲击对国内物价的影响

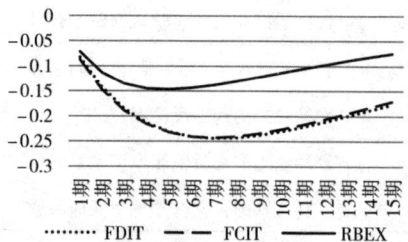

技术冲击对年化CPI通货膨胀率的影响

技术冲击对国内物价通货膨胀率的影响

技术冲击对年化实际利率的影响

技术冲击对贸易条件的影响

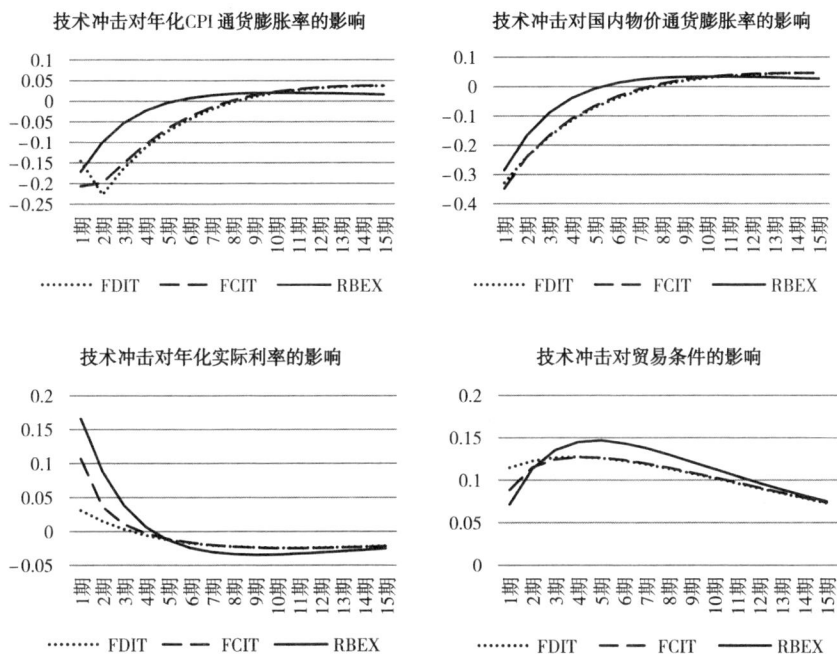

图8.1　国内技术冲击引起的脉冲响应

在 RBEX 规则下，技术冲击不会对年化名义利率造成影响。在 FDIT 和
FCIT 规则下，技术冲击首先会引起利率下降，并且 FDIT 规则下利率下降幅
度大于 FCIT 规则下利率下降幅度。此后利率逐步回到初始状态。

三种规则下的技术冲击对就业的影响路径较为相似。一单位技术进步冲
击会引起第 1 时期就业率下降，即技术进步提高了劳动生产率，对就业会带
来负面影响。随后逐步回升到初始状态，从第 1 期就业受技术冲击的影响程
度看，RBEX 规则下产生的程度最大，FDIT 规则下最小，FCIT 居中。从回归
初始状态的速度看，RBEX 规则下的速度最快。

三种规则下技术冲击对产出缺口的影响路径较为相似，在第 1 期会引起
产出缺口下降，即实际产出超过潜在产出水平，随后逐渐恢复至初始状态。
第 1 期程度上，RBEX 规则下最大，FDIT 规则下最小，FCIT 居中。从回归初
始状态的速度看，RBEX 规则下的速度最快。

考察技术冲击对CPI的影响路径。一单位技术进步冲击会使CPI在第1期下降，并且三种规则下的下降程度相同。但在回归初始值的路径上，RBEX规则下回归最快，FDIT和FCIT规则下回归速度十分接近，但都明显慢于RBEX规则。

考察技术冲击对国内物价的影响特征，一单位技术进步冲击会使国内物价在第1期下降，并且三种规则下的下降程度相同。但在回归初始值的路径上，RBEX规则下回归最快，FDIT和FCIT规则下回归速度十分接近，但都明显慢于RBEX规则。

三种规则下技术冲击对年化CPI通货膨胀率的影响路径有所差异。受一单位技术进步冲击影响，RBEX规则下年化CPI通货膨胀率会下降，随后较快回归，并在第6期回归到初始水平。FCIT规则下年化CPI通货膨胀率下降幅度比RBEX规则下的幅度略微大，随后逐步上升，在第6期回归到初始水平。FDIT规则下年化CPI通货膨胀率在第1期降幅最大，此后逐渐回升，在第8期回归到初始水平。

三种规则下技术冲击对年化国内物价通货膨胀率的影响路径十分相似。受一单位技术进步冲击影响，年化国内物价通货膨胀率会下降，RBEX规则下的降幅略微比另外两种规则下的降幅大，并且RBEX规则下回归速度略快，在第6期就回归到初始水平，而FDIT和FCIT规则下回归速度略慢，在第8期回升到初始水平。

受一单位技术进步冲击影响，实际利率在第1期迅速上升，RBEX规则下幅度最大，FDIT规则下幅度最小，FCIT规则下幅度居中。随后实际利率回落，三种规则下几乎都在第4期回归初始水平，说明RBEX规则下实际利率对技术冲击的反应速度最快。

受一单位技术进步冲击影响，贸易条件都有改善，FCIT规则下第1期改善幅度最大，随后继续上升一定幅度后，在第3期达到最高，此后逐渐回落到初始水平。FDIT规则下第1期改善幅度居中，此后变化路径与FCIT非常接近。RBEX规则下第1期改善幅度最低，但继续以较大幅度上升，第5期达到最高（超过FDIT和FCIT的最高幅度），此后逐渐下降到初始水平。

图8.2展示了三种货币政策规则下国内经济变量对货币冲击做出的脉冲

响应。

在 RBEX 规则下，一单位货币冲击会使人民币有效汇率先升值，在第 4 期达到最高，此后逐渐下降到初始水平。在 FDIT 和 FCIT 规则下，人民币有效汇率在第 1 期升值，但幅度小于 RBEX 规则下的升值幅度，此后逐步下降，大约在第 8 期回归初始水平。可见，RBEX 规则下国内货币冲击对汇率的影响比在其他两个规则下的影响更强烈，且持续时间更长。

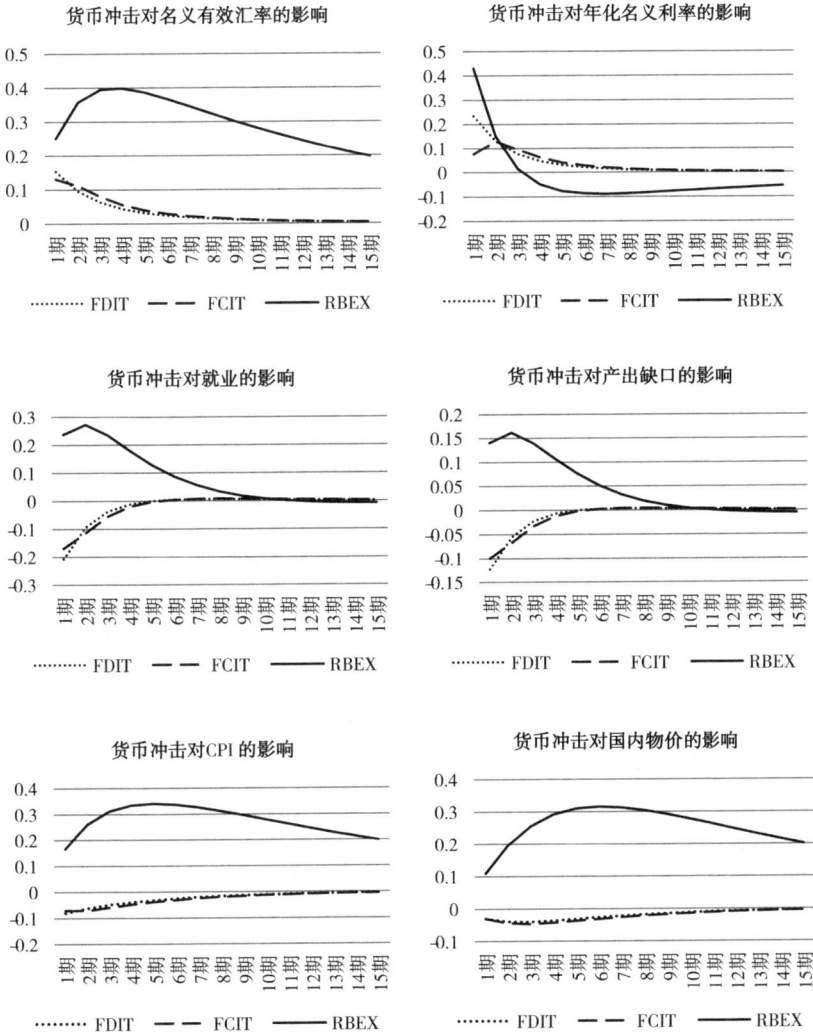

货币冲击对名义有效汇率的影响

货币冲击对年化名义利率的影响

货币冲击对就业的影响

货币冲击对产出缺口的影响

货币冲击对CPI的影响

货币冲击对国内物价的影响

货币冲击对年化CPI通货膨胀率的影响

货币冲击对国内物价通货膨胀率的影响

······· FDIT   — — FCIT   —— RBEX

······· FDIT   — — FCIT   —— RBEX

货币冲击对年化实际利率的影响

货币冲击对贸易条件的影响

······· FDIT   — — FCIT   —— RBEX

······· FDIT   — — FCIT   —— RBEX

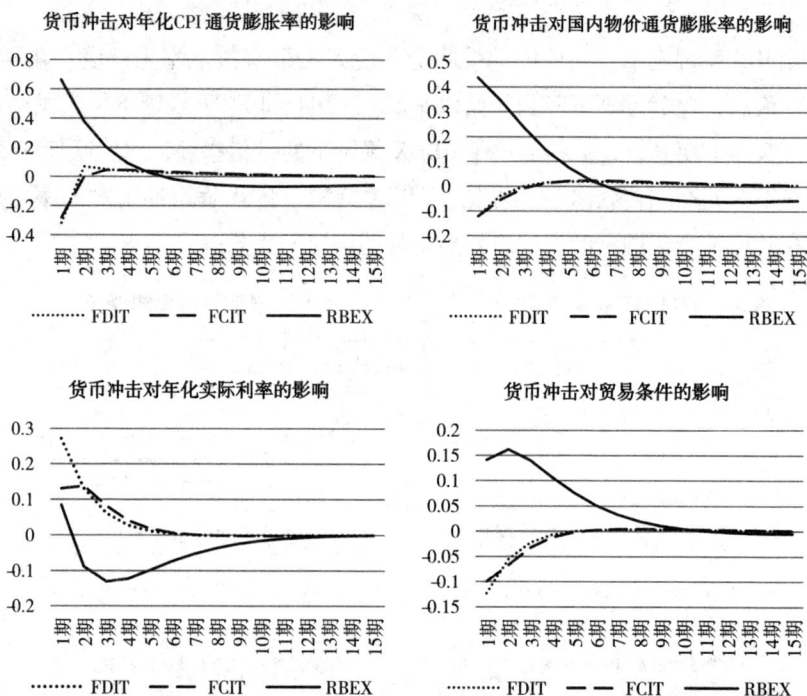

图 8.2   货币冲击引起的脉冲响应

国内货币冲击对年化名义利率的首期影响在 RBEX 规则下最大，其次是在 FDIT 规则下，而在 FCIT 规则下程度最小。名义利率在 RBEX 规则下的回归路径更长，并且在第 3 期后的很长一段时间内低于 0，说明货币冲击对名义利率的影响由正转为负。在 FCIT 和 FDIT 规则下，名义利率会在首期正面影响后逐步下降，到第 8 期回归到初始水平。

在 RBEX 规则下，货币冲击对就业的首期影响为正，继而逐渐回落，在第 8 期回归初始水平。在 FDIT 和 FCIT 规则下，货币冲击对就业的首期影响为负，随后逐渐回升，在第 4 期回归初始水平。尽管增加货币供给旨在促进经济增长，但以通货膨胀为目标时，政策效果并不明显。同时可以看到，FDIT 和 FCIT 规则下货币冲击对就业的影响时期为 RBEX 的一半，说明以通货膨胀为目标的规则，会更快消除货币因素的影响。

在三种规则下，国内货币冲击对产出缺口和就业的影响路径与特点十分相似。在 FDIT 和 FCIT 规则下，货币对产出的影响期仅为 RBEX 规则下的一半。

RBEX 规则下，货币冲击对 CPI 的首期影响为正，到第 4 期至最高，此后逐渐回落，需要很长时间才能收敛至初始水平。FDIT 和 FCIT 规则下，货币冲击对 CPI 首期影响为负，逐渐回升，在第 8 期收敛至初始水平。RBEX 规则下货币冲击对 CPI 的影响程度更大，时间更长。

货币冲击对国内物价的影响路径在三种规则下的表现，类似于对 CPI 的冲击，RBEX 规则下货币冲击对国内物价的影响程度更大，时间更长。

RBEX 规则下，货币冲击对 CPI 通货膨胀率的首期影响为正，此后逐渐回落，在第 5 期回归至初始水平后继续下降，收敛至低于 0 的水平。FDIT 和 FCIT 规则下，货币冲击对 CPI 通货膨胀率的首期影响为负，此后迅速回升，在第 2 期就收敛到初始水平。可见，RBEX 规则下，货币冲击对 CPI 通货膨胀的影响程度更大，时间更长；而 FDIT 和 FCIT 规则下，货币冲击对 CPI 通货膨胀的影响程度相对较小，且 1 期后就迅速消失。

货币冲击对国内物价通货膨胀率的影响路径在三种规则下的表现类似于对 CPI 通货膨胀率的影响，也是 RBEX 规则下货币冲击的影响程度最大，持续时间较长。

货币冲击对实际利率的影响可以分解为名义利率波动和物价水平波动两方面。由于三种规则下，货币冲击都会引起名义利率首期上升，所以也引起实际利率在首期上升，但由于 RBEX 规则下，通货膨胀也上升，因此，实际利率上升幅度不大；而在 FDIT 和 FCIT 规则下，通货膨胀下降，因此，实际利率会以更大幅度上升。总体上，RBEX 规则下，货币冲击对实际利率的影响程度要比另外两种规则下大，影响持续时间也比另外两种规则下长。

在 RBEX 规则下，货币冲击对贸易条件冲击首期为正，在第 2 期达到最高后，逐渐回归至初始水平。在 FDIT 和 FCIT 规则下，货币冲击对贸易条件的冲击首期为负，逐渐回升，在第 5 期收敛至初始水平。RBEX 规则下，货币冲击对贸易条件的影响程度比另外两种大，持续时间也比另两种长。

　　图 8.3 显示了外国产出冲击对经济造成的各种影响。

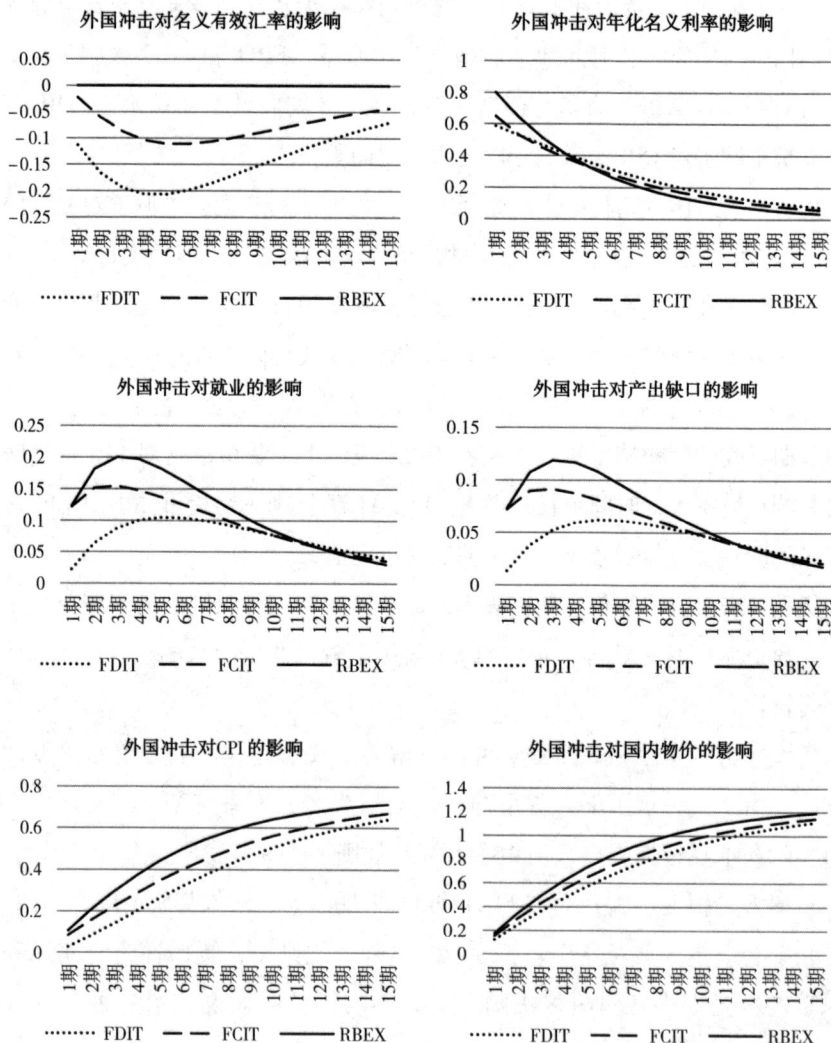

外国冲击对名义有效汇率的影响

外国冲击对年化名义利率的影响

.... FDIT　　— — FCIT　　—— RBEX

外国冲击对就业的影响

外国冲击对产出缺口的影响

.... FDIT　　— — FCIT　　—— RBEX

外国冲击对CPI的影响

外国冲击对国内物价的影响

.... FDIT　　— — FCIT　　—— RBEX

外国冲击对年化CPI通货膨胀率的影响

外国冲击对国内物价通货膨胀率的影响

外国冲击对年化实际利率的影响

外国冲击对贸易条件的影响

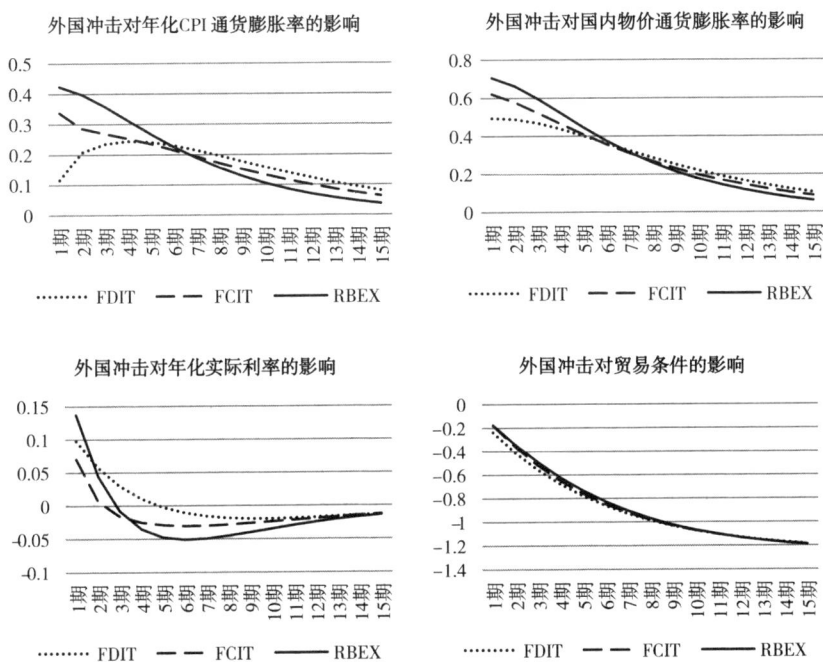

图 8.3　外国产出冲击引起的脉冲响应

RBEX 规则下，外国产出冲击对名义汇率没有影响，因为 RBEX 以汇率稳定为规则。FDIT 规则以国内物价水平稳定为目标，没有考虑外国产品价格，因此，外国产出冲击对汇率的影响程度最大。FCIT 规则以 CPI 稳定为目标，兼顾外国产品价格，能够在一定程度上冲销外国产出冲击对汇率的影响。

外国产出对名义利率造成的冲击，在三种规则下表现非常接近，仅RBEX 规则下首期影响略大。

外国产出对就业的冲击，在 RBEX 规则下程度最大，FCIT 规则下程度居中，在 FDIT 规则下程度最小。但在三种规则下，外国冲击对就业的影响时间基本相同。

外国产出对本国产出缺口和就业的影响在三种规则下的表现类似，也是

RBEX 规则下程度最大，FCIT 规则下程度居中，FDIT 规则下程度最低。但三种规则的影响期基本相同。

外国产出冲击对 CPI 的冲击在三种规则下表现接近，RBEX 的程度略大于 FCIT 的程度，FDIT 的程度最小，三种规则下影响时间相似。外国产出对国内物价的冲击在三种规则下表现更为接近。

外国产出冲击对 CPI 通货膨胀的冲击，在 RBEX 和 FCIT 规则下非常接近，首期都有正的影响，此后逐渐向初始水平收敛。在 FDIT 规则下，首期 CPI 通货膨胀小幅上升，此后继续上升，至第 4 期后开始回落，此后收敛路径与其他两种规则接近。

外国产出冲击对国内物价通货膨胀的影响，在三种规则下方式非常接近。首期在 RBEX 规则下影响略大，在 FCIT 规则下程度居中，在 FCIT 规则下影响最小。三种规则下影响期基本相同。

外国产出冲击对实际利率的影响，在 RBEX 规则下程度略大，FCIT 规则

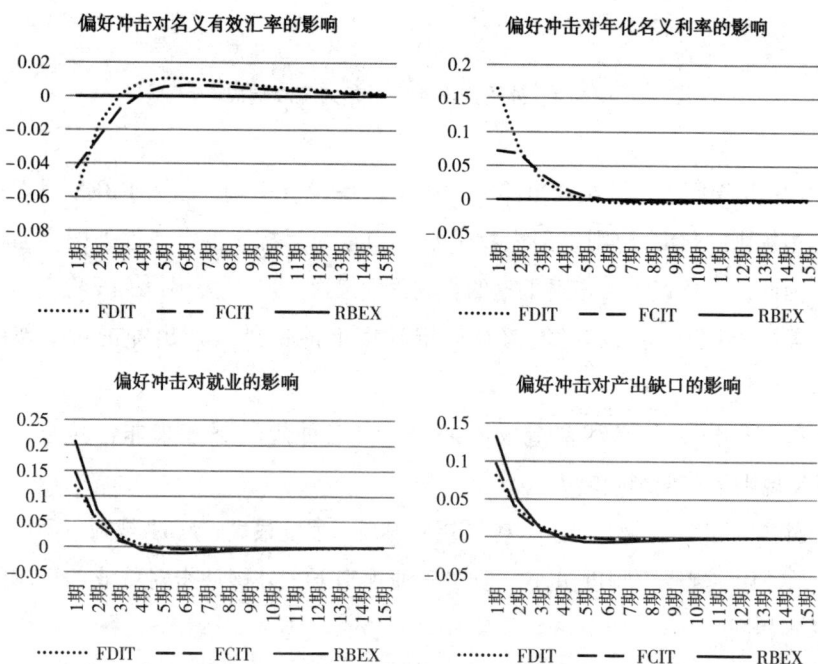

偏好冲击对名义有效汇率的影响

偏好冲击对年化名义利率的影响

偏好冲击对就业的影响

偏好冲击对产出缺口的影响

偏好冲击对CPI的影响

偏好冲击对国内物价的影响

偏好冲击对年化CPI通货膨胀率的影响

偏好冲击对国内物价通货膨胀率的影响

偏好冲击对年化实际利率的影响

偏好冲击对贸易条件的影响

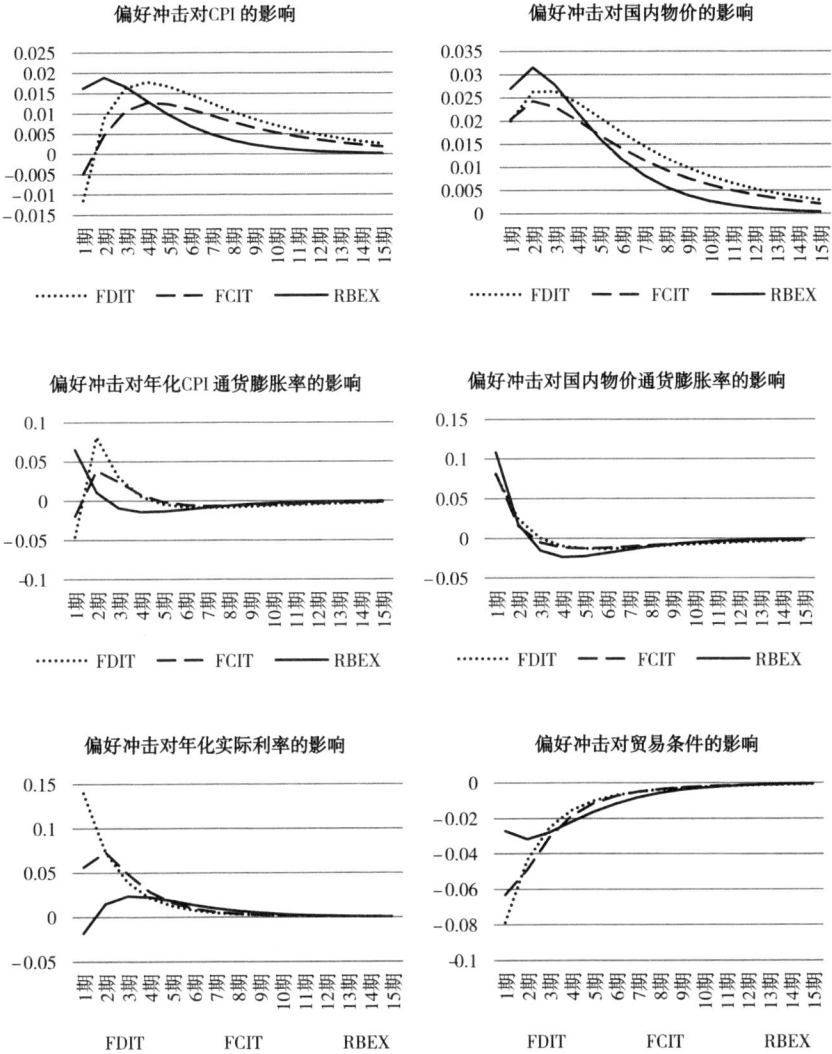

图 8.4　消费者选择偏好冲击引起的脉冲响应

下幅度最小，三种规则下影响时期较为接近。

外国产出冲击对贸易条件的影响，在三种规则下非常接近。

图 8.4 显示了消费者选择偏好冲击对经济的影响。

RBEX 规则下，偏好冲击对汇率没有产生影响。FDIT 规则下偏好冲击的程度表现最大，FCIT 规则下偏好冲击的程度居中。

RBEX 规则下，偏好冲击对名义利率没有产生影响。FDIT 规则下偏好冲击对名义利率的影响程度最大，FCIT 规则下次之。在 FDIT 和 FCIT 规则下偏好冲击的影响时长接近。

偏好冲击对就业的影响，在三种规则下表现十分接近，仅在首期，RBEX 规则下较大，FDIT 规则下较小，FCIT 规则下居中，三种规则下收敛时间一致。

偏好冲击对产出缺口的影响，在三种规则下表现十分接近，仅在首期，RBEX 规则下较大，FDIT 规则下较小，FCIT 规则下居中，三种规则下收敛时间一致。

偏好冲击对 CPI 的影响，FDIT 规则下幅度最大，FCIT 下幅度居中，RBEX 规则下幅度最小，RBEX 规则比其他两种规则更早地收敛至初始水平。

偏好冲击对国内物价的影响，RBEX 规则下幅度最大，FDIT 下幅度居中，FCIT 规则下幅度最小。RBEX 规则下更早收敛至初始水平。

偏好冲击对 CPI 通货膨胀的影响，RBEX 规则下首期为正，此后逐渐向初始水平收敛。FCIT 规则下首期为负，在第 2 期上升为正，此后迅速回归至初始水平。FDIT 规则下 CPI 通货膨胀波动幅度最大，也是首期为负，随后转为正，并在第 3 期达到最高点，此后回落，向初始水平回归。

偏好冲击对国内物价通货膨胀率的影响在三种规则下很接近，仅 RBEX 规则下首期略微高些。

偏好冲击对实际利率的影响路径在三种规则下略有分化。首期在 FDIT 规则下和 FCIT 规则下为正，且 FDIT 规则下程度较高，首期在 RBEX 规则下为负。三种规则下收敛时期基本相同，在第 7 期后回归到初始水平。

偏好冲击对贸易条件的影响，在三种规则下也存在首期程度上的差异，其中，FDIT 首期下降幅度最大，FCIT 规则下次之，RBEX 规则下最小，此后三种规则下向初始水平收敛的时长基本相同，在第 11 期回归至初始水平。

图 8.5 显示了价格冲击对经济的影响。

RBEX 规则下，价格冲击对汇率没有产生影响。FDIT 规则下和 FCIT 规则下价格冲击对汇率的影响路径十分接近。

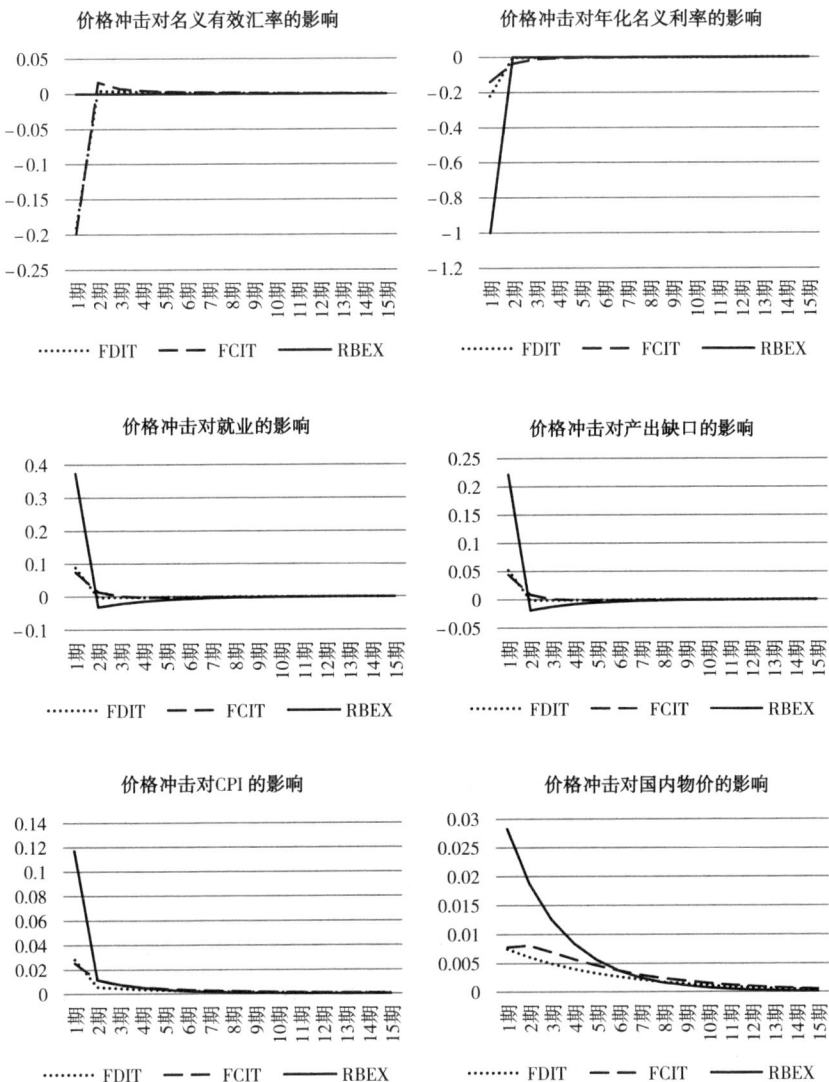

价格冲击对名义有效汇率的影响

价格冲击对年化名义利率的影响

价格冲击对就业的影响

价格冲击对产出缺口的影响

价格冲击对CPI的影响

价格冲击对国内物价的影响

价格冲击对年化CPI通货膨胀率的影响

价格冲击对国内物价通货膨胀率的影响

价格冲击对年化实际利率的影响

价格冲击对贸易条件的影响

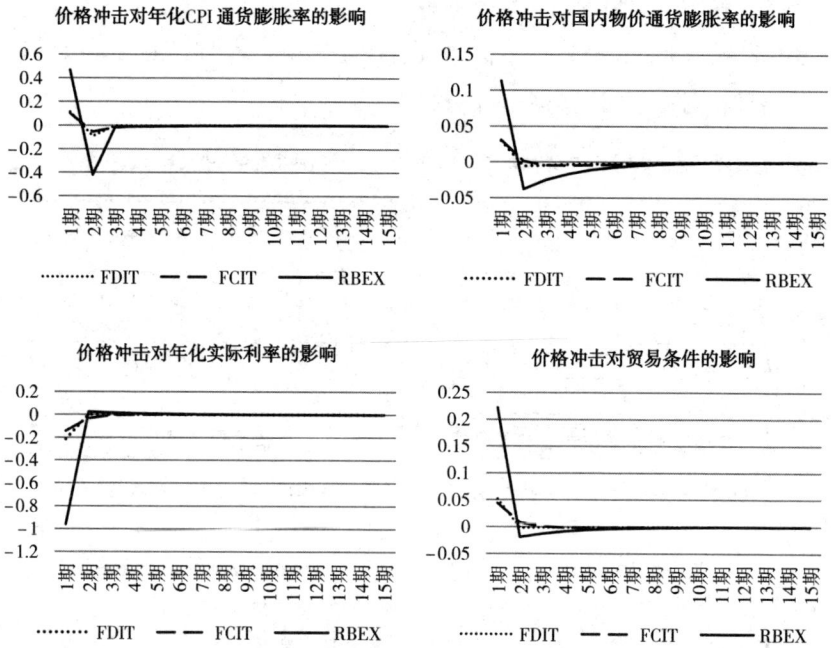

图 8.5　价格冲击引起的脉冲响应

价格冲击对名义利率的影响，在 RBEX 规则下首期下降幅度最大，但在第 2 期迅速回归至初始水平。FDIT 规则和 FCIT 规则下首期略微下降，随后逐渐向初始水平收敛，时间较 RBEX 规则下略长 2 期。

价格冲击对就业的影响，RBEX 规则下首期最大，到第 2 期迅速下降至 0 以下，随后逐渐向初始水平收敛。FCIT 和 FDIT 规则下，首期略有正面影响，第 2 期就回归至初始水平。

价格冲击对产出缺口的影响，三种规则下表现同对就业的影响相同。

价格冲击对 CPI 的影响，RBEX 规则下首期幅度最大，FCIT 规则和 FDIT 规则下首期的幅度接近，仅有较小的正面影响。三种规则下向初始水平收敛的时长基本相同，大约在第 4 期回归到初始水平。

价格冲击对国内物价的影响，在 RBEX 规则下首期最大，在 FCIT 规则和 FDIT 规则下首期的幅度接近，仅有较小的正面影响。三种规则下向初始水平收敛的时长基本相同，大约在第 12 期回归到初始水平。

价格冲击对 CPI 通货膨胀率的影响，RBEX 规则下波动幅度最大，首期为正，第 2 期为负，第 4 期回归到初始水平。FDIT 和 FCIT 规则下，首期略有上升，此后逐渐回归，第 4 期收敛到初始水平。

价格冲击对国内物价通货膨胀率的影响在三种规则下的表现与对 CPI 通货膨胀率的影响相似。

价格冲击对实际利率的影响，在 RBEX 规则下，首期为负，且程度属于三者中最大；在 FDIT 和 FCIT 规则下首期影响也为负，但仅是小幅下降。三种规则下，都在第 2 期收敛到初始水平。

价格冲击对贸易条件的影响，在 RBEX 规则下，首期为正，且程度最大，此后迅速回落，第 2 期略低于 0，并逐渐回归至初始水平。FDIT 和 FCIT 规则下，首期略微为正，在第 2 期收敛到初始水平。

从脉冲响应分析可以看到，三种货币政策规则下，不同冲击会引起经济变量以差异化模式变动（即方向、程度和回归期），因此，中国人民银行采用不同的货币政策规则，引起的经济波动方式会有差别，特别是同一种货币政策规则下国内外不同冲击也会导致经济出现不同的波动特点，这是开放经济固有的特征。这为我们从经济波动视角评判货币政策规则提供了视角，可以根据不同的经济波动构造福利损失函数，以比较不同货币政策规则在应对国内外冲击和确保经济稳定方面的效果。

三、不同货币政策的福利损失分析

从图 8.1~8.5 可以看出，不同的货币政策规则对应着不同的经济波动方式。中央银行设定的社会福利损失函数中包括特定的经济变量及其函数形式，因此，货币政策规则对社会福利损失的影响依赖于具体福利损失函数的假定。根据式（8.44），中央银行主要关注国内通胀率和产出缺口的波动，即国内通胀率和产出缺口的波动越大福利损失越多。表 8.2 总结了三种规则在应对五种国内外冲击时的社会福利损失。

表 8.2　三类货币政策规则应对不同冲击形成的福利损失

冲击　＼　货币规则	FDIT	FCIT	RBEX
国内技术冲击	0.0284	0.0178	0.0077
国内货币冲击	0.0029	0.0101	0.0784
国外产出冲击	0.1750	0.0662	0.0896
国内消费者选择偏好冲击	0.0013	0.0008	0.0015
国内价格冲击	0.0002	0.0016	0.0451

根据上述结果，我们可以看出：

第一，FDIT 规则在应对国内货币冲击和国内价格冲击时，福利损失相对较小。因为 FDIT 将国内物价变动纳入规则。国内货币供给增加和国内价格冲击对国内物价有最直接的影响，当政府严密防控国内物价过度波动时，国内货币冲击和国内价格冲击的影响能被充分关注和应对，在 FDIT 规则下，货币政策应对冲击造成的损失会降到最低程度，而 FCIT 规则下，需要同时考虑国内价格和国外价格的双重影响，导致 FCIT 在应对国内物价或货币冲击时反应欠佳。

第二，FCIT 规则在应对国外产出冲击和国内消费者选择偏好冲击时，福利损失相对较小。因为 FCIT 将消费者价格变动纳入规则。消费者价格同时包含国内价格和国外价格。以消费者价格稳定为目标的规则，会兼顾对消费者选择有重要影响的各种冲击并做出协调性反应，比起 FDIT 规则，FCIT 规则会造成更低的福利损失。

第三，RBEX 规则在应对国内技术冲击时表现最佳。因为 RBEX 以参照一篮子货币的汇率形成机制为规则，技术冲击会影响本国和外国劳动生产率的对比，通过 Balassa-Samuelson 效应，对汇率产生影响，由此，RBEX 对技术冲击的反应会最适度，造成的福利损失最小。尽管国内货币和国内价格等冲击也会对汇率造成影响，但 RBEX 需要兼顾其他影响汇率的冲击，因此，效果不如 FDIT 规则。

第四，将汇率稳定目标纳入泰勒规则和福利损失函数后，没有哪一种规则会在应对国内外各种冲击时占优。政府需要结合具体的发展目标和特定的国内外经济形势，做出科学选择，这也正是中国人民银行在采用货币工具调控经济时，倾向于采用稳健的、相机抉择的规则方式。当前，中国正同时推进多项发展战略，包括开放发展和创新发展。随着中国技术水平积累，技术对经济的冲击不容忽视，在货币政策规则中直接包含汇率稳定的目标，对包含汇率的泰勒规则进行系数优化，将有利于货币政策发挥宏观调控作用。

综上所述，从未来一段时间来看，随着我国经济结构的调整，特别是需求结构从以前的严重依赖外需逐步向以内需为主的转换，货币政策的实施也应该进行相应的调整，从关注汇率水平的波动转换为更多地关注国内物价稳定和产出水平的波动。从理论上来说，根据"不可能三角"定律，盯住汇率势必使得货币政策实施丧失独立性，从而使得货币政策无法侧重于国内物价稳定或产出波动等经济目标，货币政策规则在选择宏观经济政策目标时存在着固有的矛盾，规则转换有其必然性。

本章小结

本章基于小型开放经济模型，结合经济周期因素，分析不同货币政策对应的不同的经济波动方式，进而计算社会福利损失函数，借此通过比较福利损失的大小做出货币政策效果的评估。研究结果表明，开放经济环境中国内外各种冲击引起经济波动的方式以及各种货币政策的调控引起反应有明显差别。中国人民银行基于特定时期经济形式、为实现特定目标（如汇率稳定、物价稳定、经济稳定增长等）而实施特定的货币政策，需要做出具体的规则界定。在没有哪一种政策规则占优时，相机抉择或是灵活的规则具有一定的合理性。

第九章

结论与政策启示

本书根据国际收支平衡的结构和信息，充分考虑中国内地与 CFETS 篮子货币经济体双边贸易和双边资本流动的年度情况，设计了双边贸易与投资权重人民币有效汇率指数。利用行为均衡汇率模型，研究了人民币有效汇率与主要宏观经济变量的长期协整关系，并测算了人民币汇率失调的程度，进一步将参照一篮子货币的汇率形成机制与货币政策及规则融入开放经济 DSGE 模型，综合分析汇率政策与货币政策的协同运行特征与效果。

第一节　主要研究结论

通过多层次实证研究，本书主要得出以下结论：

第一，从波动程度看，本书设计的双边贸易与投资权重人民币有效汇率比 BIS 和 IMF 公布的人民币有效汇率指数波动幅度更小，更加稳定。通过应用于经典的出口方程，双边贸易与投资权重人民币有效汇率对中国出口的影响系数以及进口伙伴国整体的 GDP 水平对中国出口的影响系数，都十分显著，且与出口方程理论预期一致。表明新设计的人民币有效汇率指数具有良好适用性。

第二，本书设计的人民币有效汇率指数适用于 BEER 模型。双边贸易与投资权重人民币有效汇率与 Balassa-Samuelson 效应等 6 个主要宏观经济变量具有稳定的协整关系，各变量系数都显著，能够捕捉 6 个主要宏观变量的长期趋势信息，计算出人民币均衡汇率。通过测算汇率失调程度，进一步分析人民币汇率失调和汇率波动对中国经济增长的影响。研究发现，人民币汇率失调对经济增长有显著负面效应，因此，加强对人民币汇率管理十分必要。

第三，利用双边贸易与投资权重人民币名义有效汇率进行参数校准，通过 DSGE 模型做模拟性实证研究，发现政府在应用货币政策开展宏观管理时，必须事先结合具体目标和国内外特定经济形势做出研判，选取合适的规则。第八章的研究结论也证实了中国货币政策实施存在着相机抉择的合理性，并为协同推进汇率机制改革和货币政策完善提供了思路。

第二节　政策建议

优化人民币有效汇率指数的研究具有多重价值，一是丰富了人民币指数工具，为市场主体和政府部门提供新的观测人民币国际价值的工具，二是为人民币汇率形成机制改革提供参考。政府部门可考虑编制双边贸易与资本权重人民币有效汇率指数，与当前基于贸易权重的 CFETS 同时发布，为市场主体判断人民币对外价值提供不同视角。一个包含信息更丰富、运行更稳定的人民币指数，能为政府推动汇率市场化改革争取宝贵空间。有效的汇率形成机制改革为完善货币政策创造了良好的条件。人民币汇率形成机制改革也是人民币国际化的基础，后者对中国扩大金融开放有着直接影响。进入新时代后，中国要在新起点实现经济高质量发展，需要更大格局和更高水平的开放。人民币汇率形成机制改革的推进，有助于丰富国际政策协调的内容，提高协调机制的运行效率，也有利于中国实现经济稳定增长、产业结构优化和国际竞争力提升的目标。

一、通过倡导并推动贸易自由化来促进人民币有效汇率的稳定

经贸往来不仅会影响双边汇率，还会影响经济体货币在人民币有效汇率指数中的权重。倡导贸易自由化，推动多边贸易的稳定与协调发展，能消除

双边贸易波动对于汇率的冲击，有利于人民币有效汇率权重的稳定，进而有利于人民币指数的平稳。

贸易是推动经济增长的动力，也是货币国际化的主要动因。在参与经济全球化过程中，中国发挥比较优势和后发优势，积极参与国际合作与竞争。随着中国经济实力和国际贸易规模的迅速扩大，人民币在国际支付中的使用率不断提高，但与中国的经济规模和在国际贸易中的占比相比较仍有很大距离。尽管中国贸易规模较大，但离贸易强国还有不小距离。中国尚未在主要贸易产品或国际分工价值链中占主导地位，尚未在自有品牌、核心技术和营销渠道方面占据比较优势，在国际贸易规则制定中的话语权并不突出。因此，中国要在坚持改革开放的同时，保护和推动自由贸易和全球化。

中国要做大做强贸易，一是要加大创新力度，促进贸易升级。鼓励企业创新，掌握核心技术和打造自有品牌，实现产业升级。产业技术升级和打造知名品牌具有周期长、风险大和成本高的特点，政府需要给予企业足够的动力和压力。动力来自企业对高额利润的追求，压力来自市场竞争的强化。政府要能提供国际化、市场化、法治化营商环境，保护企业资产所有权、知识产权，形成公平竞争氛围。二是发挥民营企业在对外贸易中的积极作用。民营经济是中国经济增长的重要源泉。在对外贸易中，出口主力始终是外资企业和民营企业，这些非公经济能够高效整合生产要素和资源，凭借对国际市场的了解，发掘利用中国比较优势与后发优势。三是充分利用中国巨大的市场规模，创造更大的规模经济优势。中国幅员辽阔，拥有充分的资源禀赋，通过在发达地区和欠发达地区实现产业转移，使发达地区在产业升级的同时，不丢失原有产业和对外贸易能力，同步实现产业升级与贸易稳定目标，充分保障中国经济和贸易的规模优势。

促进贸易自由化，中国应积极利用好世界贸易组织，同时，要发挥好区域贸易协定的作用。中国已与东盟、澳大利亚、韩国、新加坡等签订双边贸易协定，能较好弥补由多边贸易体制的衰退造成的不足。对于中国而言，贸易是拉动经济增长的三驾马车之一，做大做强贸易，中国需要利用好多边和区域贸易平台，扩大自由贸易网络，为促进人民币有效汇率提供坚实的贸易基础。

二、通过积极开展汇率政策协调以维持人民币有效汇率稳定

汇率政策是政府通过控制本国货币汇率升值或贬值，来影响贸易和资本流动，以实现国际收支平衡的政策手段。汇率大幅波动对一国对外贸易和跨境资本流动都会产生重大影响，进而对本国货币在国际市场的供给和需求造成冲击，最终对经济增长产生作用。

随着人民币成为国际货币基金组织特别提款权的组成货币，人民币未来会被更多发展中国家作为锚定货币，中国汇率政策的外溢效应将会逐渐明显化。因此，加强中国与其他发达国家汇率政策的协调，能为稳定汇率水平和促进国际经济交往产生积极作用。

现有发达国家之间以双边会议或多边会议为主要方式的协调模式不能适应世界大多数国家的发展要求，需要形成新共识，发挥国际货币基金组织、国际清算银行等国际组织的功能，建立统一的组织机构、执行监督和争端解决机制。充分发挥中国在区域性合作中的中心作用，推动双边和多边汇率政策协调，加强区域汇率政策协调机制建设，加大货币互换等方式的利用，避免竞争性汇率政策，维护汇率水平稳定。

三、积极参与货币政策国际协调以提升汇率形成机制与货币政策的协同效果

汇率稳定离不开金融环境和经济环境的稳定。在经济全球化时代，各国宏观政策溢出效应增强，需要通过机制和平台建设，强化宏观政策国际协调效果，才能更好保障国际金融环境稳定。2008年金融危机后，二十国集团逐渐成为国际货币政策协调的主要力量，与国际货币基金组织合作为金融稳定发挥重要作用。中国也正积极参与双边货币政策协调。2008年12月，中国与韩国签订了货币互换协议，此后与一系列国家签署双边货币互换协议，极大便利了中国与协议国之间的双边贸易。2014年，中国、俄罗斯、印度、南非和巴西五国共同发起设立金砖国家新开发银行行动，推进一系列金融货币

合作。中国推进"一带一路"战略，与沿线国家和地区积极建立多边金融合作机构，增加了人民币在跨境贸易中的使用比例。2016年杭州峰会再次强调，要继续加强在货币、财政、结构性政策等方面的国际协调。在区域协调层面也达成了一系列多边合作框架协议。

货币政策协调对稳定人民币汇率有很大帮助。多边或双边货币政策协调能提升参与国抗击金融风险能力，减少各国货币政策负向溢出效应。货币政策国际协调还能创造一个相对稳定的汇率体系，降低各国货币政策对汇率的冲击。人民币国际化正处在关键时期，只有汇率稳定，才能增进市场信心。中国与"一带一路"沿线国家的货币政策协调和金融合作，在促进中国企业"走出去"的同时，也提高了国际贸易和国际投资中人民币结算的使用频率。在人民币加入特别提款权篮子货币后，客观上需要其他国家与中国开展货币政策协调，才能实现共赢。

中国人民银行可积极与各国中央银行加强信息交流，就各国宏观经济走势、政策态度和经济发展目标开展交流。积极参与国际协调平台建设，强化二十国集团作用，推进明确的监督机制和硬约束。中国还应该在区域内加快建立有效的货币政策协调机制，例如，借助中国在"一带一路"沿线国家和地区的影响力，推动区域政策协调。在政策规则方面，可以采用通货膨胀目标制，只要参与国遵守相同的规则，协调效果就会明显提升。

第三节　未来研究方向

受数据可得性等因素影响，本研究还存在一些不足，但也为未来研究指出了方向。

一是人民币有效汇率指数可以进一步设计成双重贸易与投资加权指数。将第三国效应考虑在内，使得贸易权重从本章当前使用的双边改为双重，再加上投资因素。未来，在数据可得（既包括伙伴国数据可得，也包括有效数据时期较长）的条件下，根据第6章介绍的双重贸易权重设计方法，可以继续尝试设计双重贸易与投资加权人民币有效汇率指数，使得指数更能体现第三国市场的竞争效应。

　　二是探索设计开放经济下的大国 DSGE 模型。鉴于小国模型适用于发展中国家，且各种假设和推导较为成熟，现有文献较多根据小国模型开展模拟实证研究。本章在研究过程中发现，人民币作为国际货币，正被越来越多国家使用，在国际贸易结算场合的使用比率也逐渐提升，但与美元、欧元等主要国际货币相比，占比还很小（张光平，2017），并且中国还没有真正成为贸易强国。因此，目前研究依然采用较为成熟的小国模型。中国经济快速增长，对世界市场有了明显的影响力，未来的研究可探索设计出合理的大国模型，进一步开展实证分析。

参考文献

中文文献

［1］［阿根廷］乔治·麦坎得利斯. RBC 之 ABC 动态宏观经济模型入门［M］. 段鹏飞，译. 大连：东北财经大学出版社，2011.

［2］卞志村，高洁超. 适应性学习、宏观经济预期与我国最优货币政策［J］. 经济研究，2014（4）：41-55.

［3］卜永祥. 人民币升值压力与货币政策：基于货币模型的实证分析［J］. 经济研究，2008，43（9）：58-69.

［4］陈梦根，牛华. 购买力平价变动影响因素研究：国际视角［J］. 金融研究，2016（9）：82-98.

［5］陈平，李凯."适应性学习"下人民币汇率的货币模型［J］. 经济评论，2010（3）：48-56.

［6］陈强. 高级计量经济学及 Stata 应用（第 2 版）［M］. 北京：高等教育出版社，2014.

［7］陈师，郑欢，郭丽丽. 中国货币政策规则、最优单一规则与宏观效应［J］. 统计研究，2015（1）：41-51.

［8］程贵，万解秋. 通胀目标制：功能机理、政策绩效与启示［J］. 华东经济管理，2012，26（11）：91-94.

［9］樊丰，崔兴岩. 汇率的非线性波动与巴拉萨—萨缪尔森效应［J］.

经济问题，2013（9）：53-56.

　　[10] 冯斐.基于 ERER 模型的人民币均衡汇率实证研究 [D].重庆：重庆大学，2010.

　　[11] 傅章彦.人民币实际汇率的决定及其趋势演变研究——对巴拉萨—萨缪尔森效应模型的扩展 [J].经济前沿，2009（6）：9-14.

　　[12] 傅梓航.汇率波动与中国经济增长 [D].杭州：浙江大学，2016.

　　[13] 高书丽.人民币行为均衡汇率与汇率错位的测算 [J].统计与决策，2013（1）：38-41.

　　[14] 管涛.汇率的本质 [M].北京：中信出版集团，2016.

　　[15] 管涛，马昀，夏座蓉.汇率的博弈：人民币与大国崛起 [M].北京：中信出版集团股份有限公司，2018.

　　[16] 韩立岩，刘兰芬.人民币指数及其信息价值 [J].世界经济，2008（12）：62-72.

　　[17] 何国华，吴金鑫.金融市场开放下中国最优货币政策规则选择 [J].国际金融研究，2016，（8）：13-23.

　　[18] 何建祥.人民币均衡汇率理论分析及改进模型测算 [D].长春：吉林大学，2014.

　　[19] 贺华成.中国经济的内外均衡与人民币均衡汇率 [D].上海：复旦大学，2012.

　　[20] 胡炳志，张腾.利率平价对人民币远期定价影响的实证分析 [J].统计与决策，2017（2）：156-159.

　　[21] 胡德宝，苏基溶.政府消费、贸易条件、生产率与人民币汇率——基于巴拉萨—萨缪尔森效应的扩展研究 [J].金融研究，2013（10）：42-54.

　　[22] 胡再勇.非抛补利率平价之谜——基于发达经济体与新兴经济体的实证检验 [J].当代财经，2013（2）：47-57.

　　[23] 胡再勇.人民币行为均衡汇率及错位程度的测算研究：1978—2006 [J].当代财经，2008（1）：41-47.

[24] 姜波克. 均衡汇率理论和政策的新框架 [J]. 中国社会科学，2006 (1)：15-22，205.

[25] 姜波克. 均衡汇率理论和政策新框架的再探索 [J]. 复旦学报 (社会科学版)，2007 (2)：41-49.

[26] 姜波克. 均衡汇率理论与政策新框架的三探索——基于自然资源角度的分析 [J]. 国际金融研究，2007 (1)：53-57，62.

[27] 姜波克，李天栋. 人民币均衡汇率理论的新视角及其意义 [J]. 国际金融研究，2006 (4)：60-66.

[28] 姜波克，许少强，李天栋. 经济增长中均衡汇率的实现与作用 [J]. 国际金融研究，2004 (12)：51-57.

[29] 金中夏，陈浩. 利率平价理论在中国的实现形式 [J]. 金融研究，2012 (7)：63-74.

[30] 李焜. 基于 BEER 模型的人民币均衡汇率的实证研究 [D]. 北京：北京航空航天大学，2014.

[31] 李丽玲，王曦. 资本账户开放、汇率波动与经济增长：国际经验与启示 [J]. 国际金融研究，2016 (11)：24-35.

[32] 李天栋. 基本要素均衡汇率的逻辑结构与悖论——基于汇率杠杆属性对 FEER 的超越 [J]. 国际金融研究，2006 (10)：49-54.

[33] 李艳丽. 人民币汇率的巴拉萨-萨缪尔森效应——基于弹性价格货币模型的分析 [J]. 中央财经大学学报，2006 (12)：38-43，68.

[34] 厉君雄. 基于修正的广义货币模型的人民币汇率决定研究 [J]. 时代金融，2017 (12)：7.

[35] 刘斌. 动态随机一般均衡模型及其应用（第 3 版）[M]. 北京：中国金融出版社，2016.

[36] 刘惠好，李蔚，苏振天. 巴拉萨—萨缪尔森假说理论拓展与实证——基于中国国情 [J]. 财贸研究，2014，25 (3)：108-116.

[37] 刘纪显，张宗益. 货币政策的粘性均衡汇率效应模型及人民币汇率定价的弹性分析 [J]. 数量经济技术经济研究，2006 (10)：26-37，47.

[38] 刘莉亚, 任若恩. 用均衡汇率模型估计人民币均衡汇率的研究 [J]. 财经研究, 2002 (5): 16-22.

[39] 刘阳. 均衡汇率与人民币汇率机制改革 [M]. 成都: 西南财经大学出版社, 2006.

[40] 刘洋. 多目标条件下人民币短期均衡汇率决策模型研究 [D]. 山西财经大学, 2017.

[41] 刘洋. 人民币短期均衡汇率测算方法及应用研究 [J]. 数量经济技术经济研究, 2018, 35 (6): 114-131.

[42] 刘尧成. 供求冲击与人民币汇率的波动: 基于 DSGE 两国模型的模拟分析 [J]. 南方经济, 2010 (9): 29-39.

[43] 刘尧成. 开放经济条件下中国的最优货币政策规则——基于 DSGE 模型的模拟分析 [J]. 金融论坛, 2018, 23 (6): 53-67.

[44] 刘尧成, 魏玲. 经济增长、人民币汇率与国际收支的动态关联性分析 [J]. 统计与决策, 2017 (9): 147-150.

[45] 卢锋, 刘鎏. 我国两部门劳动生产率增长及国际比较 (1978—2005) ——巴拉萨缪尔森效应与人民币实际汇率关系的重新考察 [J]. 经济学 (季刊), 2007 (2): 357-380.

[46] 陆前进. 参考一篮子货币的人民币汇率形成机制研究——基于人民币有效汇率目标的分析 [J]. 财经研究, 2010, 36 (4): 4-13.

[47] 陆前进. 人民币有效汇率指数和篮子货币最优权重的选取 [J]. 学海, 2012 (2): 30-37.

[48] 陆前进. 有效汇率指数编制探讨及人民币有效汇率指数测算 [J]. 新金融, 2012 (1): 17-22.

[49] 陆志明, 程实. 1994 年以来中国长期均衡汇率的提取——基于 Gonzalo-Granger 长期共同成份分解方法 [J]. 产业经济研究, 2005 (2): 1-10.

[50] 吕剑. 人民币均衡汇率错位对进出口的影响——基于协整理论和二元选择模型的实证分析 [J]. 当代经济科学, 2007 (2): 46-51, 125.

［51］吕剑. 人民币均衡汇率、汇率错位与出口关系的实证分析［J］. 亚太经济，2006（6）：20-23.

［52］吕江林，王磊. 基于修正的 ERER 模型的人民币均衡汇率实证研究［J］. 当代财经，2009（4）：51-58.

［53］马勇. DSGE 宏观金融建模及政策模拟分析［M］. 北京：中国金融出版社，2017.

［54］〔美〕爱德华·P. 赫布斯特，弗兰克·绍尔夫海德. DSGE 模型的贝叶斯估计［M］. 徐占东，译. 大连：东北财经大学出版社，2017.

［55］〔美〕本·S. 伯南克，等. 通货膨胀目标制国际经验［M］. 孙刚，钱泳，王宇，译. 大连：东北财经大学出版社，2006.

［56］〔美〕蔡瑞胸. 多元时间序列分析及金融应用：R 语言［M］. 张茂军，李洪成，南江霞，译. 北京：机械工业出版社，2016.

［57］潘锡泉. 汇率波动存在非对称"杠杆效应"吗？——基于 GARCH 族模型的波动性研究［J］. 当代经济管理，2017，39（1）：81-88.

［58］潘锡泉. 汇率、汇率波动及其宏观经济效应研究［M］. 北京：中国金融出版社，2017.

［59］潘锡泉. 中美利率和汇率动态效应研究：理论与实证——基于拓展的非抛补利率平价模型的研究［J］. 国际贸易问题，2013（6）：76-87.

［60］彭涛. 人民币汇率市场化和资本账户开放［M］. 北京：中国言实出版社，2017.

［61］钱燕，万解秋. 货币供应、通货膨胀与经济增长的互动关系研究——基于时变参数 VAR 模型的实证检验［J］. 西安财经学院学报，2014，27（1）：5-10.

［62］人民币汇率指数发布［J］. 中国外汇，2015（24）：72.

［63］荣璟，万鹏. 人民币有效汇率指数测度研究——基于资本权重的分析［J］. 价格理论与实践，2015（11）：97-99.

［64］〔瑞士〕曼弗雷德·加特纳. 汇率经济学：理论模型与实证分析［M］. 吕随启，译. 北京：中国市场出版社，2009.

[65] 邵彩虹，王晓丹. 基本面因素与人民币汇率的协整和方差分析——基于行为均衡汇率理论 [J]. 经济问题，2012 (6)：100-103.

[66] 沈军. 均衡汇率与金融发展相关吗？——基于 BEER 修正模型的人民币均衡汇率测算 [J]. 经济经纬，2013 (4)：145-149.

[67] 盛梅，袁平，赵洪斌. 有效汇率指数编制的国际经验研究与借鉴 [J]. 国际金融研究，2011 (9)：51-57.

[68] 苏明政，张庆君. 资金吸引力、对外依存度与巴拉萨—萨缪尔森效应——基于门限面板回归模型的检验 [J]. 国际贸易问题，2014 (8)：36-46.

[69] 孙国峰，孙碧波. 人民币均衡汇率测算：基于 DSGE 模型的实证研究 [J]. 金融研究，2013 (8)：70-83.

[70] 孙茂辉. 人民币自然均衡实际汇率：1978—2004 [J]. 经济研究，2006 (11)：92-101.

[71] 孙亚南，万方方. 一个新的长期均衡模型：人民币持久均衡汇率 [J]. 统计与决策，2006 (22)：93-94.

[72] 孙章杰，傅强. 基于状态空间模型的人民币均衡汇率研究 [J]. 管理工程学报，2014, 28 (4)：112-117.

[73] 孙章杰，傅强. 人民币均衡汇率决定因素的动态分析 [J]. 统计与决策，2013 (19)：162-164.

[74] 谭小芬，高志鹏. 中美利率平价的偏离：资本管制抑或风险因素？——基于 2003—2015 年月度数据的实证检验 [J]. 国际金融研究，2017 (4)：86-96.

[75] 唐亚晖，陈守东. 基于 BEER 模型的人民币均衡汇率与汇率失调的测算：1994Q1—2009Q4 [J]. 国际金融研究，2010 (12)：29-37.

[76] 唐亚晖. 人民币汇率失调的测算及汇率传递效应研究 [M]. 北京：人民出版社，2015.

[77] 田国强，尹航. 人民币汇率弹性变动与货币政策目标 [J]. 金融论坛，2018, 23 (9)：31-41.

[78] 屠立峰, 乔桂明, 万解秋. 泰勒规则对中国货币政策双目标的适用性研究——基于不同利率工具的比较 [J]. 学习与探索, 2017 (1): 117-122.

[79] 万解秋, 徐涛. 量化宽松货币政策的有效性研究——基于中美两国货币政策短期效果的比较分析 [J]. 苏州大学学报 (哲学社会科学版), 2014, 35 (3): 109-117, 192.

[80] 万亚萍. 基于 BEER 模型的人民币均衡汇率水平测算 [D]. 乌鲁木齐: 新疆财经大学, 2017.

[81] 汪洋, 荣璟. 人民币有效汇率指数: 基于净进口与净出口贸易伙伴货币篮子视角 [J]. 经济经纬, 2015, 32 (6): 47-53.

[82] 王爱华. 人民币有效汇率指数构建及应用研究 [D]. 长春: 东北师范大学, 2016.

[83] 王爱俭, 林楠. 人民币均衡汇率测算与应用研究 [J]. 金融研究, 2013 (7): 31-45.

[84] 王爱俭, 王岩, 林楠. 基于金融安全的人民币汇率政策调控研究 [J]. 经济学动态, 2008 (9): 58-63.

[85] 王苍峰, 岳咬兴. 人民币实际汇率与中国两部门生产率差异的关系——基于巴拉萨—萨缪尔森效应的实证分析 [J]. 财经研究, 2006 (8): 71-80.

[86] 王光伟. 人民币国际化的途径与策略——货币国际化研究视角 [J]. 企业经济, 2015 (11): 9-14.

[87] 王光伟. 人民币汇率决定机制的战略思考 [J]. 上海金融, 2004 (3): 11-14.

[88] 王光伟. 我国当前货币政策效果与外汇管理体制改革 [J]. 经济学动态, 2002 (1): 30-33.

[89] 王凯, 庞震. 经济增长对实际汇率的影响: 基于巴拉萨—萨缪尔森效应的分析 [J]. 金融发展研究, 2012 (2): 28-33.

[90] 王倩. 东亚经济体汇率的锚货币及汇率制度弹性检验——基于新

外部货币模型的实证分析 [J]. 国际金融研究, 2011 (11): 30-38.

[91] 王胜、郭汝飞. 不完全汇率传递与最优货币政策 [J]. 经济研究, 2012 (14): 131-143.

[92] 王维国, 黄万阳. 人民币均衡实际汇率研究 [J]. 数量经济技术经济研究, 2005 (7): 3-14.

[93] 王相宁, 李敏, 缪柏其. 基于 BEER 模型的人民币均衡汇率——来自状态空间理论的新证据 [J]. 系统工程, 2010, 28 (5): 8-12.

[94] 王雅杰. 人民币汇率决定: 理论与实证 [M]. 北京: 北京大学出版社, 2016.

[95] 王义中, 金雪军. 人民币汇率定价机制研究: 波动、失衡与升值 [M]. 杭州: 浙江大学出版社, 2012.

[96] 文先明, 曹滔, 翟欢欢. 人民币均衡实际汇率测算与失调程度分析 [J]. 财经理论与实践, 2012, 33 (5): 18-23.

[97] 吴腾华. 人民币汇率管理技术研究 [M]. 北京: 中国金融出版社, 2016.

[98] 〔西班牙〕若迪·加利. 货币政策、通货膨胀与经济周期: 新凯恩斯主义分析框架引论 [M]. 杨斌, 于泽, 译. 北京: 中国人民大学出版社, 2013.

[99] 肖立晟, 刘永余. 人民币非抛补利率平价为什么不成立: 对 4 个假说的检验 [J]. 管理世界, 2016 (7): 51-62, 75, 187-188.

[100] 谢太峰, 甄晗蕾. 基于 BEER 模型的人民币均衡汇率研究 [J]. 金融理论与实践, 2015 (8): 21-24.

[101] 徐国祥, 杨振建, 郑雯. 人民币汇率指数编制及其与宏观经济变量的联动分析 [J]. 统计研究, 2014, 31 (4): 39-50.

[102] 徐家杰. 均衡汇率新思维: 一个内外均衡条件下的购买力平价模型及其应用 [J]. 数量经济技术经济研究, 2010, 27 (9): 67-81.

[103] 徐奇渊, 杨盼盼, 刘悦. 人民币有效汇率指数: 基于细分贸易数据的第三方市场效应 [J]. 世界经济, 2013, 36 (5): 37-51.

［104］徐强，陈华超. 世界银行国际比较项目（ICP）与欧盟-OECD 购买力平价项目的比较［J］. 国际经济评论，2017（2）：131-143，8.

［105］徐涛. 基于泰勒规则的人民币汇率实证分析［J］. 现代商贸工业，2017（11）：82-83.

［106］徐涛. 人民币实际汇率对制造业出口的影响分析——基于江苏省数据的分析［J］. 现代商贸工业，2011，23（24）：126-127.

［107］徐涛，万解秋，丁匡达. 人民币汇率调整与制造业技术进步［J］. 世界经济，2013，36（5）：69-87.

［108］徐旸. 人民币实际有效均衡汇率估计［J］. 统计与决策，2007（5）：77-79.

［109］严太华，程欢. 1997—2013 年人民币均衡汇率失调程度的实证研究［J］. 经济问题，2015（1）：50-54.

［110］杨长江，钟宁桦. 购买力平价与人民币均衡汇率［J］. 金融研究，2012（1）：36-50.

［111］姚远. 人民币有效汇率的波动及其经济效应研究［D］. 长春：吉林大学，2011.

［112］殷明明，陈平，王伟. 第三方市场竞争效应、投资效应与人民币有效汇率指数测算［J］. 金融研究，2017（12）：33-47.

［113］〔英〕格里·库普，迪米特里斯·克罗比利斯. 实证宏观经济学：贝叶斯多元时间序列方法［M］. 李力，郝大鹏，王博，译. 大连：东北财经大学出版社，2018.

［114］〔英〕迈克尔·威肯斯. 宏观经济理论：动态一般均衡方法［M］. 冯文成，段鹏飞，译. 大连：东北财经大学出版社，2016.

［115］曾志斌，何诗萌. 人民币均衡汇率变动趋势的实证研究——基于 DSGE 模型的分析［J］. 中央财经大学学报，2015（S1）：5-9.

［116］翟春. 如何看待货币供应量与经济增长关系［J］. 中国金融，2010（23）：29-30.

［117］张斌. 人民币均衡汇率：简约一般均衡下的单方程模型研究［J］.

世界经济，2003（11）：3-12.

[118] 张光平，王承基，吴珣轶. 人民币国际化和产品创新（第 7 版）[M]. 北京：中国金融出版社，2017.

[119] 张赫. 基于拓展的购买力平价方法衡量人民币均衡汇率——全球和新兴经济体的视角 [J]. 金融论坛，2017，22（9）：58-67.

[120] 张建英. 基于弹性价格货币模型的人民币汇率实证研究 [J]. 宏观经济研究，2013（8）：55-65.

[121] 张润林. 利率平价在中国的适用性分析 [J]. 经济问题，2011（6）：86-88.

[122] 张晓京. 基于货币购买力的人民币均衡汇率理论模型与汇率失调测算 [J]. 商业研究，2018（1）：71-78.

[123] 张晓莉. 货币篮设计、汇率适度弹性：人民币汇率形成机制研究 [M]. 北京：经济科学出版社，2013.

[124] 赵华，燕焦枝. 汇改后人民币汇率波动的状态转换行为研究 [J]. 国际金融研究，2010（1）：60-67.

[125] 赵西亮，赵景文. 人民币均衡汇率分析：BEER 方法 [J]. 数量经济技术经济研究，2006（12）：33-42，145.

[126] 中国人民大学国际货币研究所. 人民币国际化报告（2018）——结构变迁中的宏观政策国际协调 [M]. 北京：中国人民大学出版社，2018.

[127] 周克. 当前人民币均衡汇率估算——基于 Balassa—Samuelson 效应扩展的购买力平价方法 [J]. 经济科学，2011（2）：54-62.

[128] 朱成科，史燕平. 进口跨境人民币结算：抛补套利与利率平价失灵？[J]. 国际金融研究，2015（11）：69-76.

[129] 朱孟楠、刘林. 资产价格、汇率与最优货币政策 [J]. 厦门大学学报（哲学科学版），2011，（2）：25-33.

英文文献

[1] AGHION P E A，AGHION P，BACCHETTA P，et al. Exchange rate

volatility and productivity growth: the role of financial development [J]. Journal of Monetary Economics, 2006, 56 (4): 494-513.

[2] ALLSOPP C, VINES D. The macroeconomic role of fiscal policy [J]. Oxford Review of Economic Policy, 2006, 21 (21): 485-508.

[3] ANKER P. Uncovered interest parity, monetary policy and time-varying risk premia [J]. Journal of International Money and Finance, 1999, 18 (6): 835-851.

[4] ARTIS M J, TAYLOR M P. Misalignment, debt accumulation and fundamental equilibrium exchange rates [J]. National Institute Economic Review, 1995, 153 (153): 73-83.

[5] BALASSA B. The purchasing-power parity doctrine: a reappraisal [J]. Journal of Political Economy, 1964, 72 (6): 584-596.

[6] BOLLERSLEV T. Generalized autoregressive conditional heteroskedasticity [R/OL]. Eeri Research Paper, 1986, 31 (3): 307-327.

[7] BRODSKY D A . Arithmetic versus geometric effective exchange rate [J]. Weltwirtschaftliches Archiv, 1982, 118 (3): 546-562.

[8] CHEN C, et al. "Exchange rate dynamics in a Taylor rule framework." Journal of International Financial Markets, Institutions and Money, 2017, 46: 158-173.

[9] CLARIDA R, GALí J, GERTLER M. Optimal monetary policy in closed versus open economies: an integrated approach [R/OL]. Nber Working Papers, 2001, 34 (3): 281-283.

[10] CLARK P B, MACDONALD R. Exchange Rates and Economic Fundamentals: A Methodological Comparison of Beers and Feers [M]. Dordrecht: Springer Netherlands, 1999.

[11] CLARK P B, MACDONALD R. Filtering the BEER: A permanent and transitory decomposition [J]. Global Finance Journal, 2004, 15 (1): 29-56.

[12] CORSETTI G, KUESTER K, MüLLER G J. Floats, pegs and the

transmission of fiscal policy [R/OL]. Cepr Discussion Papers, 2011, 14 (2): 5-38.

[13] COTTANI J A, CAVALLO D F, KHAN M S. Real exchange rate behavior and economic performance in ldcs [J]. Economic Development & Cultural Change, 1990, 39 (1): 61-76.

[14] CUI Y. Re - testing Chinese RMB' s Currency Basket: US Dollar Pegging vs. Currency Basket Pegging [J]. GSTF International Journal of Law and Social Sciences, 2012, 1 (1): 307-327.

[15] CUMBY P, HUIZINGA J. The Predictability of Real Exchange Rate Changes in the Short Run and the Long Run [R/OL], NBER Working Paper, 1990.

[16] DANIELS J P, et al. Optimal Currency Basket Pegs for Developing and Emerging Economies [J]. Journal of Economic Integration, 2001, 16 (1): 128-145.

[17] DENNIS R, SODERSTROM U. How Important is Precommitment for Monetary Policy? [J]. Journal of Money, 2006, 38 (4): 847-872.

[18] DIEBOLD F X, YILMAZ K . Better to give than to receive: Predictive directional measurement of volatility spillovers [J]. International Journal of Forecasting, 2012, 28 (1): 57-66.

[19] DUFOUR J M, ROY R. Some robust exact results on sample autocorrelations and test ofrandomness [J]. Journal of Econometrics, 1985 (29): 257-273.

[20] DUVAL R. What Do We Know About Long-run Equilibrium Real Exchange Rates? PPPs vs Macroeconomic Approaches [R/OL]. Australian Economic Papers, 2003, 41 (4): 382-403.

[21] EDISON H J, VRDAL E. Optimal currency baskets for small, developed economies [J]. Scandinavian Journal of Economics, 1990 (92): 559-571.

[22] EDWARDS S. Temporary terms - of - trade disturbances, the real

exchange rate and the current account [J]. Economica, 1989, 56 (223): 343-357.

[23] EIJI O, JUNKO S. Stabilization of effective exchange rates under common currency basket systems [J]. J. Japanese Int. Economies, 2006 (20): 590-611.

[24] ENGEL C. Long-run PPP may not hold after all [J]. Journal of International Economics, 2000, 51 (2): 243-273.

[25] FANG Y, HUANG S, NIU L. De facto currency baskets of china and east asian economies: the rising weights [R/OL]. Social Science Electronic Publishing, 2012.

[26] FROYEN R T, GUENDER A V. The real exchange rate in taylor rules: a re-assessment [J]. Economic Modelling, 2018, 73: 140-151.

[27] GALí J, MONACELLI T. Monetary Policy and Exchange Rate Volatility in a Small Open Economy [J]. Review of Economic Studies, 2010, 72 (3): 707-734.

[28] HANSEN B E. Threshold effects in non-dynamic panels: estimation, testing, and inference [J]. Journal of Econometrics, 1999, 93 (2): 345-368.

[29] HINKLE L E, MONTIEL P J. Exchange rate misalignment : concepts and measurement for developing countries [J]. Oup Catalogue, 1999, 57 (1): 257-260.

[30] HO L S. Globalization, exports, and effective exchange rate indices [J]. Journal of International Money & Finance, 2012, 31 (5): 996-1007.

[31] HOOPER R, MORTON J. Summary measures of the dollar's foreign exchange rate value, Federal Reserve Bulletin, 1978, 64: 783-789.

[32] HOVANOV N V, KOLARI J W, SOKOLOV M V. Computing currency invariant indices with an application to minimum variance currency baskets [J]. Journal of Economic Dynamics & Control, 2004 (28): 1481-1504.

[33] ILBAS P. Revealing the preferences of the us federal reserve [J]. Jour-

nal of Applied Econometrics, 2012, 27 (3): 440 - 473.

[34] INCE, ONUR P D. Taylor rule deviations and out - of - sample exchange rate predictability [J]. Journal of International Money & Finance, 2016, 69: 22-44.

[35] KAWASAKI K, OGAWA E. What should the weights of the three major currencies be in a common currency basket in east asia? [J]. Asian Economic Journal, 2006, 20 (1): 75-94.

[36] OWSKI K B, WELFE P A. Estimation of the equilibrium exchange rate: The CHEER approach [J]. Journal of International Money and Finance, 2010, 29 (7): 1385-1397.

[37] KEMPA B, WILDE W. Sources of exchange rate fluctuations with taylor rule fundamentals [J]. Economic Modelling, 2011, 28 (6): 2622-2627.

[38] KIRSANOVA T, VINES D, WRENLEWIS S. Fiscal policy and macroeconomic stability within a monetary union [R/OL]. Cepr Discussion Papers, 2006.

[39] MACDONALD R. Concepts to Calculate Equilibrium Exchange Rates: An Overview [R/OL]. Social Science Electronic Publishing, 2000.

[40] MAESO - FERNANDEZ F, et al. Determinants of the Euro Real Effective Exchange Rate: A BEER/PEER Approach [J]. Australian Economic Papers, 2002, 41 (4): 437-461.

[41] MCGUIRK, ANNE K. Measuring Price Competitiveness for Industrial Country Trade in Manufactures [R/OL], IMF Working Paper, 1987.

[42] MELECKY M. The Equilibrium Exchange Rate in a Bayesian State - Space Model: An Application to Australia [J]. International Finance, 2005 (1): 1-24.

[43] MICHELE B, JAQUESON K, GALIMBERTI. On the initialization of adaptive learning algorithms: A review of methods and a new smoothing-based routine [R/OL], Centre for Growth and Business Cycle Research Discussion Paper

Series 175, 2012.

[44] MONACELLI T. Is monetary policy fundamentally different in an open economy. IMF Econ, 2013, 61: 6-21.

[45] MOOSA I. The profitability of interest arbitrage when the base currency is pegged to a basket [J]. Review of Quantitative Finance & Accounting, 2011, 37 (3): 267-281.

[46] OBSTFELD M, ROGOFF K. Exchange Rate Dynamics Redux [J]. Journal of Political Economy, 1995, 103 (3): 624-660.

[47] OGAWA E, ITO T. On the desirability of a regional basket currency arrangement [J]. Journal of the Japanese & International Economies, 2000, 16 (3): 317-334.

[48] RAZIN O, COLLINS S M. Real exchange rate misalignments and growth [R/OL]. Nber Working Papers, 1997, 19 (1): 119-144.

[49] SAMUELSON P A. Theoretical notes on trade problems [J]. Review of Economics & Statistics, 1964, 46 (2): 145-154.

[50] SCHWERT G W. Tests for unit roots: a monte carlo investigation [J]. Journal of Business & Economic Statistics, 1989, 7 (2): 147-159.

[51] SEBASTIAN E. Real Exchange Rate Variability: An Empirical Analysis of the Developing Countries Case [J]. International Economic Journal, 1987, 1 (1): 91-106.

[53] STEIN J L, PALADINO G. Recent Developments in International Finance: A Guide to Research [J], Journal of Banking and Finance, 1998, 21: 1685-1720.

[52] STEIN J L. The Natural Real Exchange Rate of the US Dollar and Determinants of Capital Flows [R/OL], Estimating Equilibrium Exchange Rates, 1994.

[54] TAYLOR A M. A Century of Purchasing-Power Parity [R/OL]. Nber Working Papers, 2000, 84 (1): 139-150.

［55］ TSE Y K, TSUI A K C. A multivariate GARCH model with time-varying correlations ［J］. Journal of Business and Economic Statistics, 2002 （20）：228-250.

［56］ WANG G J, XIE C . Cross-correlations between Renminbi and four major currencies in the Renminbi currency basket ［J］. Physica A：Statistical Mechanics and its Applications, 2013, 392 （6）：1418-1428.

［57］ WEST K D, CHO D. The predictive ability of several models of exchange rate volatility ［J］. Journal of Econometrics, 1995, 69 （2）：367-391.

［59］ WILLIAMSON J. A currency basket for East Asia：not just China ［R/OL］. Institute for International Economics Usa, 2005.

［58］ Williamson J. The Exchange Rate System ［M］. Institute of International Economics, Washington DC：Policy Analyses in International Economics, 1983.

［60］ XU J. The optimal currency basket under vertical trade ［J］. Journal of International Money & Finance, 2011, 30 （7）：1323-1340.

［62］ YOSHINO N, et al. Exchange rate policy in the pacific：an evaluation of currency basket regimes ［J］. Asian - Pacific Economic Literature, 2017, 31 （1）：3-20.

［61］ YOSHINO N, KAJI S, ASONUMA T. Dynamic effect of a change in the exchange rate system：From a fixed regime to a basket-peg or a floating regime ［R/OL］. ADBI Working Paper Series, 2015.

［63］ YU Y, et al. Renminbi Exchange Rate：Peg to A Wide Band Currency Basket ［J］. China & World Economy, 2017, 25 （1）：58-70.

［64］ ZHANG Z, et al. China's New Exchange Rate Regime, Optimal Basket Currency and Currency Diversification ［R/OL］. Mpra Paper, 2011.

附表 1 篮子货币经济体占中国进口贸易比重

出口占比	2003	2004	2005	2006	2007	2008	2009	2010	2011	2012	2013	2014	2015	2016	2017
美国	21.10	21.06	21.38	21.00	19.06	17.64	18.38	17.96	17.09	17.17	16.68	16.91	18.00	18.37	18.99
欧元区	13.30	13.66	14.50	14.23	14.85	15.19	14.50	14.73	14.03	11.88	10.96	11.31	11.00	11.33	11.62
日本	13.56	12.39	11.02	9.46	8.36	8.12	8.14	7.67	7.81	7.40	6.80	6.38	5.97	6.17	6.06
中国香港	17.40	17.00	16.33	16.03	15.11	13.33	13.83	13.83	14.12	15.79	17.40	15.50	14.53	13.69	12.33
英国	2.47	2.52	2.49	2.49	2.59	2.52	2.60	2.46	2.32	2.26	2.31	2.44	2.62	2.66	2.51
澳大利亚	1.43	1.49	1.45	1.41	1.47	1.56	1.72	1.73	1.79	1.84	1.70	1.67	1.77	1.78	1.83
新西兰	0.18	0.18	0.18	0.17	0.18	0.18	0.17	0.18	0.20	0.19	0.19	0.20	0.22	0.23	0.23
新加坡	2.02	2.14	2.18	2.39	2.43	2.26	2.50	2.05	1.87	1.99	2.07	2.09	2.28	2.12	1.99
瑞士	0.19	0.25	0.26	0.26	0.30	0.27	0.22	0.19	0.19	0.17	0.16	0.13	0.14	0.15	0.14
加拿大	1.29	1.38	1.53	1.60	1.59	1.52	1.47	1.41	1.33	1.37	1.32	1.28	1.29	1.30	1.39
马来西亚	1.40	1.36	1.39	1.40	1.45	1.50	1.63	1.51	1.47	1.78	2.08	1.98	1.93	1.80	1.84
俄罗斯	1.38	1.53	1.73	1.63	2.33	2.31	1.46	1.88	2.05	2.15	2.24	2.29	1.53	1.78	1.89
泰国	0.87	0.98	1.03	1.01	0.98	1.09	1.11	1.25	1.35	1.52	1.48	1.46	1.68	1.77	1.70
南非	0.46	0.50	0.50	0.60	0.61	0.60	0.61	0.68	0.70	0.75	0.76	0.67	0.70	0.61	0.65
韩国	4.59	4.69	4.61	4.59	4.60	5.17	4.47	4.36	4.37	4.28	4.13	4.28	4.46	4.47	4.54

续表

出口占比	2003	2004	2005	2006	2007	2008	2009	2010	2011	2012	2013	2014	2015	2016	2017
阿联酋	1.15	1.15	1.15	1.18	1.39	1.65	1.55	1.35	1.41	1.44	1.51	1.67	1.63	1.43	1.27
沙特阿拉伯	0.49	0.47	0.50	0.52	0.64	0.76	0.75	0.66	0.78	0.90	0.85	0.88	0.95	0.89	0.81
匈牙利	0.52	0.45	0.33	0.34	0.41	0.43	0.44	0.41	0.36	0.28	0.26	0.25	0.23	0.26	0.27
波兰	0.37	0.31	0.34	0.41	0.54	0.63	0.62	0.60	0.58	0.60	0.57	0.61	0.63	0.72	0.79
丹麦	0.34	0.33	0.37	0.38	0.38	0.39	0.35	0.33	0.34	0.32	0.26	0.28	0.27	0.26	0.29
瑞典	0.33	0.31	0.34	0.34	0.37	0.36	0.35	0.36	0.35	0.31	0.31	0.31	0.31	0.30	0.31
挪威	0.21	0.17	0.17	0.18	0.18	0.18	0.22	0.18	0.20	0.15	0.12	0.12	0.13	0.12	0.11
土耳其	0.47	0.48	0.56	0.75	0.86	0.74	0.69	0.76	0.82	0.76	0.80	0.82	0.82	0.80	0.80
墨西哥	0.75	0.84	0.73	0.91	0.96	0.97	1.02	1.13	1.26	1.34	1.31	1.38	1.49	1.54	1.59
货币篮	86.27	85.63	85.06	83.27	81.63	79.36	78.82	77.65	76.80	76.66	76.27	74.90	74.58	74.56	73.94

数据来源：根据 WIND 整理而来。其中，中国大陆从中国香港的进口剔除了转口贸易数据。单位为%。

附表 2 篮子货币经济体占中国进口贸易比重

进口占比	2003	2004	2005	2006	2007	2008	2009	2010	2011	2012	2013	2014	2015	2016	2017
美国	8.20	7.96	7.37	7.48	7.26	7.18	7.70	7.31	7.00	7.31	7.81	8.12	8.80	8.47	8.36
欧元区	11.09	10.50	9.38	9.61	9.66	9.71	10.66	10.14	10.23	9.72	9.25	10.09	10.05	10.57	10.67
日本	17.96	16.81	15.21	14.62	14.01	13.30	13.01	12.66	11.16	9.78	8.32	8.32	8.51	9.17	9.01
中国香港	2.69	2.10	1.85	1.36	1.34	1.14	0.86	0.88	0.89	0.98	0.83	0.64	0.76	1.05	0.40
英国	0.86	0.85	0.84	0.82	0.81	0.84	0.78	0.81	0.83	0.92	0.98	1.21	1.13	1.18	1.21
澳大利亚	1.77	2.06	2.45	2.44	2.70	3.31	3.93	4.38	4.74	4.65	5.07	4.98	4.38	4.46	5.16
新西兰	0.25	0.25	0.20	0.17	0.16	0.17	0.25	0.27	0.29	0.32	0.42	0.49	0.39	0.45	0.51
新加坡	2.54	2.49	2.50	2.23	1.83	1.78	1.77	1.77	1.61	1.57	1.54	1.57	1.64	1.64	1.86
瑞士	0.65	0.64	0.59	0.54	0.61	0.65	0.68	1.22	1.56	1.25	2.88	2.06	2.45	2.51	1.79
加拿大	1.06	1.31	1.14	0.97	1.15	1.12	1.20	1.07	1.27	1.28	1.29	1.29	1.56	1.15	1.11
马来西亚	3.39	3.24	3.04	2.98	3.00	2.83	3.21	3.61	3.56	3.21	3.08	2.84	3.17	3.10	2.96
俄罗斯	2.36	2.16	2.41	2.22	2.06	2.10	2.11	1.86	2.32	2.43	2.03	2.12	1.98	2.03	2.25
泰国	2.14	2.06	2.12	2.27	2.37	2.27	2.48	2.38	2.24	2.12	1.98	1.96	2.21	2.43	2.26
南非	0.45	0.53	0.52	0.52	0.69	0.82	0.87	1.07	1.84	2.46	2.48	2.27	1.80	1.40	1.32

续表

出口占比	2003	2004	2005	2006	2007	2008	2009	2010	2011	2012	2013	2014	2015	2016	2017
韩国	10.45	11.09	11.64	11.34	10.85	9.90	10.19	9.91	9.33	9.28	9.39	9.70	10.39	10.01	9.64
阿联酋	0.19	0.23	0.31	0.35	0.32	0.41	0.26	0.32	0.48	0.60	0.66	0.80	0.69	0.63	0.67
沙特阿拉伯	1.25	1.34	1.86	1.91	1.84	2.74	2.34	2.35	2.84	3.02	2.74	2.48	1.79	1.49	1.73
匈牙利	0.07	0.08	0.06	0.09	0.13	0.12	0.15	0.16	0.14	0.13	0.14	0.17	0.17	0.22	0.22
波兰	0.09	0.09	0.08	0.08	0.12	0.12	0.15	0.12	0.12	0.11	0.11	0.15	0.16	0.16	0.18
丹麦	0.23	0.21	0.18	0.17	0.19	0.23	0.23	0.19	0.16	0.16	0.17	0.21	0.24	0.27	0.23
瑞典	0.66	0.60	0.47	0.44	0.43	0.44	0.54	0.42	0.41	0.38	0.36	0.35	0.38	0.39	0.43
挪威	0.21	0.25	0.17	0.16	0.17	0.19	0.30	0.23	0.21	0.17	0.18	0.23	0.25	0.20	0.17
土耳其	0.13	0.11	0.09	0.10	0.14	0.17	0.18	0.23	0.18	0.19	0.23	0.19	0.18	0.18	0.21
墨西哥	0.41	0.38	0.34	0.33	0.34	0.33	0.39	0.49	0.54	0.50	0.53	0.57	0.60	0.65	0.64
货币篮	69.09	67.33	64.83	63.17	62.17	61.87	64.24	63.84	63.94	62.54	62.49	62.80	63.66	63.81	62.98

数据来源：根据 WIND 整理而来。其中，中国大陆对中国香港的出口剔除了转口贸易数据。单位为%。

附表3　篮子货币经济体占外商对中国直接投资比重

外商直接投资	2003	2004	2005	2006	2007	2008	2009	2010	2011	2012	2013	2014	2015	2016	2017
美国	7.85	6.50	5.07	4.55	3.50	3.19	2.84	2.85	2.04	2.33	2.40	1.98	1.65	1.89	2.02
欧元区	5.65	5.38	6.66	6.67	3.69	3.97	4.18	4.03	3.69	4.08	4.70	4.01	4.18	5.17	4.53
日本	9.45	8.99	10.82	7.30	4.80	3.95	4.56	3.86	5.46	6.58	6.00	3.62	2.53	2.46	2.49
中国香港	33.08	31.33	29.75	32.11	37.05	44.41	51.18	57.28	60.77	58.69	62.42	67.97	68.42	64.65	72.13
英国	1.39	1.31	1.60	1.15	1.11	0.99	0.75	0.67	0.50	0.37	0.33	0.62	0.39	1.07	0.77
澳大利亚	1.11	1.09	0.66	0.88	0.47	0.44	0.44	0.31	0.27	0.30	0.28	0.20	0.24	0.21	0.21
新西兰	0.12	0.19	0.22	0.13	0.09	0.07	0.09	0.13	0.06	0.11	0.06	0.04	0.02	0.03	0.02
新加坡	3.85	3.31	3.65	3.59	4.26	4.80	4.00	5.13	5.26	5.64	6.15	4.87	5.47	4.80	3.64
瑞士	0.34	0.34	0.34	0.31	0.40	0.26	0.34	0.25	0.48	0.78	0.27	0.28	0.17	0.43	0.35
加拿大	1.05	1.01	0.75	0.67	0.53	0.59	0.96	0.60	0.40	0.39	0.46	0.30	0.18	0.21	0.22
马来西亚	0.47	0.64	0.60	0.62	0.53	0.27	0.48	0.28	0.31	0.28	0.24	0.13	0.38	0.18	0.08
俄罗斯	0.10	0.21	0.14	0.11	0.07	0.06	0.04	0.03	0.03	0.03	0.02	0.03	0.01	0.06	0.02
泰国	0.32	0.29	0.16	0.23	0.12	0.14	0.05	0.05	0.09	0.07	0.41	0.05	0.04	0.04	0.08
南非	0.06	0.18	0.18	0.15	0.09	0.03	0.05	0.06	0.01	0.01	0.01	0.00	0.00	0.00	0.05

外商直接投资	2003	2004	2005	2006	2007	2008	2009	2010	2011	2012	2013	2014	2015	2016	2017
韩国	8.39	10.30	8.57	6.18	4.92	3.39	3.00	2.55	2.20	2.72	2.60	3.32	3.19	3.77	2.80
阿联酋	0.13	0.14	0.15	0.22	0.13	0.10	0.11	0.10	0.06	0.12	0.04	0.02	0.03	0.03	0.01
沙特阿拉伯	0.01	0.01	0.02	0.01	0.16	0.30	0.13	0.46	0.02	0.04	0.05	0.03	0.22	0.01	0.01
匈牙利	0.04	0.08	0.08	0.05	0.03	0.02	0.02	0.02	0.01	0.01	0.00	0.00	0.00	0.00	0.00
波兰	0.01	0.01	0.01	0.01	0.01	0.01	0.01	0.01	0.01	0.00	0.00	0.00	0.07	0.00	0.00
丹麦	0.08	0.11	0.17	0.31	0.17	0.32	0.35	0.35	0.16	0.12	0.31	0.24	0.08	0.13	0.63
瑞典	0.22	0.20	0.18	0.32	0.17	0.15	0.36	0.15	0.15	0.18	0.18	0.30	0.42	0.59	0.39
挪威	0.03	0.00	0.04	0.02	0.05	0.03	0.04	0.04	0.01	0.02	0.02	0.02	0.10	0.00	0.01
土耳其	0.02	0.01	0.04	0.02	0.01	0.01	0.02	0.01	0.01	0.01	0.03	0.01	0.02	0.03	0.01
墨西哥	0.01	0.04	0.01	0.02	0.01	0.00	0.00	0.01	0.00	0.01	0.01	0.00	0.01	0.00	0.01
货币篮	73.79	71.68	69.88	65.63	62.38	67.51	74.00	79.25	81.99	82.89	87.00	88.06	87.83	85.78	90.46

数据来源：根据 WIND 整理而来。单位为%。

附表4 篮子货币经济体占中国对外直接投资比重

对外直接投资	2003	2004	2005	2006	2007	2008	2009	2010	2011	2012	2013	2014	2015	2016	2017
美国	1.34	1.60	1.62	1.12	0.74	0.83	1.61	1.90	2.43	4.61	3.59	6.17	5.51	8.66	4.06
欧元区	0.65	0.60	1.03	0.73	1.43	0.72	4.84	5.62	8.00	3.31	2.61	6.46	2.19	4.19	4.20
日本	0.15	0.20	0.12	0.22	0.15	0.10	0.15	0.49	0.20	0.24	0.40	0.32	0.17	0.18	0.28
中国香港	23.65	35.04	23.97	39.30	51.81	69.12	62.98	55.96	47.76	58.36	58.25	57.56	61.64	58.24	57.59
英国	0.04	0.39	0.17	0.20	2.14	0.03	0.34	0.48	1.90	3.16	1.32	1.22	1.27	0.75	1.31
澳大利亚	0.63	1.67	1.35	0.50	2.01	3.38	4.31	2.47	4.24	2.47	3.21	3.29	2.33	2.13	2.68
新西兰	0.06	0.00	0.02	0.02	0.00	0.01	0.02	0.09	0.04	0.11	0.18	0.20	0.24	0.46	0.38
新加坡	0.00	0.64	0.14	0.75	1.50	2.77	2.50	1.63	4.38	1.73	1.88	2.29	7.18	1.62	3.99
瑞士	0.00	0.01	0.00	0.01	0.00	0.00	0.04	0.04	0.02	0.01	0.12	0.03	0.17	0.03	4.75
加拿大	0.00	0.07	0.23	0.20	3.90	0.01	1.08	1.66	0.74	0.91	0.94	0.73	1.07	1.46	0.20
马来西亚	0.04	0.11	0.40	0.04	0.00	0.06	0.10	0.24	0.13	0.23	0.57	0.42	0.34	0.93	1.09
俄罗斯	0.63	1.03	1.43	2.56	1.80	0.71	0.62	0.83	0.96	0.89	0.95	0.51	2.03	0.66	0.98
泰国	1.18	0.31	0.03	0.09	0.29	0.08	0.09	1.02	0.31	0.55	0.70	0.68	0.28	0.57	0.67
南非	0.18	0.24	0.33	0.23	1.71	8.60	0.07	0.60	0.00	0.00	0.00	0.03	0.16	0.43	0.20
韩国	3.17	0.54	4.13	0.15	0.21	0.17	0.47	0.00	0.46	1.07	0.25	0.45	0.91	0.59	0.42
阿联酋	0.19	0.11	0.18	0.16	0.19	0.23	0.16	0.51	0.42	0.12	0.27	0.57	0.87	0.00	0.42

续表

对外直接投资	2003	2004	2005	2006	2007	2008	2009	2010	2011	2012	2013	2014	2015	2016	2017
沙特阿拉伯	0.00	0.03	0.15	0.66	0.45	0.16	0.16	0.05	0.16	0.18	0.44	0.15	0.28	0.01	0.00
匈牙利	0.02	0.00	0.00	0.00	0.03	0.00	0.01	0.54	0.02	0.05	0.02	0.03	0.02	0.03	0.04
波兰	0.03	0.00	0.00	0.00	0.04	0.02	0.02	0.02	0.07	0.01	0.02	0.04	0.02	0.00	0.00
丹麦	1.52	0.00	0.08	0.00	0.00	0.00	0.00	0.00	0.01	0.01	0.03	0.05	0.00	0.06	0.01
瑞典	0.00	0.04	0.01	0.03	0.26	0.02	0.01	1.99	0.07	0.32	0.16	0.11	0.22	0.07	0.82
挪威	0.00	0.00	0.00	0.00	0.01	0.00	0.01	0.20	0.02	0.01	0.18	0.05	0.00	0.00	0.00
土耳其	0.03	0.02	0.00	0.01	0.01	0.02	0.52	0.01	0.02	0.12	0.17	0.09	0.43	0.00	0.12
墨西哥	0.00	0.36	0.02	0.00	0.06	0.01	0.00	0.04	0.06	0.11	0.05	0.11	0.00	0.11	0.11
货币篮	33.53	42.99	35.44	46.99	68.74	87.05	80.10	76.37	72.40	78.57	76.30	81.55	87.31	81.19	84.30

数据来源：根据 WIND 整理而来。对于可能由于企业资金撤回或是海外投资收益汇回导致的当年对外直接投资额为负或导致缺失，本章统一用 0 替代。单位为%。